135战法系列 专家论股 4 典藏版

下一个百万富翁

每周赢利3个点

宁俊明 / 著

四川人民出版社

图书在版编目（CIP）数据

下一个百万富翁：每周赢利3个点：典藏版/宁俊明著.
—3版.—成都：四川人民出版社，2018.4（2019.4重印）
（专家论股系列丛书）
ISBN 978-7-220-10757-3

Ⅰ.①下… Ⅱ.①宁… Ⅲ.①股票投资-基本知识
Ⅳ.①F830.91

中国版本图书馆CIP数据核字（2018）第073367号

XIAYIGE BAIWAN FUWENG：MEIZHOU YINGLI 3 GE DIAN
下一个百万富翁：每周赢利3个点
宁俊明 著

责任编辑	王定宇
封面设计	张　科
技术设计	戴雨虹
责任校对	梁　明
责任印制	王　俊
出版发行	四川人民出版社（成都市槐树街2号）
网　　址	http://www.scpph.com
E-mail	scrmcbs@sina.com
新浪微博	@四川人民出版社
微信公众号	四川人民出版社
发行部业务电话	（028）86259624　86259453
防盗版举报电话	（028）86259624
照　　排	四川胜翔数码印务设计有限公司
印　　刷	成都蜀通印务有限责任公司
成品尺寸	160mm×240mm
印　　张	18.75
字　　数	288千
版　　次	2018年4月第3版
印　　次	2019年4月第4次印刷
书　　号	ISBN 978-7-220-10757-3
定　　价	42.00元

■版权所有·侵权必究
本书若出现印装质量问题，请与我社发行部联系调换
电话：（028）86259453

再版前言　改变命运的地方

什么是命运？命运就是一个人的生死、贫富、祸福等一切人生遭遇。有的人，命运真是出奇的好，一辈子就像一件件好事都在前面等着他；有的人，命运好像专门跟他过不去，意想不到的倒霉事都让他碰上。人们说造化弄人，究竟有没有命运之外的东西在主宰？

谁都无法选择自己的父母。如果你的父母很富有，注定你生下来就不是穷人。父母的经济状况、社会地位决定了你出生时的人生起点，出生在富人家里的孩子和出生在穷人家里的孩子，他们的命运是不一样的。假如两个孩子在20年以后同时大学毕业，有钱的那位可以通过父辈的关系谋取一份好的职位，而没钱的那位，只有通过各种考试才有可能谋到这个职位。而且几年以后，有钱的那位很快会得到提升，而没钱的那位奋斗一辈子也未必得到这个职位。北洋军阀时期，大帅的儿子穿上军装就是少将军衔，而毕业于正规军事院校的学生只能获得少尉军衔，即使他在战场上厮杀一辈子也未必能够穿上将军服。李泽楷之所以能够用短短几年时间就超过李嘉诚一生的积累，那是因为他是李嘉诚的儿子，换成王泽楷、张泽楷就不一定这么幸运。我们承认，起点可能影响结果；但我们不承认，起点就能决定结果。

谁都无法选择自己的出生，但在既定条件下通过人的主观能动性可以改变自己的命运，去争取成功。这就像江河泛舟，水的力量使船顺流而下，风的力量使船顺风而行，然而摆渡者都能依靠自己的力量，与水流和风力等外在力量形成合力，推动航船驶向成功的彼岸。

如果说财富能够改变命运的话，那么，股市则是一个让普通人创造奇迹、让穷人永远告别贫穷的地方。

人来到这个世界上究竟需要多少钱？具体说，一个三口之家在50年当中究竟需要多少钱？我们以中等城市的消费标准算一笔账：包括购房、购车、子女教育、赡养父母、生活费用、养老保险、医疗保险等，大约需要900万，而夫妻平均工资收入大约为500万。

显然，靠工资收入无法实现这个目标，实现不了这个目标，就无法从根本上改变自己的命运，甚至连小康生活也过不上。钱不是万能的、唯一的，但当一个人连生存问题都解决不了时，那他梦想的实现、命运的改变就会大打折扣，甚至根本没有可能。

自从有股市以来，原始积累的过程在缩短，改变命运的机会在增多。但炒股是一个专业性很强的职业，很多人没有经过任何培训就上岗了，所以在股市折腾几年之后，别说原来的命运没有改变，处境反而变得不如从前了。什么原因？没有找到一个可以重复获利的方法。急功近利反而使他们迷失了方向。知道竹子吗？毛竹破土而出以后，一天会长几厘米，但是毛竹在破土之前要在地下生长3年。成功需要拼搏，需要汗水，但更需要等待成功的耐性。

改变命运一定要有步骤。首先要找到一个成功的操作模式，然后再去研究股市赢家的思维方式和行为模式。创造一个模式不容易，但复制一个模式却相对简单，然后坚持到底做下去。当然，开始可能不挣钱，甚至亏小钱，这都没关系，最重要的是不要停，要不断地思考、不断地行动、不断地反省、不断地改变自己，直到融入股市为止。

为了从根本上改变人的命运，我给有缘者制定了"每周赢利3个百分点"的投资计划。假定起始资金为10万，只要能够坚持78周，在19个月的时候，就会变成一个名副其实的百万富翁。如果你能再坚持78周，到156周时，也就是39个月的时候，你就将是一个千万富翁了！

对于一个熟悉和掌握135战法的人来说，每周赢利3个点，目标不算太高。目前沪深两市有数千只股票，每天涨幅超过3%的个股有100只左右，每周约有500只，而运用135战法在1周内找到1只上涨3%的股票不是什么太难的事，只要做到在交易指令出现的时候断然一击，1周的任务就完成了。

实现156周投资计划，必须坚持每天复盘，把两市的股票都认真地看一遍，把那些具备某种攻击形态的挑出来。这需要花费很大的心血和精力，在无人监督的情况下，日复一日、年复一年地做下去，没有对事业的执着精神、没有顽强不屈的意志是坚持不下去的。

人生如同一杯苦酒，你可以用一生的时间慢慢地把它喝完，这叫受一辈子苦。还有一种方法，就是把这杯苦酒进行浓缩，然后在一定时间内把它喝完，然后再去喝甜酒，这叫吃一阵子苦。你是愿意受一辈子苦，还是愿意吃一阵子苦呢？所有的股市赢家，都是在人生的某一时期，锁定一个目标，找到一个正确的操作方法，然后就拼命地去努力。在努力的过程当中，他忍受了常人不能忍受的痛苦，接受了常人不敢接受的挑战，然后他就成功了。这个过程大约需要多长时间？就是3~5年。

如果你能像股市赢家那样坚持3~5年，如果你能严格地按照135战法去操作，你也能成为股市赢家。怕只怕你坚持不下来，知道为什么吗？因为你在碰到困难和挫折的时候，就把自己的初心给忘记了。所有的大成功者一定是大梦想者，所有的大梦想者一定是大磨难者。若想成为股市赢家，那就永远不要把眼睛盯在困难上，而要盯在你的目标和命运的改变上。

炒股很有意思，随意买卖的，那叫找死；被套后严防死守的，那叫等死。如果你既不想找死，也不想等死，就请你尊重和捍卫指令的威严。然后把"心随股走，及时跟变"贯穿到整个操盘过程中。生命在于运动，股价在于波动，炒股在于节制行动。

一个在股市屡战屡败的人带着对命运的疑问去拜访禅师，他问禅师："您说真的有命运吗？"

"有的。"禅师回答。

"是不是我命中注定穷困一生呢？"他问。

禅师就让他伸出他的左手指给他看："你看清楚了吗？这条横线叫作思维线，这条斜线叫作行为线，另外一条线就是命运线。"

然后禅师又让他跟随自己做一个动作，将手慢慢地握起来，握得紧紧的。

禅师问:"你说这几根线在哪里?"

那人迷惑地说:"在我的手里啊!"

"命运呢?"

那人终于大悟,原来命运是在自己的手里。

每个人都是自己命运的掌握者,你现在所做的一切,都会影响你未来的命运,只有那些全力以赴为自己命运奔跑的人,才会迎来无与伦比的精彩。

135战法旨在揭示股价规律,不是证明涨跌逻辑;不在于外在传输,而在于内心唤醒。悟出来是你的幸运,悟不出来是你的不幸。

《下一个百万富翁》是135战法系列的第四部,书中的专业术语、技术参数、操作原则和使用方法,在四川人民出版社出版的《黑客点击》《胜者为王》《巅峰对决》里有详细阐述,请参阅。

宁俊明

2018年2月修改于三亚

目 录

上篇：选择与控制

选择就是挑选，控制就是操纵。挑选需要见识，操纵需要颖悟。那些频频向成功发起冲刺的人，从不考虑为此所付出的代价。他们之所以那么不顾一切，并不仅仅是为了金钱，而是出于对投资事业的热爱。

第1节　选择炒股的11个理由　………………………………（003）
第2节　成功是一种选择　………………………………………（006）
第3节　赢利是一种控制　………………………………………（011）
第4节　态度决定成败　…………………………………………（014）
第5节　能力成就一切　…………………………………………（018）
第6节　股市赢家必备的六种素质　……………………………（021）
第7节　股市赢家的七个条件　…………………………………（024）
第8节　股市赢家的八个特质　…………………………………（029）
第9节　精通一种战法　…………………………………………（032）
第10节　赚钱的十大策略　………………………………………（034）
第11节　识时务，通机变　………………………………………（038）
第12节　成功来自强烈的进取心　………………………………（040）

中篇：技术与技能

什么是技术？技术就是实战过程中积累起来并在实战中总结出来的经验和知识。什么是技能？技能就是运用135战法的能力，它是实战中自然流露出的一种技痒。技术是技能的必要准备，技能是技术的必然结果。因此，决定成败的根本因素是技能，而不是技术。

第1节　立竿见影 …………………………………………（045）
第2节　节外生枝 …………………………………………（057）
第3节　笑里藏刀 …………………………………………（068）
第4节　马失前蹄 …………………………………………（079）
第5节　绝处逢生 …………………………………………（090）
第6节　一阴破三线 ………………………………………（101）
第7节　落井下石 …………………………………………（112）
第8节　八仙过海 …………………………………………（123）
第9节　串　阴 ……………………………………………（134）
第10节　串　阳 ……………………………………………（146）
第11节　晨钟暮鼓 …………………………………………（156）
第12节　十全十美 …………………………………………（166）

下篇：实战与指令

在指令面前，像猛虎一样勇往直前；在资金管理上，像狮子一样统率一切；在看盘时，像黄牛一样勤勤恳恳；在选股上，像猫一样不受他人左右；在实战中，像猴子一样灵活机智；在执行纪律上，像狗一样忠诚。

第1节　进退有据不逞强 …………………………………（181）
第2节　从容不迫有主张 …………………………………（189）

第 3 节　天圆地方，处处空旷 ………………………… (199)

第 4 节　退一步，想一想 ……………………………… (205)

第 5 节　毕竟来路匆匆，去路长 ……………………… (215)

第 6 节　买卖还要细思量 ……………………………… (223)

第 7 节　正风雨飘摇，看田野迷茫 …………………… (231)

第 8 节　怎能够步步退让 ……………………………… (238)

第 9 节　总有一个心愿不能忘 ………………………… (245)

第 10 节　总有一个热爱不能凉 ………………………… (251)

第 11 节　总有一种激情，常年留在心上 ……………… (259)

第 12 节　瞬间释放 ……………………………………… (270)

后语：创造生命的辉煌 …………………………………… (285)

上篇：选择与控制

选择就是挑选，控制就是操纵。挑选需要见识，操纵需要颖悟。那些频频向成功发起冲刺的人，从不考虑为此所付出的代价。他们之所以那么不顾一切，并不仅仅是为了金钱，而是出于对投资事业的热爱。

第 1 节　选择炒股的 11 个理由

一、公平

与其他行业相比，目前只有股市还算相对公平，它不讲关系，不看资历，而且没有太多的资金要求，没有学历要求和年龄限制，全凭个人本事。在股市你有多大本事，就能赚多少钱，而且是上不封顶，下不保底。奖勤罚懒、优胜劣汰的竞争原则，在这里体现得尤为突出。

二、公正

股市对谁都一视同仁，从不厚此薄彼。只要你是金子，股市绝对不会覆盖你的光泽。不要抱怨股市不公，因为股市不知道你是谁。

三、公开

股市里的数千只股票，全部实行明码标价。从不藏着掖着，但不允许讨价还价，无论你是高官商贾还是平民百姓，一律按市价交易，有折损，但没回扣。如果你看着哪只股票不顺眼，把它摔到地上就走。在生活中当"采花大盗"会人人而诛之，在股市当"采花大盗"则人人而敬之。生活中的"采花"是偷鸡摸狗之事，股市里的"采花"是英雄之举。

四、省时

股市一天交易 4 个小时，其他行业则需干满 8 个小时，甚至更长，而且享受国家规定的节假日。所以有更加充足的时间去完善自我，从而提高生活和生命的质量。

五、省心

做股票不用租厂房、购设备、雇员工，在家里有一台电脑就能把一切搞定。只要你把自己的事情管好了，其他的任何事情都会迎刃而解。

六、独立

你完全可以按照自己的思路去做，用不着照顾谁的情绪和面子，只要你认为自己是正确的，就可以一路坚持走下去。

七、自主

不用挖空心思地搞人际关系，不用刻意去讨谁的欢心。在股市你想买谁就买谁，想卖谁就卖谁，没人敢对你横挑鼻子竖挑眼，任何时候都能保证自己的人格不受侵犯。

八、自由

充分享受时间上的自由。你愿意什么时候起床就什么时候起床，愿意什么时候睡觉就什么时候睡觉，既没人查你的考勤，也没人扣你的奖金，而且，你愿意在家做就在家做，愿意在北京做就在北京做，甚至在越野吉普车上也不耽误你下单，真正达到一种有钱、有闲、有玩的人生境界。

九、投资少见效快

读完一个大学本科需要 4 年时间，学费 6 万左右，加上生活费和找工作的费用，机会成本是 10 万元。假如毕业后每月工资 3000 元，需要 32 个月才能收回投资。如果一开始就把这 10 万元投入股市，那结果又是怎样呢？先拿出半年时间进行强化训练，具有实战能力后，按每周赢利 3 个点的计划，到第 78 周，也就是一年半左右的时候，你就是一个名副其实的百万富翁了（这样说只是为了形象比喻，绝无菲薄大学教育之意，相反我认为教育是基础）。

十、可以与成功者为伍

在股市，你会遇到各行各业的精英，这些都是你过去根本接触不到的人。你会从他们身上学到许多过去学不到的东西。这里不论年龄、学历、社会关系、地位高低，大家都是平等的，这里没有利益冲突，因为你赚的是股市的钱而不是哪个人的钱。

十一、可以当生意去做

炒股是一个生意，而且是一个钱追钱的生意。传统生意从进货到销售再到回款，中间需要3个环节，炒股则没有。钱有4条腿，人只有两条腿。人追钱很难，但钱追钱就容易多了。

第2节 成功是一种选择

我们从小到大接受的教育是：只要你足够努力，你就会成功。但后来发现不是这么回事，如果一开始就选错了人生目标，无论你怎样努力也是不能成功的。

选择决定成败。我们为什么总是亏、总是套，首先是错误地选择了股票，然后是错误地选择了交易时机。英国诗人约翰·弥尔顿说："你的心，可以创造一个天堂般的地狱，也可以创造一个地狱般的天堂。"股市既是天堂，也是地狱。你选择它是天堂，它就是天堂；你选择它是地狱，它就是地狱。比如说，在买进指令发出后，选择坚决跟进，在卖出指令发出后选择坚决卖出，你就赢了，这时候股市就是天堂。在买进指令发出后选择坚决卖出，在卖出指令发出后选择坚决买进，你就输了，这时候股市就是地狱。

有3个人要被关进监狱3年，监狱长允许他们每个人提一个要求。美国人爱抽雪茄，要了3箱雪茄。法国人最浪漫，要一个美丽的女子相伴。而犹太人说，他要一部与外界沟通的电话。3年过后，第一个冲出来的是美国人，嘴里、鼻孔里塞满了雪茄，大喊道："给我火，给我火！"原来他忘了要火了。接着出来的是法国人，只见他手里抱着一个小孩子，美丽女子手里牵着一个小孩子，肚子里还怀着第三个。最后出来的是犹太人，他紧紧握住监狱长的手说："这3年来我每天与外界联系，我的生意不但没有停顿，反而增长了200%，为了表示感谢，我送你一辆劳斯莱斯！"

第 2 节　成功是一种选择

这个故事告诉我们，什么样的选择决定什么样的结果。今天的成败是由昨天的选择决定的，而今天的选择决定着明天的成败。

面对数千只股票究竟买谁，需要选择。什么时候买？买多少？也需要选择；买了股票以后，什么时候卖？是全卖还是卖一部分？同样需要作出选择。从某种意义上讲，投资的过程就是一连串选择的过程。一环紧扣一环，哪一环出了问题，就意味着操作的失败。

《哈姆雷特》之所以久盛不衰，红遍全球，就是因为它道出了人们的心声。每个人的心中都有一个哈姆雷特，优柔寡断、朝三暮四、瞻前顾后、心猿意马……我们经常被股市的多种选择折磨得心力交瘁。

选择的过程就是放弃的过程，选择了这只股票，就等于放弃了其他股票，这种情况经常使人陷入困境：选择越多，失去越多，后悔越多，痛苦越多，就像泰伦斯所描绘的"我周围都是洞，到处都止不住地流失"的状态。

电影《海上钢琴师》中的琴师，选择了终生留在船上，没有走下甲板，哪怕一小步，哪怕是为了一生中唯一的一次恋爱，因为"钢琴有88个键，它是有限的，我能用有限的琴键奏出无限的音乐，但是城市的街道却有千条万条"。这种没有尽头的太多的选择让他恐惧。

心理学家的研究表明：失去100元带来的痛苦，远远大于得到100元带来的满足。可能得到什么的希望，根本无法安慰和抚平可能失去什么的不安。很多人被套以后，认为通过补仓就能解套，就能弥补由于选择错误造成的过失，结果却恰恰相反。一如所罗门古老的感叹：积累知识就是积累悲哀。增加选择实际上也是在增加悲哀。

选择比努力重要，那我们怎样才能作出正确的选择呢？熟悉和掌握135战法的理念、方法、原则和纪律，把各个买卖点的形态特征形成机理，买卖时机和注意事项了然于心，然后严格地按照交易指令进行操作，过去那种被动挨打的局面就会得到积极的改善。一个渔夫花几年工夫研究鱼的习性，然后根据风向撒网，结果大获成功，你能说他只是幸运吗？机遇之神清高孤傲，但从不亏待那些苦苦探索的人。

在具体操作中，我们为何经常作出糟糕的选择？因为我们自身存在着明显的弱点：

一、自以为是

买股票时，主观想象替代了客观现实，"我觉得它能涨"，"它不涨到多少钱我就不卖"……那么请问，它上涨的依据是什么？为什么它一定会涨到某个价位？你是这只股票的主力？如果不是，为什么会得出如此肯定的结论？把自己凌驾于股市和主力之上的自以为是是很危险的，因为这是在自掘坟墓。

二、自作聪明

与金钱一样，智力的价值被高估。人们普遍认为成功取决于天分，而天分是"上天所赐"，拥有天分完全出于运气。我一直对这种看法心存质疑。多数心理学家认为，天分的价值被高估了。天才并非天生的，而是在艰苦的环境中锻造而成的。无论技能还是天分都不是上天所赋，而是通过长期的学习和实践取得的。有的人之所以能够在股市赢家的花名册上签下自己的名字，那是因为他正确地选择了自己的人生目标，然后围绕这个目标又作出了一系列正确的选择。

如果你经常与亏损和套牢者在一起，注定成不了赢家，如果你天天和赢家在一起，注定不会成为输家。如果你想成为赢家，就不要和那些输家混在一起；如果你不想成为输家，就应该千方百计地接近赢家。"近朱者赤，近墨者黑"。环境的价值体系决定你的所见、所闻、所思和所为。

三、自我宽容

是人都会犯错。由于人性上的护短，多数人明明知道自己错了，可就是不敢承认，甚至找出种种理由替自己的错误辩护。一个缺乏反省精神的人，一个知错不改、自我宽容的人，是很难在股市里取得成功的。

人们对自己的选择都会说出许多理由，但事实是：选择弱势股，多不得好活；选择怪异股，多不得好死。做股市赢家，无法过自己的生活；做普通散户，无法过别人的生活。做男人寿命短，做女人青春短，究竟是"交个女朋友，还是养条狗？"每时每刻我们都必须作出自己的选择。塞涅卡说："如果对方比你弱，就饶了他；如果他比你强，那就饶了自己吧。"

在实战中当我们难以作出选择的时候，也有几种饶自己的办法。

（一）把选择权交给交易指令。为了缓解选择的痛苦，我们研究总结出了135战法，它的最大功效就是替代我们作出选择。聪明而富有智能的人永远是有的，但聪明人往往太容易看清每一种选择的荒诞本性和每一种选择之后的艰难处境，所以他们可能比一般人更加不愿意作出选择。于是，他们就把选择权委托给交易系统，把选择的苦差事交给它们去做。然后，无论指令作出什么选择，一方面我们可以享受这种选择带来的好处；另一方面，我们又可以痛快淋漓地分辨这种选择带来的坏处。这样一来，既实现了选择，又避免了选择的压力，同时我们还可以保留永远的批评权和纠正权。

（二）不选择。不选择本身也是一种选择。在战场上，无论你做什么，包括什么也不做，你都可能中弹。和其他选择一样，不选择也有高低之别，低层次的不选择是把自己放到纯粹的概率之中；高层次的不选择是对已经不可避免的选择的坦然接受。高层次的不选择意味着你已经跳出了原有的小选择的规则之外，跳到了一个大选择的平台——你让我在【红杏出墙】之间选择，我不选，因为我已经发现了【海底捞月】；你让我在【黑客点击】之间选择，我不选，因为我已经发现了【红衣侠女】。有些人聪明伶俐，在所有的选择中从不吃亏，但最后发现，自己得到的仅仅是一点蝇头小利。因为他所关注的都是55日均线以下的股票，虽然每次都小有斩获，但终究没能跻身股市赢家的行列。

（三）随意选择。买股票时抛个硬币，正反的机会各有一半，其实，如何选择比选择什么更重要。阿东的漫画上写着："好女人常对我们说：别胡来；坏女人常对我们说：怕什么。不管是好女人还是坏女人说的，都是我们这样的坏蛋百听不厌的。"

任何选择一旦成为事实，就会产生一系列的事实，然后这些事实就会严严实实地笼罩住你，并且使你成为事实中的一部分。这时候你不可能再去否定它，因为否定它就等于否定自己。否定自己就意味着承认自己的失败，所以很多人宁肯选择打碎牙往肚里吞，也不愿意选择坦然接受失败。一些人把面子看得比金钱重要，甚至比生命还重要，明明知道自己错了，可就是不愿意承认，这种知错不改的本性，虽然使他们付出沉重的代价，但却没有使他们变得清醒。于是，他们在错误的道路上越走越远，在亏损的泥潭里越陷越深。直到弹尽粮绝，无路可退时，他们才被迫发出"救救我吧"的呐喊，然而没有回音。

第 3 节  赢利是一种控制

热学中的熵增加原理告诉我们：系统的自然倾向总是不断地向无序的混乱方向发展。针对这种情况，美国应用数学家诺伯特·维纳创立了控制论，它包括调节、操纵管理、指挥、监督等。钱学森运用控制论，把中国的导弹送上了天。而我们将控制论导入投资，对每一个操作计划实施全程调控，对自己的思维和行为进行全程调控，就可以回避风险、锁定利润。

股市的不确定因素很多，任何企图把一次操作固定在一套预设方案中的念头，都近乎天真和荒唐。在实战过程中，根据股价的变化，适时调整计划，使之符合客观情况的变化，把"心随股走，及时跟变"真正落实到行动上，这就需要对计划进行全程调控。

一架从北京飞往英国伦敦的波音喷气式飞机，在99％的时间里都没有以正确的方向向目的地飞行。也就是说，当飞机离开北京时尽管目标是伦敦，但飞机在空中飞行时，由于受气流、气压和人为因素的影响，飞机常常偏离既定航线，如果不能及时进行纠正，飞机就会到达一个完全不同的目的地，甚至因为燃料用尽而坠落。而飞行员在飞机偏离航向时，既不慌张，也不气馁，他们充分施展驾驶的种种技能，及时调整飞机的航向，使飞机最后能安全、顺利地抵达目的地。

证券投资是一项系统工程，如何把理念、方法、原则、纪律、资金、信息和技巧融合起来，形成投资的力量，这就需要控制。只有控制，才能正确地把握股价的运行方向。学会控制自己的精力、时间、资金，将它们用在正确的地方，长期坚持下去，你的潜能就会被充分地挖掘出来。控制包括两个方面：

一是内控

通过控制自己的思维、理念和情绪,达到和主力的和谐一致。《六祖坛经》中有这样一个故事:六祖惠能昔日在广州法性寺,当时印宗法师正在讲涅槃经。突然一阵风吹来,风幡飘动,一位僧人说是风动,另一位僧人却说明明是幡动,两人争执不下,惠能见了说:"不是风动,不是幡动,人心自动。"众皆骇然。其实,任何外在事物本身都没有力量让你买卖,买卖只是你意识上的一种选择。人的成功应该由内而外,唯有修炼内心,才能把"心随股走,及时跟变"变成自己的自觉行动。

二是外控

通过建立交易系统控制自己的行为,无论买还是卖,一定要做到"进退有据",严格按指令操作,而不是自己的主观想象,听到某种消息,就不加分析地跟进或卖出,看到别人买卖某种股票,不问青红皂白也跟着瞎掺和。操作和指令紧紧地连在一起,才能避免盲目和随意。

所有的股市赢家一定是出色的控制专家。他们对资金、对行为有着极强的控制力,并且能把这种能力渗透到每一次实战之中。他们知道,资金是一种宝贵的资源,绝不可随意滥用;他们深知自己无法控制股价的运行方向,因此只能通过控制自己的行为达到与市场的和谐,当股价没有朝着预期的方向发展,他们就会毫不犹豫地撤离资金,避免无谓的牺牲。一个人能否取得投资成功,很大程度上取决于他对资金的控制能力,取决于他对思维和行为的控制能力。

但在实战中,我们不能把全程调控的"全程"理解成一个漫长的过程。这个"全程",在多变和危机四伏的股市,可能只是一个瞬间,也许3~5天的时间就足以完成一次操作计划。这将使投资计划的全程变得非常之短,但也大大增加了调控的难度。

所有的大成功者,他们的自制力都极强。毛泽东嗜烟如命,在重庆谈判期间,当他得知蒋介石不吸烟时,竟然一支也不抽。尊重他人,实际上就是控制自己。在股市,你不能选择对手,也不能选择规则,只能在"心随股走,及时跟变"的前提下,根据交易系统发出的交易指令断然一击。

它要求每个投资者必须具备很强的自控能力和执行能力，否则，就无法在股市生存和发展。控制金钱，可以得到财富；控制情绪，可以得到快乐；控制行为，可以得到自由。

在信息共享的今天，外界的任何风吹草动都可能对股市造成冲击。如果不能根据实际情况对计划进行及时的调整，就会导致巨大损失。证券市场的这种联动性比其他任何一个行业都更加敏感和直接。外界因素的咬合及对股市的影响如此紧密，以至于实战中每一个环节的失控，都可能像丢掉一个烟蒂那样丢掉一场本来可以唾手可得的胜利。因而在气球般快要被各种信息撑爆了的股市面前，对投资计划的全程调控越来越是一门行为科学，而不是单纯一种技术。它要求人们更多地运用直觉而不是数学推演，去把握瞬息万变的股价变化，它要求你改变的远不止计划的调整和资金布局，更主要的是主观向客观的转换导致的操作行为的改变。股市如棋局局新，即使你把所有的股谱都背得滚瓜烂熟，但每一次操作都是一次陌生的战斗，每一次操作都是在同一个陌生的主力展开一场陌生的较量，而你则必须通过对这一陌生过程的全程调控，去赢得每一次陌生的胜利。

第4节　态度决定成败

　　成功的背后，往往是常人无法想象的痛苦与付出，人的梦想只有经过坎坷和失败的打磨，才能变成现实。一个人能不能忍受别人不能忍受的挫折，然后从股市杀出一条血路来，取决于他的态度，拥有积极的心态会把挫折当财富，拥有消极的心态就会怀沙自沉，最后走向毁灭。

　　人的命运的改变，都是从态度的改变开始的。心理学家说："你认为你是什么，什么就是你。""我要成为什么人"，而不是"我要做什么人"。

　　马尔茨在《心理控制术》中有一个非常重要的观点——自我心象。什么是"自我心象"？"自我心象"就是"我是什么样的人？我能干什么？我能成为什么样的人？"如果你认为自己能取得投资的成功，你就会去努力寻求成功，最后你就真的成功了；如果你认为自己不行，你就会不断地抱怨，甚至把投资中的挫折归结于命运不好。

　　"自我心象"是由我们过去的经历和外界对我们的看法所形成的，这种经历和看法一旦形成"自我心象"，人就会按照这种观念去行事。

　　很多人炒股被套和亏损以后，就开始怀疑自己的能力，从而变得自卑起来。其实，操作的失败只是说明，你在买卖点上把握得不够正确。你不妨试着用135战法给出的指令操作一段时间，它会使你的失误概率大大降低。但很多人在失败面前加上了自己的想象，夸大为自己不行，在这种自我心象的暗示下，操盘业绩每况愈下。

　　美国著名营销专家布鲁金斯说："不是因为有些事情难以做到，我们才失去自信；而是因为我们失去了自信，有些事情才显得难以做到。"我一直认为，态度是成功的最重要的保证，如果你觉得自己不够成功，态度可能是最主要的原因。培养自信乐观的态度是做好股票的前提。曾经有个医生做过一个实验：用水和糖加上某种颜色配制了一种安慰剂让患者服用，如果患者相信药力并持乐观态度，疗效就非常好。其实，安慰剂并无疗效，是医生夸大了它的作用，结果有90％的人服过安慰剂后，病情大大减轻，有的甚至痊愈。

心理暗示作用不可小视。一个意外事故也证明了这一点：有个铁路工人意外被锁在一节冷冻车厢里，他清楚地意识到，如果不尽快出去就会被冻死。不到20个小时，冷冻车厢打开了，那位工人死了。医生证实是冻死的。可是仔细检查了车厢，冷气开关并没有打开，但他确实死了，因为他确信，在冷冻的情况下是不能活命的。所以，在极端情况下，一个极度悲观的人甚至会导致死亡。

在实战中有两种不能：一种是技术上的不能，一种是态度上的不能。技术上的不能，可以通过不断的学习来解决，而态度上的不能，则注定了必将失败。态度上的不能才是最致命的，很多人投资不成功，主要是态度上的不能。从这个意义上说，态度比技能更重要。

美国行为学家皮鲁克斯在《心态影响人的一生》中说："人的心态随着环境的变化，自然地形成积极和消极两种。思想与任何一种心态结合，都会形成一种'磁性力量'，这种力量能吸引其他类似的或相关的思想。这种心态磁化的思想，好比一颗种子，当它培植在肥沃的土壤时，会发芽、生长，并且不断繁殖，直到原先那颗小种子变成数不尽的同样的种子。"

美国前国务卿鲍威尔是牙买加移民，他之所以能从布龙克斯的街巷里走出来，最终成为参谋长联席会议主席和最受美国人尊敬的人物，靠的就是积极乐观的态度。他在《美国之路》中列举了30条严格恪守的生活准则，其中不少都体现了乐观心态的基本价值。譬如：千万不要把事情想象得那么糟，也许明天早晨它就会有转机；这事儿能做；不要让任何不利的事情来妨碍你作出一个好的决定；不要向自己的恐惧退让，也不要轻易向对手妥协；永远的乐观主义是力量的加倍器。

我觉得人的智商都差不多，后来之所以拉开了距离，主要取决于一个人对失败的态度以及是否真正树立了战则必胜的信心。凡是能力范畴的东西，别人能做到的事情，只要通过不懈的努力，我们同样也能做到，并且能够把它做得很好。

在改变消极心态保持乐观心态方面，有几点建议供大家参考：

（1）只有积极乐观的态度能给你带来力量，坚信希望和乐观能使你反败为胜。越是担惊受怕，就越易遭灾祸。

（2）即使身处危境，也要寻找积极因素，这样就不会放弃取得微小胜利的努力。越是积极乐观，克服困难的勇气就会越足。

（3）以幽默的态度来接受现实中的失败。比如，亏损不过是比以前更穷一些罢了，我是散户，我怕谁………有幽默感的人，才有能力轻松地面对意外打击。

（4）不管亏损多么严重，都不能让自己的精神垮下来。只要精神不垮，就可以重整旗鼓，反败为胜。

有什么样的态度，就有什么样的行为，而这种行为就会导致最终的结果。行为是标，态度是本，支配行为的是思想、是态度。不去改变思想和态度，就无法从根本上改变行为。只有态度改变了，一切才会改变。

思想决定态度，态度决定行为，行为决定命运。要改变命运，就要改变行为；要改变行为，就要改变态度；要改变态度，先要改变思想。思想通，万事兴。有什么样的心，决定有什么样的人；什么样的人，决定做什么样的事；什么样的事，决定取得什么样的结果。一切结果取决于有什么样的心。

当你决定做一件事，如果你抱定非做成不可的决心，在做的过程中，你就会竭尽全力，调动一切积极因素，不怕困难，坚持到底，最后一定会获得成功。如果一开始就摇摆不定或信心不足，认定自己做不成，在做的过程中就会缺乏勇气，最终导致半途而废。

所有的股市赢家，都是具有积极心态的人。谁都想在股市挣钱，但有多少人真正地把投资当成了事业？如果你以业余的心态对待投资，你肯定不会全力以赴。不全力以赴，就很难获得投资的成功。人人都希望成功会不期而至，但绝大多数人并没有这样的运气或条件；就是有了，他们也感觉不出来。

《怎样给猎狗分骨头》一书里讲了一个故事：在一次狩猎中，猎狗追赶一只野兔，它跑了半天也没有结果，猎狗便停下来放弃了。牧童见猎狗失败了，就嘲笑它说："你比野兔大得多，却是小的跑得快。"猎狗的解释是："那是因为我们奔跑的目的不同，我只是为了一顿饱餐，而兔子却是为了活命哩。"很多时候，在股市成功与否并不在技术与资金，而是在于态度，在于你的决心是否足够。要坚信，在股市这个神奇的地方，一切皆有可能。

第5节 能力成就一切

世界上最难的事,不是挣钱,而是挣钱的能力。一个人能否在股市生存和发展,不是取决于资金和技术,而是他的能力。股市里之所以贫富悬殊,说到底还是一个人的能力问题。

钢铁大王卡耐基说:"你可以把我的资金、厂房、设备全拿走,只要人不动,十年后我还是世界第一。"资金、技术和能力相比,哪个更重要?是能力。石油大王洛克菲勒说:"如果把身上的衣服全部剥光,一个子儿都不剩,然后把我扔到大沙漠去,这时只要一支商队经过,那我又会成为亿万富翁。"

人的肉体的价值还不如一只羊的价值高。组成人体的是几十种化学元素,如果把它们提纯分离出来制成日用品,不过是7块肥皂(脂肪)、22盒火柴(磷)、一颗钉子(铁)、20磅焦炭、一小匙硫黄、1英两有色金属和可刷一间房子的石灰……加在一起,大约值10块钱。但蕴藏在肉体里的价值却是无法估量的。人与人的差异主要是能力上的差异,而能力上的差异则是思维方式上的差异。

罗曼·罗兰说:"财富是靠不住的。今日的富翁,说不定就是明日的乞丐,唯有本身的学问、才干,才是真实的本钱。"那么,能力从何而来?从学习和实践中来。

恩格斯说:"无论从哪方面学习,都不如从自己所犯错误的后果中学习来得快。"从失败中可以获得宝贵的经验教训,它比知识和技巧更管用,要舍得给自己的大脑投资。给大脑的投资,回报率是百分之一千、百分之一万的。给大脑的投资是最安全的投资,任何投资都比不上这种投资,把钱装在你的脑袋里，是任何人都拿不走的。

有人在股市一掷千金，却不愿花几十块钱去买本书。很多人被股市淘汰的最大原因不是年龄的增长，而是学习热忱的减退。注意，学习不是漫无边际地积累知识，而是学以致用。因为知识是死的，只有把它运用到实战中，才能活起来。掌握知识靠学习，运用知识靠能力。能不能取得投资的成功，不在于你掌握了多少投资知识，而在于你在多大程度上正确地运用了这些知识。

能力包括学习能力、执行能力、反应能力、自控能力，在这些能力中，学习能力是核心，如果没有学习能力，再多的经验也不会转化为智慧。有了学习能力，即使现在没有经验，只要你操作，就会总结出到底是什么原因让你成功了。长此以往，就会逐渐形成一套自己的东西，成功的速度自然就会加快。毛泽东说："情况是在不断变化的，要使自己的思想适应新的情况，就得学习。"为了提高有缘者的操盘能力，我专门编写了一套《训练大纲》，通过有计划、有步骤的严格训练，尽快地具有实战能力。

即使是最出色的足球明星，在平均3次传球中，只有一次才是成功的；即使执业界牛耳的石油公司，他们也是在钻过很多空井之后，才有可能掘出一口真正的油井。这些都在说明，任何成功，都是因为两个字——坚持。

投资是一条崎岖的山路，能不能最终爬到山顶，不在于你有多少登山技巧，而是看你能否坚持到底。在股市这些年，数不清遇到过多少激流险滩，也记不清被股市击倒过多少次，但每次被击倒后，我都会强迫自己再站起来，然后命令自己一直坚持往前走。当我一次又一次的努力失败的时候，我没有气馁，没有抱怨，更没有去怀疑自己，而是从自身查找原因。我相信，只要找到了失败的原因，就能找到克服失败的方法，成功就是水到渠成的事。很多人不成功，不是他们不努力，而是坚持不够。坚持，是所有成功者的必备素质。不管做什么，只要你能数年如一日地坚持下去，最后都能够获得成功。

夏日里，每一个枝头上都会有蝉在歌唱，但你是否知道，它们的生命只有3个月。法国昆虫学家法布尔研究发现：蝉从一只幼虫变成在枝头高唱的成虫，需要经历3年的时间。也就是说，一个幼小脆弱的生命要在深土里苦苦熬上3年，才会在某个夏日的黎明，展开透明美丽的翅膀飞向幸福的枝头放声歌唱。

蝉苦熬3年就是为了3个月的生命，这个代价是不是太大了？然而蝉却不这样想，时间飞逝，生命短暂，歌唱还来不及呢，哪还有时间去顾及其他。它是在用生命歌唱，它那高昂激越的生命之声，燃红了夏季，穿透了亘古的岁月和沧桑。

投资是一个过程，只要你追求过、奋斗过、彷徨过、痛苦过、欢乐过，无论结局如何，都没有关系，因为你用自己的生命感受过。

成功很难，但不成功会更加艰难。既然你已经在投资的路上起程了，就义无反顾地走下去，尽管前面的路依然坎坷、艰险、漫长、望不到尽头，只要你坚持走下去，总有一天，我们也能蜕掉身上厚重的壳，让自己成蝉。

第6节  股市赢家必备的六种素质

一、体力

凡是最后能够成功地走进赢家行列的人,都有过披星戴月潜心攻读、日复一日地挑灯夜战以及屡战屡败和屡败屡战的体验。没有强健的体魄最好不要轻易涉足这个领域,否则可能得不偿失。

二、毅力

证券投资是一个过程,没有3~5年严格系统的学习和专业训练是很难形成实战能力的。也就是说,在3~5年内你要远离一切娱乐,抵制住各种舒适生活的诱惑,这对于一个人的毅力绝对是一次严峻的考验。

美国哈佛经典箴言:一个人的命运,决定于晚上8点到10点之间。在股市这个"知"本与资本对接的地方,关键在于个人素质的综合提升。

台湾著名企业家陈茂榜在记数字方面有着超人的能力,世界各国的面积、人口、贸易额等,他都如数家珍,毫厘不差。而事实上,陈茂榜只有小学学历,却荣获美国圣诺望大学颁发的名誉商学博士学位。如此跨越,全凭他的实力。这个实力便是一辈子坚持每天晚上不间断的自修。

陈茂榜15岁辍学到一家书店当店员,每天从早到晚工作12个小时。但下班以后,读书就成了他的享受,书店变成了他的书房,任他遨游。日子一久,他养成了每晚至少读两个小时书的习惯。他在书店工作了8年,同时也读了8年书。陈茂榜说:"学历固然有用,但更有用的是真才实学。"

股市是一个检验真才实学的地方,绝对不是一个碰运气的场所。若想

在股市有所作为，就必须坚持每天复盘，坚持每天写操盘日记，坚持每天至少读1个小时的书。

三、定力

对任何一个人来说，要想在股市获得持续稳定的发展，必须掌握一套可以重复获利的方法，对自己无法控制的东西最好想也不想。人云亦云、亦步亦趋最易受到伤害，特别是当周围的人逮住一匹大黑马欢呼雀跃的时候，心里最易荡起涟漪。这时候，定力显得尤为重要，只有靠它来平复浮躁的心情，而决胜的关键也就在此一刻了。一个优柔寡断、毫无主见的人在股市是很难获利的。每个人都应对自己的行为负责，无论是亏损还是深套，完全是由自己造成的。不要抱怨别人，因为买卖的主动权在你手里，没有人强制你去交易，是你自己发财心切才如此盲目和轻信的。遇到问题多从自己身上查找原因，你会发现，所有的失败都是因为自己功力不够造成的，若想反败为胜，就要耐住寂寞，苦练本领。炒股是一个非常寂寞且专业性很强的职业，一颗飘忽不定、耐不住寂寞的心是做不好股票的。经常看到股民朋友羡慕别人抓到了连续涨停的大黑马，再看看自己手里的瘸驴，心底难免泛起阵阵酸楚。其实，这倒不必，只要你能够勤学苦练，只要你能够经受住市场的风风雨雨，你就是市场上最大的黑马。

四、财力

进行证券投资不仅需要花费大量的时间和精力，也需要一定数额的财力支出。从买书订报，到参加各类操盘培训以及现场交易的实习费用等，都需要支付一定数额的货币，应考虑自己的经济状况，但千万不能借钱或贷款炒股，否则心理压力太大。同时，还得忍受至少3年孤独寂寞的投资生活，而在此期间，从前的同学、同事也许早就"发"了。他们的成就也可能动摇你当初的选择，这一点思想上一定要有所准备。

五、魄力

股市的本质是慷慨地回报少数人，让绝大多数人亏损。因为股市本身不创造价值，所以输多赢少的局面短期内不会有大的改观，这就注定了许多人伤心是难免的。你能保证在付出了那么多以后不会后悔吗？你有背水一战的魄力以及不达目的誓不罢休的决心吗？

六、动力

没有足够的动力支持，上面的五种力量恐怕难以维持。必须有把证券投资作为自己终身事业的动机和执着，才会有排除万难的韧劲和勇气。

有一次，著名导演张艺谋接受美国 CNN 记者的专访。记者说："在当今电影界，仅'张艺谋'这三个字，就是一个聚财的品牌，能不能透露一下，您现在到底有多少财富？"

张艺谋仔细思考了一下，然后认真地对他说："说来您也许不信，我的财富只是一部旧式照相机。"记者睁大了眼睛："这怎么可能？"

"我说的是真心话。"张艺谋笑着说："由于家庭出身的原因，从小到大，我们家一直生活在一个受人歧视的环境里。18 岁那年，我迷上了摄影，可在当时，家里连吃饭都困难，哪里还拿得出钱给我买照相机供我学摄影呢？有一天，我听人说，卖血可以赚钱。一连卖了 5 个月，终于攒够了买一部照相机的钱。"

"凭着那部照相机给我的艺术积累，1978 年，我考入了北京电影学院摄影系……是那部照相机，或者说是那段卖血的经历，给了我特殊的人生体验，鼓励我不断挑战逆境，打破宿命，去实现人生的最大价值。所以，不管到哪里，我一直保留着它，那才是我真正意义上的财富！"

当人们把羡慕的目光投向成功人士的名利光环的时候，却往往忽略了他们身上隐藏的精神财富，那才是他们动力的源泉。

第 7 节　股市赢家的七个条件

据资料显示，目前中国股民人数超过 9000 万，但真正赢利的不会超过 10%，如何才能从芸芸众生中脱颖而出，成为一个真正的股市赢家呢？以下几点可能对你有参考或借鉴作用。

一、认真看书学习，弄通投资真谛

证券投资是一门非常专业的学问，必须掌握相关的专业知识。从 K 线理论、均线理论到形态理论等都应有一个大致的了解；对重要的经典理论不仅要反复阅读，而且要深刻领悟。力争在一个较短的时间内，把相关知识转化成自己的实际操盘能力。135 战法避开了复杂的理论知识，运用技术指令直接带你进入实战，无疑缩短了知识与能力的转化时间。

二、相信自己一定能成功

在入市的初期，由于自己对证券知识知之甚少，很容易被别人的意见所左右。除非股市赢家或实战高手，而不是所谓专家的意见可以参考外，其他人的建议不可轻易接受。必须养成独立思考的习惯，凡事都要深究，轻信与盲从往往一事无成。把成功建立在自我力量的基点上往往更容易获得成功。相信自己能成功的人，就一定能够获得成功。

三、从实战中学习实战

任何理论知识都是对过去事件的总结，它对实战有着积极的指导作用，但股市是不断发展变化的，所以，再好的东西也要放到实战中去验证、正确的坚持、错误的放弃，然后根据市场的发展或自己的经验不断地去修正、完善。有一点要清楚，有的理论知识纯属纸上谈兵，根本经不起实战的检验，机械地照搬，很容易砸伤自己的脚。正如开车一样，不管你学了多少驾驶理论，如果不从起步停车、加减挡开始练习就永远上不了路，更无法处理复杂的路面情况。只有多练、反复体验，才能不断提高自己的驾驶技能。入市初期，最好能参加一些专业培训，这样可以少走好多弯路。刚刚开始交易的时候，一定要严格控制交易数量，把风险控制在最低的限度，但可以适当增加交易次数，买卖股票是一项比较复杂的技能，只有经过大量的实战，积累大量的经验，才能够从根本上把握它，实现从量变到质变的飞跃。

四、培养有计划、守纪律的操作习惯

操盘无大小，思想上必须引起足够的重视，买进前制订一个详细的计划，如买进的技术依据是什么、什么时候买进、买多少、出现意外如何处置等。这样一来，在机会出现时，就能果断采取行动，而不是随意买卖。操作中严格执行纪律，所谓纪律，就是交易系统发出的买卖信号。当买进信号出现时，有计划按比例进场；当卖出信号出现时，立即果断清仓。要做到这一点，必须靠铁的纪律去保障。纪律是投资者最为重要的原则，一个纪律严明的人，不但能够最大限度地获得利润，而且也能最大限度地回避风险。

所有的失败都是因为没有严格执行操作纪律造成的。比如，在技术形态还没有完全走好以前，就兴冲冲地去抢点，结果当天被主力拴得结结实实。由于不知道用纪律去止损而是一味地期待它反弹，甚至不断地追加买进，试图摊低成本，结果资金缩水越来越严重。有跌必有涨，这是股价的一般规律，但股价跌多长时间、何时会反弹，需要135战法重新定位。有些股票下跌以后会反弹，但是反弹概率很低，摊低成本买入法就不是一个好的投资策略，运用不好，会把你引向深渊。

炒股的最大风险不是来自股市，而是规则不明的操作。因为没有人逼你买，也没有人逼你卖，买卖全由自己决定，但在实际操作中，由于这样那样的原因，投资者往往受到媒体和周围人的一些影响。其实，只有交易指令才是我们采取行动的唯一理由。

执行指令，说说容易，真正做起来，你会发现还真不是一件容易的事。它需要经过与市场的磨合，需要不断地否定自我。比如，当我们买进一只正在上涨的股票时，心里往往会产生一种恐惧心理，生怕到手的利润化为乌有，于是，在没有任何卖出信号之前，就心急火燎地把股票卖出，结果丢掉了一大段利润。相反，在股价加速下跌时，不是立即出脱持股，而是寻找种种不卖的理由安慰自己，而且还自欺欺人地说，只要我不卖，就不能算亏损。任何一只股票，在当天收盘以后，它的价格就代表了它目前的价值。如果你买进的价格高于收盘的价格，高出的部分就是实实在在的亏损。没有人能够保证一只股票跌了以后必须涨回来。很多人面对正在下跌的股票不知道采取何种补救的方法，而是自作聪明地加码买进，以摊低所谓的成本，但他们忽略了总市值并未增加这一事实。如果说不及时卖出下跌的股票是一种错误，那么，在下跌通道中不断补仓则是一种执迷不悟。不管是谁，都不可能百分之百地操作正确，问题在于，当错误出现时必须立即纠正，把赔钱的股票尽快出手，把风险降到最低限度。而要做到这一点必须养成按计划、守纪律的好习惯。

五、循序渐进、稳中求胜

新股民常犯的错误是胆大，这就是人们常说的无知者无畏，自己什么都不懂，但交易额却很大。偶尔蒙对一次就沾沾自喜，甚至把自己吹得神乎其神，于是又盲目地追加资金，想加快赚钱的速度，不料事与愿违，一次不慎操作就足以使你悔恨终生。在培训期间，我要求学员坚持每天复盘，然后做大量模拟盘，当模拟盘的成功概率达到80%以后，才允许进入临盘实战。刚开始做实战盘的时候，尽量减少交易数量，每笔交易控制在500股以内，当操作水平稳定以后才适量加码。切忌一开始就进行大笔交易，不要人为地给自己增加心理负担。

六、见可则进，顺势而为

"心随股走，及时跟变"就是顺势而为，永远跟着市场走，永远跟着主力走。如果大盘走势良好，又有形态完美的股票，就大胆买进。原则上讲,在大盘没有提供做多条件下,应主动放弃操作,如果有形态完美的个股,只可适量参与,不可重仓出击。许多人往往预测大盘的顶与底,这是非常危险的,如果有人能够准确地预测什么时间见顶、什么时间见底,他早就成"仙"了,还用得着在股市里打拼?

事实表明,所有的预测都是不太科学的。美国一个职业操盘手在谈到他的制胜秘诀时说:"要做好股票并不难,只要你静静观察,耐心等待最佳时机出现,不要寻找什么绝妙方法。"实际上,一个能100%预测股票准确价位的方法是不存在的。我们能够做到的就是跟着指令走。凡是断势失误的时候,你的股票肯定在赔钱,这时应及时退出,而不是去抗争。多数人在买卖股票时很难排除自我,他们总以为股市会按照自己的预测发展。其实不是这样的,谁能尽快地完成从预测性到应变性的转变,谁的成功就快一些。在屡遭挫折以后,有人到处寻找炒股秘诀,其实,真正的秘诀就在你的心灵深处,只要克服了自己的心理障碍,股市天天都是艳阳天。

七、沉着应对,冷静处置

面对复杂多变的股市,始终保持头脑冷静是非常重要的。但我们毕竟是人,是人就有人性弱点,所以在操作不顺的时候,难免产生情绪上的波动,特别容易受每笔交易结果的影响。这时候,就应该立即停止操作,让自己的情绪冷静一下。

股市赢家一般都是镇定自若,从他的表情上你很难看出是赔还是赚。即使遭遇重大亏损,他们也会坦然一笑,就像拜伦在悲悼雪莱的诗中所说的那样:"什么都没有发生,不过是经历了一次海水的净化而已。"平时应注意培养和提高自己的心理素质,譬如多看一些心理学方面的书,有意识地训练和调整自己的心态。证券投资是一个高风险的行业,面对的压力很大,要保持稳定的操盘水平,必须培养自己良好的心态,学会控制自己的情绪。操作顺利的时候,切忌让胜利冲昏头脑,随时准备应付突发事件;遇到困难和挫折的时候,"要看到成绩,看到光明,要提高我们的勇气"。

一个职业篮球手的投篮命中率一般在30%~40%,即使迈克尔·乔丹的命中率也只有40%,他之所以成为举世瞩目的大球星,在于他能够在关键时刻毫不犹豫地出手投篮。100%的命中率是不存在的,更不要说变幻莫测的股市了。乔丹在一则电视广告中简单地陈述了自己的各种得失，列举了他有上百次在球赛结束前的关键时刻没有把球投进篮筐，而导致他的球队彻底失败，除此以外，他还犯过上千次不该犯的错误。但广告的结束语这样说："这些失败正是他成功的原因。"

第8节　股市赢家的八个特质

一、他们有梦想，并且知道为什么做

所有的股市大赢家，都是那些愿意用自己的毕生精力和心血把投资作为神圣事业的人，而不是把炒股理解成碰运气，即使他们的梦想被残酷的股市一次又一次地击碎，但绝不因此而动摇自己的信念、放弃自己的梦想，而是越挫越勇。股市是个大熔炉，要么百炼成钢，要么被烧成灰烬。所有的股市大赢家一定是大梦想者，所有的大梦想者一定是大磨难者，寂寞出高手，磨难出大师。

二、他们有目标

梦想者和梦幻者的根本不同就是，梦想者给自己的梦想加上了一个具体的数字和实现日期。然后在人生的某个时期，他们紧紧地围绕这个数字和日期，不懈地努力、不断地行动。他们坚定了不达目的誓不罢休的决心。人一旦有了明确的奋斗目标，就会产生一种"不待扬鞭自奋蹄"的动力。

三、他们拥有积极的心态

成功者与失败者的最大差异，就在于心态是否积极。拥有积极的心态，会把失败当财富，能将磨难当资本。而消极的心态，就会在困难和失败面前变得一蹶不振，从此套牢一生。拥有积极的心态可以在艰途中随遇而安，能够让心灵的沙漠变成绿洲。在他们眼里，什么都是可能的；在他们的字典里，从来就找不到"不可能"这个词。

四、他们遵守规则，但从不当规则的奴隶

所有的股市赢家都有自己的操盘原则，当这些原则与现实发生冲突的时候，他们又有着极强的灵活性。他们自始至终把"心随股走，及时跟变"作为自己的行为准则，他们知道坚持原则是为了更好地获利和避险，如果这个原则妨碍了这个目的的实现，他们就会大胆地改变它，甚至放弃它。遵守规则，但不做规则的奴隶是所有股市赢家的一个共同特点。

五、他们是持续的行动者

他们数年如一日，从不间断地坚持看盘和析盘，而且从不嫌烦，从不偷懒。他们日复一日地坚持学习和思考，在实战中不断地否定自己、战胜自己和超越自己，在他们眼里从来没有节假日，在前进的道路上从不敢放慢自己的脚步。

六、他们虚怀若谷、宽容忍让

他们虽然身怀绝技，但从不向主力叫板，他们深知自己的能力有限，因此，他们始终把尊重市场、尊重主力放在第一位，他们也不指责、不批评、不抱怨，而是无条件地、毫无怨言地顺从它。他们深知"大丈夫能忍人之所不能忍，方能为人之所不能为"，所以，他们每时每刻都在培养和训练自己"猝然临之而不惧，无故加之而不怒"的操盘素质。股市里最难做到的是宽容和忍让，不分情况的拔剑而起、挺身而出是匹夫之勇，这样的勇敢会让你死得很难看。

七、他们是终身的学习者和实践者

他们知道，要想在日新月异的股市生存和发展，一定要有一个终身的学习计划，他们努力把自己训练成为一个学以致用的专业人才，而不是成心把自己弄成一个漫无边际积累知识的学者。他们善于学习，注重实践，更愿意花大功夫去完成知识与能力的对接和转换。他们懂得只有把知识转换成自己的实际操盘技能，才能最终赢得每一次实战的胜利。

八、他们愿意改变、肯付出

他们愿意改变自己身上所有与股市不和谐的东西,愿意学习成功者的思维方式和行为模式,自觉地和股市融为一体,无条件地与主力保持一致。他们为了实现目标,能吃苦耐劳,能忍辱负重,具有压倒一切困难的勇气和战胜一切困难的霸气。

第9节 精通一种战法

俗话说，一招鲜，吃遍天。若想在股市长期立于不败之地，必须掌握一套可以重复获利的方法，并且把它运用得得心应手。这样一来，在任何时候、任何情况下都有足够的回旋余地。

什么是战法？就是能够正确反映股市和股价的运动规律，并且能够自觉地运用这些规律指导自己行动的方法。但任何方法都有自己的局限性和时效性。所以，不管什么方法，都应从实战的角度去考证这些结论，汲取有用的东西，拒绝无用的东西，巩固自己特有的东西。机械地照抄照搬，不会达到预期效果，甚至会向着自己愿望的反方向走去。明于知己，暗于知彼，或明于知彼，暗于知己，都无法真正地解决实战中的问题，只有知己知彼，方能赢得操作中的每一次胜利。人不能超越自己的技术条件企图获得操作的胜利，但可以而且能够在技术条件许可的范围内争取操作的胜利。

在熟练掌握135战法之后，应着重处理好这样几个环节：（1）持仓和持币。什么时候持仓，什么时候持币，必须有一个明确的界定，界定的标准就是指令。该持仓时持币，会漏掉获利机会；该持币时持仓，易造成不必要的损失。（2）筹码的集中与分散。一般讲，当完美技术形态出现以后，应逐步完成筹码的集中，但股价进行过程中的每一次调整都应主动地分散筹码，使自己的行为与主力的动作形成共振。（3）主攻与助攻。发现完美的技术形态，并且符合"量、价、线、形、位"5个条件时应集中资金实施大胆攻击。记住，任何时候，只在赢钱的单子上加码，不在亏损的单子上补仓。（4）进攻与退却。当135战法中的"拼命三郎"大打出手时，要敢于接招，这就叫不怕死。不战而降就是懦夫。股价经过充分调整，出现【破镜重圆】时也是可以适量跟进的，不管股价在什么位置，只要出现【一枝独秀】等见顶形态都说明上攻受阻，应主动回避，起码要减仓，这叫不找死。当形态破坏了，决不抗争，举手投降，这叫不等死。（5）持久战与速决战。只有形成【三线推进】的个股，可适当采取持久战与阵地战，绝大部分时间应采取运动战与速决战。股市变幻莫测，避险永远都是第一位的，不管采取什么战术，都不能违背"心随股走，及时跟变"的原则。

以上环节看上去很抽象，实际上很实用，一定要用心去悟，然后下大力解决好形态的转换与衔接，下大力解决好不同周期的转换与衔接，要把这些环节都提到较高的原则性上去认识并妥善解决好。

举例来说，在某一时期出现一大批形态相似的个股，应首先把目标锁定在当前热点上，这叫跟着市场走。只有攻击目标选择适当，资金布局和战术运用得恰到好处，方可达到主客观的完美统一。但市场不确定的因素很多，主力会根据市场变化随时改变自己的做盘计划，如果不能审时度势，及时地调整仓位，使之跟上股价的波动节奏，吃亏的肯定是我们自己。

研判市场、分析个股是投资者天天必做的功课。功课的好坏，直接关系着第二天操作的成败。毛泽东说："指挥员的正确部署来源于正确的决心，正确的决心来源于正确的判断，正确的判断来源于周到的和必要的侦察和对于各种侦察材料的连贯起来的思索。"在没有弄清大盘与个股的关系之前，在没有弄清周线与日线、日线与分时线的关系之前，在没有弄清技术形态的市场含义之前，就盲目出击，十有八九要失败的。

当技术条件具备以后，执行就是决定的因素。有的人技术功力不浅，分析个股、判断大势大致不会走样，就是因为执行能力欠缺，不能达到知行合一。因此，提高执行能力的关键在于执行操作指令，令行禁止的军队铁律同样适用于股票市场。技术能力、反应能力和执行能力三位一体，既不能割裂开来，也不可乱用一气。

第 10 节 赚钱的十大策略

炒股的赢利与亏损，有时候是不能以小算盘来计算的，而必须用大算盘才能算得清楚。每个人必须经过精心核算，对股市作周密细致的分析研究，对技术进行精益求精的探索，才能真正找到赚钱的窍门。

在股市，谁都不可能是真正意义上的常胜将军，但总有一些人的成功率相对较高，这是为什么？很简单，因为他们把握了股价的运行规律，并且能够严格地执行交易指令。

一、机动灵活

这是在战争和政治角逐中常用的一条原则，但同样适用于证券投资。股市是一个开放式的大战场，每个机构、每个人都要和整个社会环境进行信息对流和能量交换。它不同于企业或封闭式的科学研究，必然要受外部政治、经济、技术、军事等各种因素的制约，同时也会受股市内部结构调整的影响。所谓适应，就是说每个人必须保持"适应者"的地位，随着特定的内外环境的变化而变动。遵守规则是对的，如果市场情况变了，却依然抱着规则不放，则是愚蠢的。"心随股走，及时跟变"是制胜的法宝。每个人必须做好随时应变的准备，以应对令人猝不及防的突变。

二、与庄俱进

"出其不意，攻其不备"的军事原则只有主力才有资格去使用，作为一个普通投资者，不要企图比主力更聪明。所有的股市赢家都不会去开拓创新，而是与庄俱进，"庄进我进，庄退我退"。如果你想成为股市赢家，就要学会尊重主力、顺从主力，而不是和主力对着干。135战法根据股价的运行特点，制定了一个精确的股价定位系统，只要根据交易系统发出的指令进行适当操作，一般都能踏准股价运行节奏。跟着指令走，财富自然来。

三、兵贵神速

"时间就是金钱"是商战中流行很广的一句话，同样适用于股市实战中的每一次操作。时间之所以等于金钱，是因为时间可以直接影响资金的价值。在持股期间，同样数量的股票，随着时间的推移，其价值会发生变化，而且，时间也影响着资金的周转速度。从经济学角度来说，企业的生产资金处在不断的运动之中，这种运动会带来价值的增值。这种周而复始的运动，就是资金的周转。资金周转一次的时间越短，在一定时期内周转的次数就越多，占用的资金总额就越少。等量资金带来的增值就越多，经济效益就越好。

在买进指令发出以后，如果不能立即跟进，就会丧失赢利的机会，在卖出指令发出之后，如果不能立即出脱持股，就可能高位被套。

时间影响战机。任何一个交易指令，都是股价行将转折的临界点，是我们买卖股票的唯一依据，在临界点上大踏步地进退，不仅能保障资金安全，也能最大限度地发挥资金的裂变效应。

所有的股市赢家都有这样的感触，市场瞬息万变，机会稍纵即逝。如果不能迅速看准和抓住市场一闪而现的机会，机会就会毫不客气地溜走，令人懊悔不已。每个人都要重视"机会损失"，对时间要争分夺秒，而对时间的最好把握就是一丝不苟地、不折不扣地执行交易指令。

四、后发制人

兵法上有"先发制人"之说，意思是，力争抢先行动，先变于人，从而取得战略上的主动。这种先发制人之术只有主力才有资格使用，作为主力同盟军和追随者的我们，只能持重待机，后人而发。想象力和创造力是主力的专利，我们的使命就是执行指令和节制行为。在主力没有发出进攻指令之前，决不可因盲目行动而失之过早；在主力发出交易指令以后，决不能因优柔寡断而失之过迟。

五、集中资金

资金是一种宝贵的资源，如何才能发挥资金的最大效能呢？只有集中使用资金。所有的股市赢家都不会乱买一些杂七杂八的股票，而是选中目标后，集中使用资金，这样就可以发挥出资金的最大效能，也更能使我们集中精力做好一只股票。

六、趋利避害

每个人都有自己的优势，只有把自己的优势挖掘出来并释放出去，才能转化为实实在在的操盘能力。创造实实在在的财富，在机会与陷阱面前要"两利相权取其重，两害相衡取其轻"，趋利避害的最佳结构是"以己之长击人之短"。我们的"长"就是打不赢就走，我们的"短"就是没实力与主力抗衡。

七、迂回取胜

无论是股市高手还是股市新兵，在投资过程中，谁都不会一帆风顺，曲中有直、直中有曲，这是正常的。尤其是在和主力的对抗中，双方都会绞尽脑汁地揣摩研究对方的心理，在这种对抗中，主力往往占有明显的优势，而散户的优势就是机动灵活。在实战中，谁都不可能永远只走直路，在迂直问题上要努力地做到往前看，正确地预见未来，勇敢地对待困难，理性地对待亏盈。

顺境莫陶醉，逆境不动摇。迂回之计在时间上的应用，就是以等待替代速胜。在时机以及条件成熟的情况下，讲究兵贵神速，速战速决；在条件不具备、时机不成熟的时候，要从长计议，在等待中保存实力，在持久中积蓄力量，等待战机。不看条件和时机而一味地求快，常常招致不必要的损失。

八、积少成多

海之所以成为汪洋，是由于一点一滴的积聚；高山之所以巍峨，是由于一抔一抔泥土的堆积。投资也是如此。股市赢家也是从小钱赚起，积少成多，逐渐把自己的资金滚大的。在市场角逐中，有时要"见小利不动，见小患不避"，但切不可疏忽大意。如果本次操作属于整个计划的一个环节，那就要把握精确的进出点位。

九、退中求胜

所有的股市赢家都会娴熟地运用进退伸缩之术，无论是买还是卖，都坚持进退有据，绝对不会蛮干。在持股期间，如果发现形态走坏，或者没有按照预期发展，他们会立即跳出界外，不跟你玩了。

退却，在实战中是一个很有价值的概念。能不能严格执行指令，能不能事先预测可能出现的情况，制订周密的计划，在情况有变时启动紧急预案，是鉴别一个人操盘水准的重要标志。

十、善于总结

操盘无大小，实战中的每一次操作，无论多大规模，无论成与败，都要进行认真的总结。在总结中发现问题、解决问题。在一个问题上只能犯一次错误，重复犯同样错误的人在股市是没有立足之地的。一个善于解剖自己、敢于否定自己、勇于改变自己的人是不会失败的。

第11节　识时务，通机变

进攻与退却，犹如投资者的矛与盾，问题在于什么时候用矛、什么时候用盾，尤其在盾的使用上更要花大气力去研究，因为不仅操作失利时要退却，操作成功时也要退却。退却是为了保存实力，是为了更好的一跃。凡事只讲进攻，是消极的拼命主义。拼命人人都会，关键是什么时候拼，而且拼则必胜，否则，只有退却，只能退却。

在投资过程中需要退却和妥协，只要能保住手里的资金，原则问题也是可以灵活运用的。在危机四伏的股市中如果缺乏必要的保护，经历的事件又过于危险，那很少有人敢作出果断的决策。

股市是最富想象的地方，它奇迹丛生，冷门迭出。但我觉得还是应该实际一些，永远面对现实。不把过多的时间浪费在重温自己无法挽回的事情上，也不要把希望寄托在主观臆想上，懂得什么股票该买而什么股票不该买、什么股票不能卖而什么股票必须卖，绝不做经过努力而做不到的事，或费力不讨好的事。投资成功靠的是忍耐、韧劲、技术和决心。股市需要"冷面杀手"，但也不排除人情味，要善于在不利的时候委曲求全。比如，在主力洗盘伊始，应主动示弱，有筹者适当减仓，无筹者暂时不进，主力最恨洗盘时大单吃进，倘若不识时务，不该进的时候进了，主力就可能加大洗盘力度，或延长洗盘时间，采取压价逼仓等手段迫使你认赔出局。

股市里的事往往就是这样：你虽然热血沸腾或者志在必得，但主力偏偏把你置于无可奈何无能为力的尴尬境地。因此，"识时务，通机变，能屈伸，敢冒险"是股市赢家的必备素质。"识时务"，就是要十分清楚目前大盘所处的环境以及个股所处的位置，然后顺势而为。千钧重的东西，载在船上便漂起来，锱铢般轻的东西，若不放在船上便要沉下去，不是因为千钧轻、锱铢重，而是因为有势与无势的缘故。有些个股一旦失势，就会兵败如山倒，比如银广夏，比如昌九生化，当跌势确立时，即使求为匹夫亦不可得。猛虎依靠尖锐的爪牙能制服狗，若将虎的爪牙移到狗的身上，老虎就被狗制服了。所以，投资者任何时候都要审时度势，应当提防所有的主力，越是对自己钟情的股票越要倍加小心。"通机变"，指各种因素对股市的影响，在具体操作上要采取灵活机动的战术。股价行将调整时，主动撤出，股价发力上攻时，及时跟进，踏着主力给出的节奏，大踏步地进出，是一桩很美的事。"能屈伸"，是指当局势对自己不利的时候，放弃对抗，无条件投降；当大势对自己有利的时候，应果断出击，当仁不让，力争把一段行情做足。"敢冒险"，是指要有承担风险和迎接失败的气度。富贵险中求，炒股需要赌性，但不能当赌徒。就是说，赌，是有条件的。

资金如同投资者的车舆，纪律如同投资者的舆马，如果无术以驾驭之，即使费了很大力气，车马也会不听话，如果以术去驾驭，不仅体泰神闲，还能成就一番事业。术，包括技术、战术等。术的运用要存乎于心，而不是露于外。作为一个专业投资者，要是感受不到形态变化的气息，就一定会失去与主力一起跳动的脉搏，其嗅觉必然越来越迟钝，最后被主力打翻在地，然后再踏上一只脚。

对实战中遇到的问题，既不能绕着走，也不能一口气吹平，采取其他过激措施也是不可取的。具体问题应具体分析，哪一个环节出了问题，就全力以赴去解决它。研判个股是一回事，把研判结果运用到实战中是另一回事。在实战中能够根据股价的变化而及时采取相应对策则又是另一回事。由于股市不确定因素很多，要在适当的时候避开不利环境，变被动为主动。进退要有度。度的把握来自对彼此情况的周密审视和精确把握。从这个意义上讲，投资者既要有律师般善作分析的头脑，又要有等待成功的耐性。另外，凡是重大决策，都有一种孤独感，资金越大，心理压力越大，进行决策时，"孤独感"越严重。哪怕经历了反复论证，最终形成的决策只能是"孤独"的深思熟虑的结果。

要注意总结经验，吸取教训，不能在一个河沟里翻两次船，"秦人不暇自哀，而后人哀之；后人哀之而不鉴之，亦使后人而复哀后人也"。

第12节　成功来自强烈的进取心

一个人最可怕的不是失败，而是有了一丁点小成绩就满足于现状，不再求进取。满足意味着退化，一个满足于现状的人是永无出息的。

正是永不满足的精神造就了那些股市赢家。只有强烈的进取心，才会促使人们改变现状，只有永不满足的精神，才能激励人们追求更加伟大的目标，这就是人类进步的奥秘。

有三种人在股市里是很难成功的：一种是除非别人逼着他学，否则决不主动学习的人；另一种是即使别人帮他做，也做不好事情的人；还有一种是花钱当奴才的人，别人让他买他就买，让他卖他就卖。而那些不需要别人催促，就会主动去做应该做的事，而且不管遇到多少困难都不会半途而废的人，是不会在失败的驿站里停留太久的。

进取心是实现梦想的原动力。它不需要别人提醒，而是发自内心的、情不自禁地、积极主动地让拥有它的人去做自己热爱的事情。人一旦有了进取心，就不会等待事情的发生，而是主动地使事情发生。进取心能给人带来机会，并且能成就人的梦想。

我在炒股前连K线图也不知为何物。但三年以后，我在技术、经验和失败积累的基础上，研究总结出了揭示股价运行规律的135系列战法，我能够坚持下来的原因，就是强烈的进取心和不达目的誓不罢休的特质。我夜以继日地看书、析盘，不停地思索、不断地行动，即使股市把自己弄得倾家荡产、四处躲债的时候，依然坚信自己能成功，依然坚信自己有能力从股市杀出一条路来。当然，十年军旅生活培养出来的那种军人特有的气质和骨子里那种永不服输的野性，也都暗暗地帮助了自己。当一个人把自己的生死都置之度外的时候，什么样的事情都能发生，什么样的奇迹都能创造。

只有目光短浅的人才会在取得一点小成绩时就自认为是成功者，而真正伟大的人物从不认为自己是成功者。因为这些伟大的人物在取得成就后，他们又向着更高的目标出发了。成功者之所以成功，是一往无前的精神在激励着他们。

如果你在一个没有太大发展空间的岗位上得到了非常不错的收入，日复一日，你就会满足于现状，因为这个工作对你的压力并不大，你只用很小的一部分精力就可以对付，这种情况是非常危险的。在优越的环境中，人很容易丧失进取心。虽然你完全有实力争取一个更大的发展空间，但由于满足于现状，也就没有这种机会了。当你无意中发现自己具备一种把所有可能性变为现实的能力时，发现自己其实是一个非常有能力的人时，就没有任何事、任何人可以阻止你去实现自己的目标。

永不满足于现状。每当完成一笔操作就应有一番反省：这就是你所能做到的最好成绩吗？如何能做得更好？何不现在就使自己更进一步？是否能够发挥个人进取心，应视你对于每次机会的觉醒程度以及你是否能在发现机会时立即行动而定。

我希望每一个想成为股市赢家的人，要像角斗士一样充满激情与力量，要像身经百战的将军一样，目光永远盯着远方，永远不满足于已经取得的成绩。

中篇：技术与技能

什么是技术？技术就是实战过程中积累起来并在实战中总结出来的经验和知识。什么是技能？技能就是运用135战法的能力，它是实战中自然流露出的一种技痒。技术是技能的必要准备，技能是技术的必然结果。因此，决定成败的根本因素是技能，而不是技术。

> 当你的才华还撑不起你的欲望的时候，要静下来学习；当你的能力还跟不上股价节奏的时候，要沉下来历练。

第1节　立竿见影

◉ 古为今用

《孙子兵法·虚实篇》："策之而知得失之计，动之而知动静之理，形之而知死生之地，角之而知有余不足之处。"意思是：认真分析敌情，研究敌人的得失。挑动敌人，掌握敌人行动的规律，使用各种侦察手段，以了解敌人所占地形的优劣，进行战斗侦察，摸清敌人兵力配备的情况。在股市中，当某种形态出现之后，重要的不是立即跟进，而是察看股价目前所处的位置和形态结构是否有缺陷。然后悬权而动，见可则进。买入以后，应根据股价的变化，及时调整仓位。

◉ 形态特征

股价经过长期下跌或充分整理以后，突然在某一天【揭竿而起】，表明主力资金大打出手，是行情的重大转折点。但第二天，股价又突然低开低走，给人一种形态失败的假象。其实，这是主力刻意制造的恐慌，是为驱逐获利盘而使用的杀手锏，股价一般都会在第二天止跌企稳，重拾升势。我们把躲在昨日阳线里面的这根缩量阴线称之为【立竿见影】，见下图。

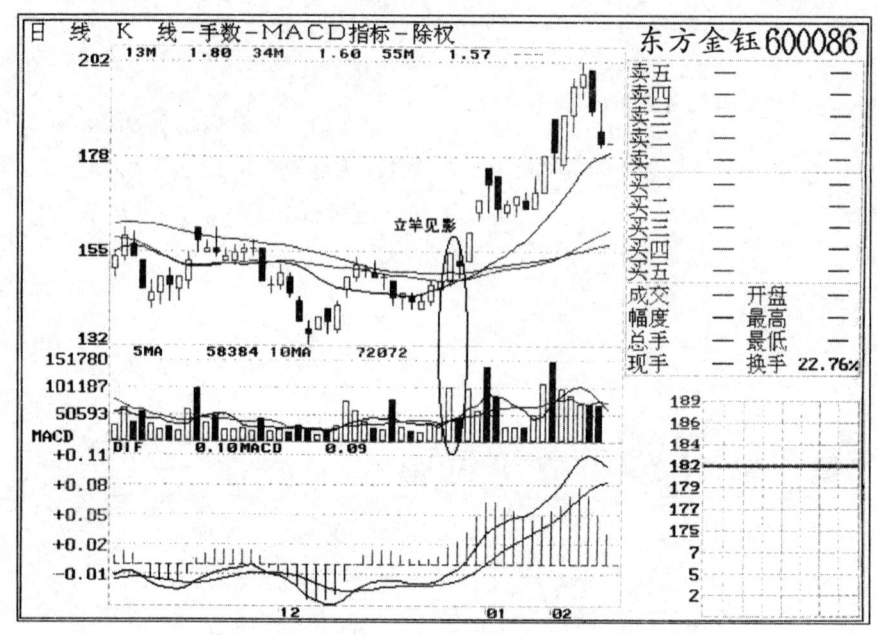

【立竿见影】是一种震仓手段，并非出局信号

● 形成机理

　　一般讲，【揭竿而起】出现以后，股价往往会长驱直入，但也有例外，有时候【揭竿而起】的第二天，股价低开低走，开盘就给人一个下马威，往往把人们弄得茫然不知所措。其实，主力的真实意图就是通过压价逼仓给人造成一种错觉和心理恐惧，然后让你作出错误的判断。看看递减的成交量，主力的意图就会昭然若揭，哪有刚刚突破就出货的道理，只有一种可能，主力为驱逐获利盘而精心制造的震仓。【立竿见影】经常出现在【揭竿而起】【红衣侠女】和【一阳穿三线】之后，出现在【揭竿而起】之后居多。【立竿见影】是进场的良机，并非出局信号。有筹的暂时不动，无筹的轻仓试探。

📉 经典案例

　　（1）王府井（600859）　　【揭竿而起】是股价拉升的重要标志，是股价起涨的临界点。但这个【揭竿而起】从均线系统上跳起来以后，股价不但没涨，反而掉头向下，这是为什么？是形态走坏了，还是主力别有用心？看看股价所处的位置，就不难看出这是主力在玩弄"欲擒故纵"的鬼把戏，有筹的暂时不抛，无筹的逢低吸纳。这根缩量阴线是主力刻意制造的震仓，这根躲在阳线里面的缩量阴线就叫【立竿见影】。如果我们大白天在地上竖起一根竿子而见不到竿子的影子，说明是阴天，如果能看到竿子的影子，说明天上有太阳。【立竿见影】是对【揭竿而起】的一种补充和修正。见图一。

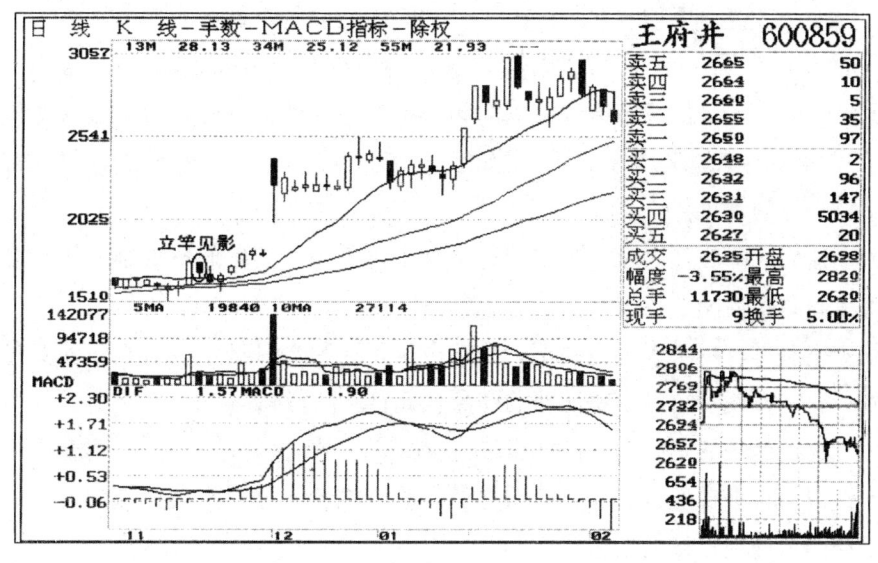

（图一）

一般情况下，【立竿见影】的第二天股价就会重拾升势，也有一竿见两影的，那就演变成了【一石二鸟】的走势，股价不过多调整了一天，并不意味着【揭竿而起】的失败。正确的操作方法是：在【揭竿而起】处大胆跟进，在【立竿见影】处持股观望或轻仓试探，股价出现"阳克阴"，适量加仓。如果在【揭竿而起】出现时没有及时跟进，【立竿见影】又给了我们一个进场的机会。

有的人选股时很用心，可一旦买进股票之后，就傻乎乎地等着涨，对股价的运行方向根本不予关心，这种以不变应万变的做法，是对资金的亵渎，也是操盘功力低下的表现。凡谋之道，周密为宝。操作无大小，任何一次操作，都需精心谋划，都需"心随股走，及时跟变"，随心所欲是大师们的即兴表演，只能欣赏，不能模仿。

读研究生时，有一次上课之前几分钟，外面走进来一个女生，好像来找什么东西。进门后她环视一下四周，在讲台上走了一圈，然后走出去了。

两三分钟后开始上课时，老师的第一句话是："刚才进来一个人，大家都看见了吧？每一个人都简单地用几句话描述一下她给你的感觉和第一印象。"

一个人说："她是一个年纪约 20~25 岁之间的女性，短发，穿着深蓝色的裙子。"另一个人说："她是 40 多岁的中年人，中等长发，穿的是黑裤子。"又一个人说："她给我留下的印象是怒气冲冲的，好像很不愉快的样子。"就这样，全班学生一人一个说法，没有两个是完全一样的，但谁都坚持自己的意见。

这时老师叫让大家有争议的这位女生再进来，学生们望着她一个个都瞪大眼睛把嘴闭上了……

全班没有一个人说完整了、描述全了，因为当时谁也没有真正注意过她，全是在凭着自己似是而非的印象强调自己的正确。

这前后一共不到 10 分钟的经历，却在我的炒股生涯中留下了深深的烙印。因为自己曾经也是那么固执己见，直到在股市碰得头破血流时，才终于弄明白谁是市场的主力。

（2）**吉林化纤**（000420） 这个【立竿见影】出现在【一阳穿三线】之后，【一阳穿三线】出现以后，股价之所以没有涨起来，是因为量能不济，为进一步积蓄能量，主力先后用【立竿见影】和【一石二鸟】加大震仓力度，延长整理时间。随着第二个【一阳穿三线】的悄悄来临，股价才从 13 日均线上【揭竿而起】，而【均线互换】的完成，则彻底打通了股价的上升空间。

上升途中，主力即兴表演了【暗度陈仓】和【一石二鸟】两个小段，然后一鼓作气把股价送到终点站，【一枝独秀】发出了卖出信号。见图二。

面对同一个形态，每个人有每个人的理解，每个人有每个人的算计，对一些人来讲也许需要多年才能明白，而对另一些人来说也许瞬间就有答案。面对心灵上的千疮百孔，有期待，也有煎熬。

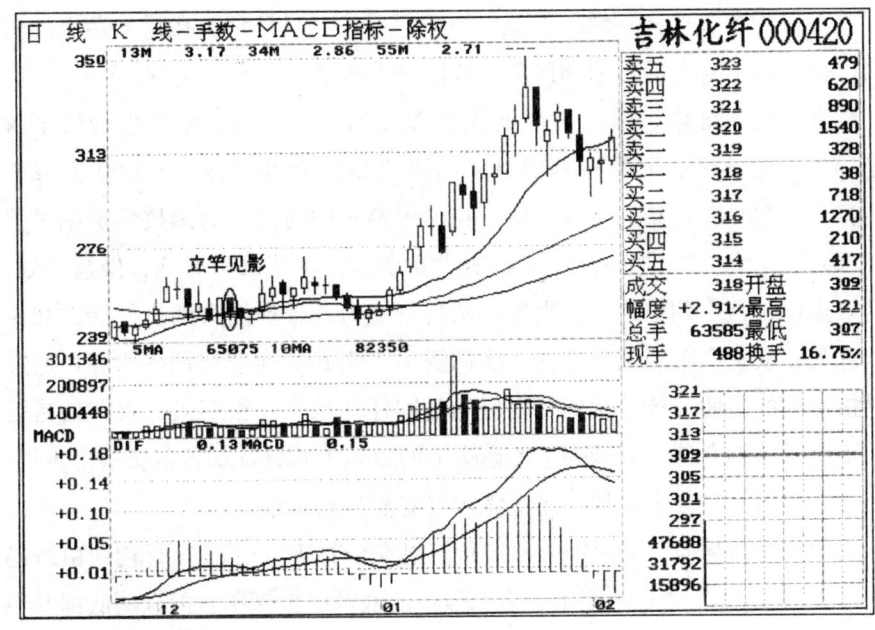

（图二）

每天收盘以后，我都带着学员进行复盘训练，刚开始，个别学员有些畏难情绪，因为要把数千只股票看一遍，并且从中找出符合某种技术形态的股票，并不是一件容易的事。学员中的一个电脑高手自告奋勇地要把135战法编成软件，然后给每个面授学员发一套，说这样就可以大大缩短选股时间。当然，这样选股时间也许能缩短，但成功的时间肯定要延长，因为它助长了人的懒惰。再说，软件是静态的，股价是动态的，拿静态的去套动态的，显然是一件费力不讨好的事。再说，软件能把人的谋略和操盘理念选出来吗？软件懂得如何进行资金布局吗？你们听说过谁用软件赚到大钱了吗？复盘看似枯燥乏味，其实盘中自有黄金屋。因为复盘训练旨在培养和训练一个人的耐力、鉴别力和选择力。在投资过程中、在成功的路上，有的劲是不能省的。

犁头任劳任怨地在田地辛勤地耕耘着，田鼠见了讥笑道："犁头大哥，你整天这么辛苦，到底图的是什么呀？"

犁头笑眯眯说道："人类创造了我，我就要为人类服务，还图什么呀！不过，真要说有什么目的，请仔细地看看我就明白了。"

田鼠听犁头这么一说，不由仔细朝它看去，只见犁头在耕耘翻土的同时，也将自己身上的污浊和斑斑锈迹清除干净了。

在复盘训练中，你在不断地成长和成熟，在不知不觉中也造就了自己。为了把函授学员的基本功夯实，使他们在最短的时间内形成实战能力，我根据自己多年的实战经历，花了近两年的时间，为函授学员编写了一部《训练大纲》，把临盘实战归纳成 8 个步骤，从识图训练、操盘计划、切入点位、盘中调控到清仓出局；从自制能力、选择能力到执行能力和应变能力；从资金布局到离场休息等都提出了明确的标准和训练步骤，通过严格系统的专业训练，达到与面授学员同样的水平。很多人亏损，就是因为不会战，不会练。刘翔为了奥运会上的短短十几秒，却苦苦备战了 4 年；一个大学本科生为了得到一张文凭，也需要苦熬 4 年。

(3) **东阿阿胶**（000423） 股价经过充分整理以后，13 日均线由跌趋平，股价站在了 13 日均线上，表明股价的底部已被探明，但探明底部并不意味着马上就可以买进，而是要耐心等待完美形态出现。"买进去等着涨，还是涨起来追着买？"这不仅是理念上的重大突破，更是操作模式上的巨大变革。

股价在【投石问路】附近【揭竿而起】了，虽然形态的位置不够理想，但主力意图已经非常明显了，这时候应该怎么办？买！这就叫抢攻不抢点。抢攻是指形态出来以后立即布局资金跟进，不抢点是指在形态没有出现以前一定要按兵不动。

【揭竿而起】的第二天，【立竿见影】就立即跟了上来，这不是【揭竿而起】的失败，而是主力为驱逐获利盘而刻意制造的震仓。【揭竿而起】分强、较强和次强三种。强势的【揭竿而起】股价第二天会顽强上攻，较强的【揭竿而起】第二天会形成【立竿见影】，次强的会演变成【一石二鸟】或【浪子回头】。实战中请仔细辨认形态，然后做出不同的资金配置。见图三。

实战中，遇上再好的形态也要等到主力认可后再去行动，过于任性会大祸临头。无条件地把发令权交给主力，把执行权留给自己。如此，交易才是和谐的。

赚钱多少，取决于用心和用功，而用功的关键在于讲究学习的方式与方法，尤其在实盘交易时，意想不到的伤害就像湍急河里湿滑的石头，一不留神就可能让你滑到，只有了解它的特性，方才可以摸着石头过河。

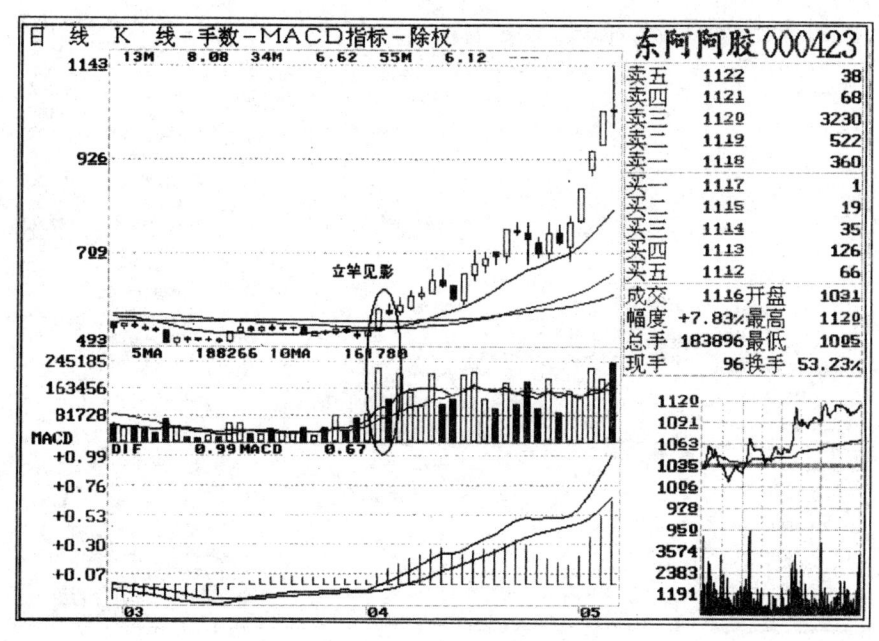

（图三）

（4）**中粮糖业**（600737） 股价从黏合的均线系统上【揭竿而起】，为避免过早地引起市场注意，第二天主力利用【立竿见影】进行震仓，然后不温不火地沿着13日均线悠然攀升。见图四。

每棵苹果树上大概有500个苹果，每个苹果里平均有10颗种子，就是说，一棵苹果树大约有5000颗种子，但苹果树的数量远远没有种子的数量多，为什么？因为不是所有的种子都会生根发芽，它们中的大部分会因为种种原因而半路夭折。股市就像一副扑克牌，无论怎么玩，但牌的总数不会增加。

"种子法则"告诉我们：一个人参加20次面试，才有可能得到一份工作，组织40次面试，才有可能找到一个满意的雇员；跟50个人逐个洽谈后，才有可能卖掉一辆车或一户房子；交友过百，运气好的话，才有可能找到一个知己。所有的成功都是由失败托举起来的，既然如此，又何必要对失败耿耿于怀呢？失败是成功过程中不可或缺的环节，珍惜和记住它，并让它成为成功的因素吧。

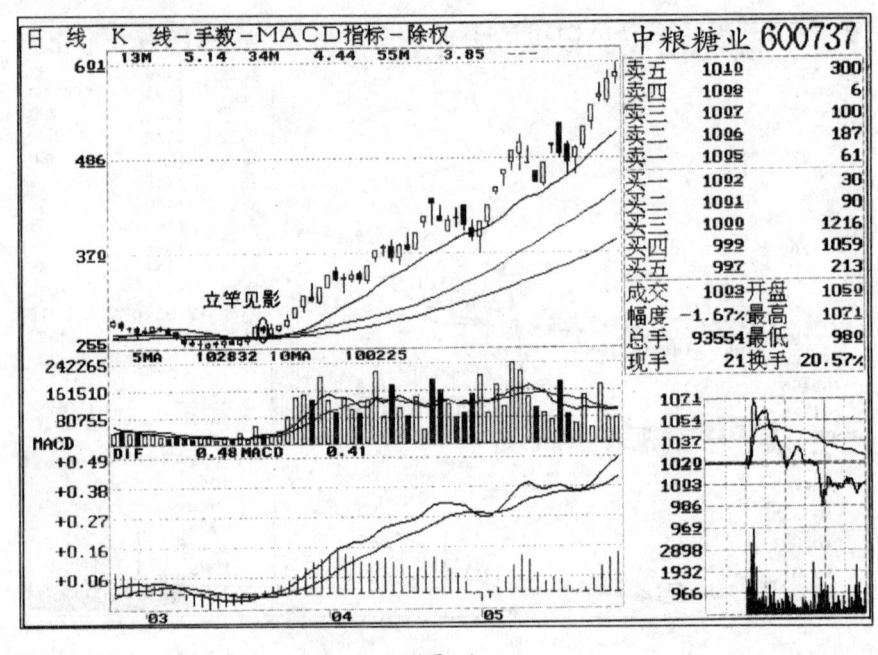

（图四）

（5）**华电能源（600726）** 由于这个【一阳穿三线】出现在【动感地带】的中部，加上没有量能的支持，因此，【立竿见影】的出现也就成了必然。随后的【一阳穿三线】和【揭竿而起】只是加快了【海底捞月】的形成步伐，同样是没有得到量能的支持，股价又在均线系统附近整理一周，直到第三个【一阳穿三线】的出现，股价的整理格局才宣告结束。【均线互换】的完成，打开了股价的上升空间。学会了识图，犹如破译了主力的密码，我们随时都可以与主力进行交流和对话。实战中只要知道【立竿见影】是震仓手段，而不是出局信号就可以了。是走是留还是进，完全取决于形态结构和股价所处的位置。出现在相对低位是震仓，出现在中位是整理，出现在高位则演变成【节外生枝】或【金蝉脱壳】了。相同的形态出现在不同的位置，其市场意义是不一样的，这一点一定要清楚，否则就可能事与愿违。见图五。

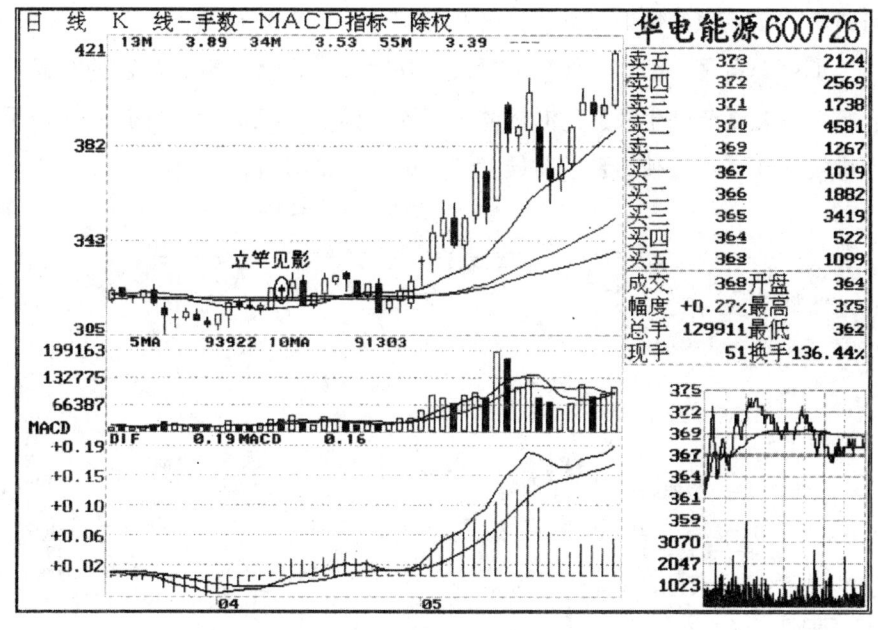

（图五）

一群印第安人赶着羊群向日落的地方走去。他们行走的速度很快，不过每走一段路，都要停下来。停下来的时候，在飘着悠悠白云的天空下，印第安人欢快地跳起舞蹈，老人们咂着烟草，蓝色的烟雾显得更加宁静祥和。一个路人看到这种情景不解地问："你们再不赶紧上路，日落之前就到不了目的地了，你们还等什么呢？"

印第安人说："我们慢下来，是因为我们在等灵魂赶上来啊！"路人愕然。

每个股民都在不停地忙碌着，到头来也不知道自己为什么，日复一日形成的这种习惯，丧失了应有的投资乐趣。接二连三的失误虽然使他们痛不欲生，心里装满忧虑，但却也不能使他们停下来，似乎有一股欲火在逼迫着他们，使他们的心灵荒芜、野草杂生。

我们应该学学印第安人的那种从容，让自己的心静下来。每次操作完毕，不管亏盈，先休息上几天，放松一下绷紧的神经，这是谁都可以做到的，只是很少有人能够做到。

（6）**重庆百货**（600729） 股价的行进速度就像节奏感极强的探戈一样走走停停，停停走走，快快慢慢，慢慢快快。如果我们把握了股价的运行节奏，实战中的情形又会怎样呢？

那就会在【一阳穿三线】的时候半仓跟进，在【立竿见影】的时候持仓不动，在【节外生枝】的时候减仓操作，然后在【破镜重圆】的时候重新进场，在【一枝独秀】的时候胜利大逃亡。见图六。

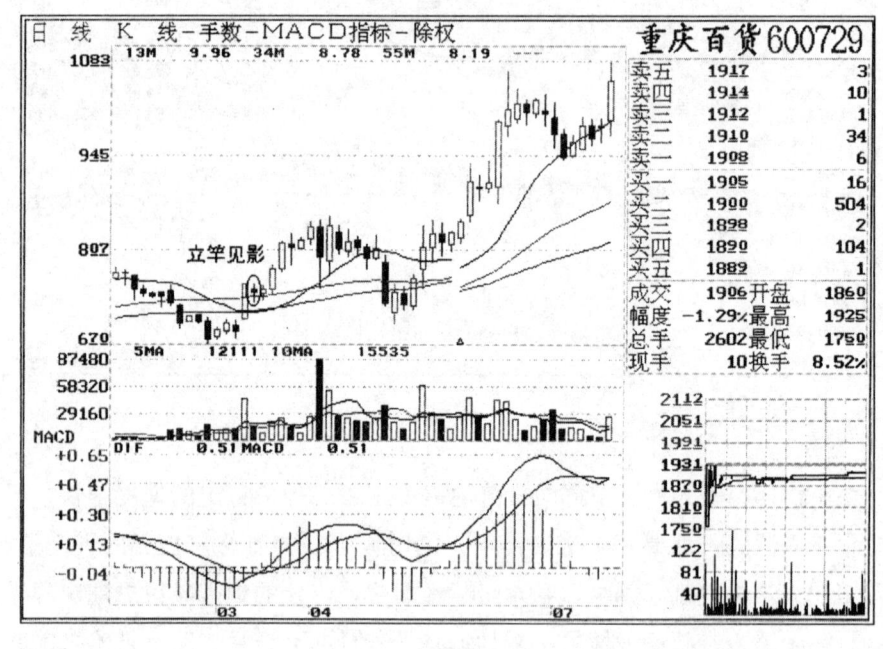

（图六）

135战法告诉大家的永远是最简单的东西。越是简单的东西就越朴素，越是朴素的东西就越能揭示事物的本质。心浮气躁是炒股的大忌，所以我们才用"进退有据"的原则来约束自己。内心多一分浮躁，气度便少了一分安闲。在变幻莫测的股市，保持平常的心态有时候比所谓的绝招还重要，有了一颗平常心，对任何股票都不会刻意强求，也不会无故排斥，一切按指令办。指令就是买卖的原则和标准。任何行动都要和指令相连，而不是凭想象做事，并且要清楚，你所干的事情往往要比你想象的困难得多。

股市里，各种诱人的美食很多，只有高手才分辨得出哪些可以食用、哪些可弃之不用。拒绝诱惑的最好办法就是"只认指令，不管输赢"。

军人以服从命令为天职，股民以服从指令为己任。在实战中，第一是服从指令,第二是绝对服从指令,第三是完全服从指令。股市里不需要想象力和创造力,真正需要的是自制力和执行力。战场上,一个不服从命令的士兵可能导致自身甚至全军的覆没;实战中,一个违背交易指令的人则会使其资金大幅度缩水。

(7) **首商股份**(600723) 【红杏出墙】以后,股价慢慢爬上55日均线,为清洗获利筹码,主力来了一个【一石二鸟】,有的人被击伤。【红衣侠女】出来安抚一番,但【立竿见影】根本不买账,而且还拉来【浪子回头】聚众闹事,是【均线互换】缓和了市场气氛。股价突破整理平台以后,主力开始用【双飞燕】向上洗盘,也许觉得不过瘾,又采用【一石二鸟】往下洗。折腾够了,股价在13日均线上止跌企稳,重拾升势。在股价的初涨段,主力使用了8种手段,图表上清晰地留下了8个买卖点,你能找出这8个买卖点都叫什么名字吗?见图七。

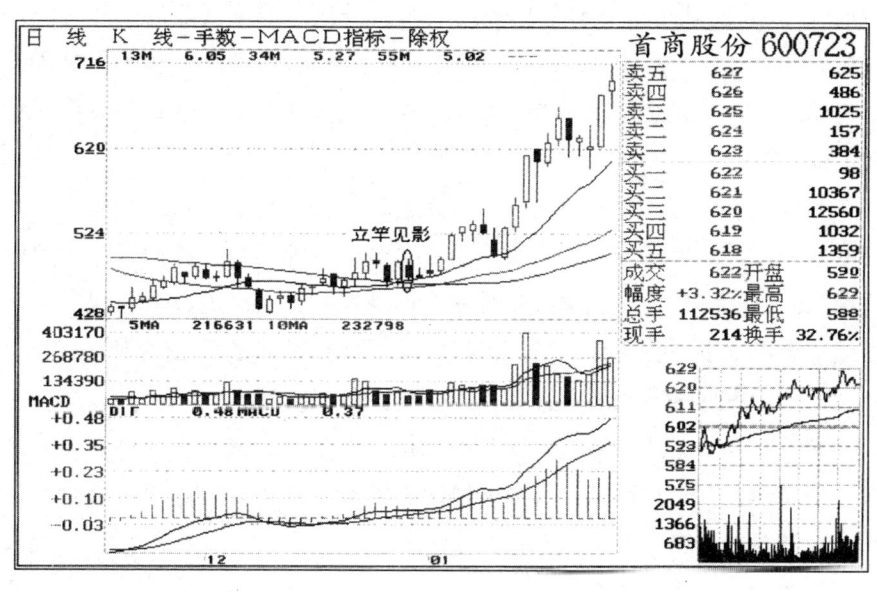

(图七)

很多人喜欢追涨杀跌,却不知其中的奥妙,他们很少考虑买跌卖涨,持股过程中不懂得回补仓位,卖出后不知道什么时候再捡回来,被套后守仓替代了止损。

135战法的真谛只有一个，就是在智慧光芒的照耀下，努力提升操盘质量，使每个人都尽早地建立起自己的实战交易系统，尽快地具有实战能力，最大限度地缩短成功历程。这样，不论对自己的内心，还是对整个家庭，都有一个不错的交代。

● 买入时机

（1）【立竿见影】出现当天，轻仓试探；
（2）翌日股价形成"阳克阴"，半仓跟进；
（3）股价突破前期整理平台，重仓出击。

● 友情提示

【立竿见影】【小鸟依人】【节外生枝】，形态上大同小异，位置上有区别。【立竿见影】出现在【揭竿而起】之后、【小鸟依人】出现在第一个大阳或长阳之后、【节外生枝】出现在一波拉升之后的阳线之后，注意股价位置，防止张冠李戴，这是其一。其二，【立竿见影】【小鸟依人】是股价行进途中的驿站，股价稍作调整就会重拾升势；【节外生枝】是股价即将转势的信号。

凡到股市来的人都不缺乏梦想，缺乏的是把梦想变成现实的能力。对有些人来说，梦想随着股龄的增长而不断消逝，他们在接踵而来的失败中逐渐收回自己的触角，在股市的磨砺中逐渐钝化了自己的欲求。很多人只是把梦想当成了一种精神享受，压根儿就没有想过该如何去实现它。梦与想不能分，想与做不能离，否则就是一种梦幻。

人既要有梦想的天空，也要有可以拓展的土地。只有梦想而没土地的人，是梦幻者不是梦想者；只有土地而没有天空的人，是务实主义者不是现实主义者。梦想与现实就是我们的天和地。

> 把复杂的事情简单化，而不是把简单的事情搞复杂。简单的事情重复做是技能，重复的事情用心做是素养。

第 2 节　节外生枝

● 古为今用

《孙膑兵法》下篇："积胜疏，盈胜虚，径胜行，疾胜徐，众胜寡，佚胜劳。"意思是，兵力集中胜于兵力分散，力量雄厚胜于力量薄弱，走捷径胜于走大道，行动迅速胜于行动缓慢，多数胜于少数，安逸胜于劳苦。

分散持股，势必分散精力，资金像撒芝麻似的分散到个股中间，首尾不能相接，因而很难形成合力，这样一来，即使抓住一只强势股，也获取不了多大利润。锁定目标后集中资金重仓出击，往往会获得超额利润。

● 形态特征

股价经过一波拉升之后，上攻动能开始减弱，获利盘伺机出逃，为营造良好的市场氛围，主力通常会在最后一根阳线后面拉出一根与昨收盘相同或相近的星阳线或星阴线，这是股价即将调整的信号，应主动回避。我们把阳线之后的这根星阳线或星阴线称之为【节外生枝】。见下图。

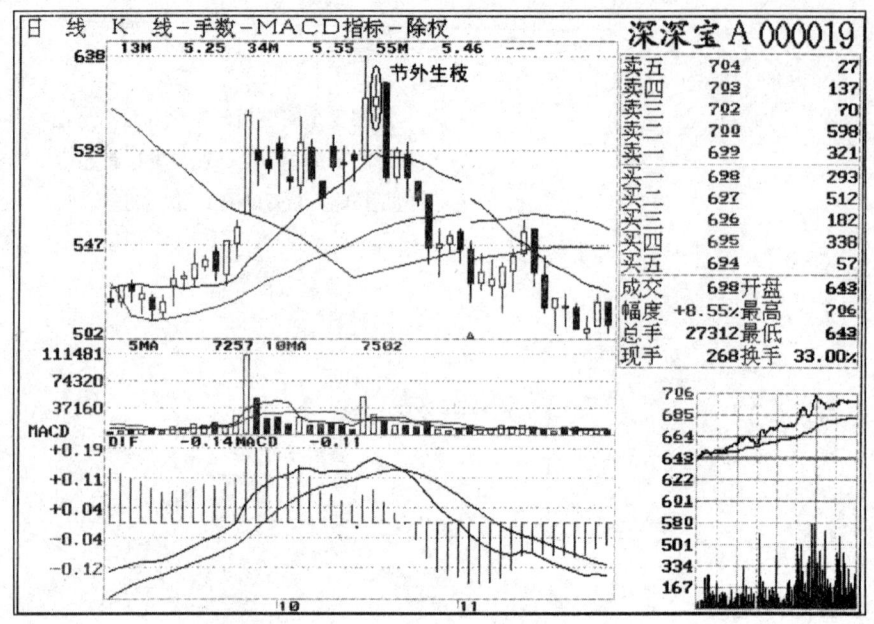

【节外生枝】是股价行将调整的信号，不可大意

　　成功没有捷径，但勤学苦练却能获得技能。所谓技能，就是对一套方法运用得得心应手。当完美形态出现以后，应迅速果断地付诸行动，而不是优柔寡断。"用兵之害，犹豫最大。三军之灾，生于狐疑"。众胜寡，那是战场上将军们的专利，搬到股市里，未必行得通。散户人数众多，但获利最多的往往是少数主力，为什么？因为散户群龙无首，犹如一盘散沙，没有统一号令，步调不一致，不能形成战斗力。逸胜劳，值得深思，在没有形态出现的时候，就进去抢点，往往会无功而返，这时候重要的是学会空仓。人在股市，第一要务是保护资金，第二要务才是获利。因为流动资金一旦变成固定资产，如果没有在适当时候把它重新兑换成资金，价值就会沉淀，别说增值，保值恐怕也难。

◉ 形成机理

　　股价经过一波上涨，主力面临获利盘和解套盘的双重压力，为了垫高市场的平均持股成本，必须对筹码进行充分换手，但主力又不想让别人识破意图，于是就做出一副强势整理的态势，引导市场进行换手，减轻未来的拉升阻力。

第 2 节 节外生枝

📉 **经典案例**

（1）**阳泉煤业（600348）** 　【一阳穿三线】之后，股价走势还算明快，无论是上涨还是下跌，临界点都清晰可见，但后来走势就变得有些扑朔迷离了。实战中遇到这样的个股怎么办？做完第一波就不再参与了。即使参与也要按照 135 战法给出的提示进行操作，但绝不允许参与盘整。参与盘整不仅仅是时间上的浪费，重要的是影响了资金的利用率。见图一。

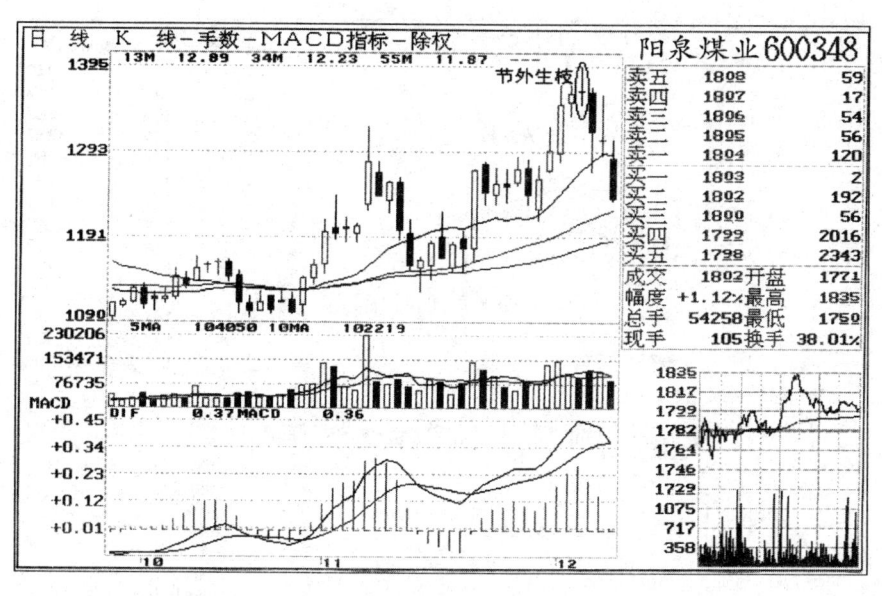

（图一）

从图上可以看到，股价的第二波拉升仅仅持续了 3 天，然后就是【笑里藏刀】，接下来又是【节外生枝】，这些都是 135 战法的出局信号，如果在这些信号出现时无动于衷，到手的利润就会原封不动地退回去。

有的【节外生枝】出现以后，股价经过一段调整之后还会重拾升势，但对于多数个股来说，【节外生枝】基本上都是股价的阶段性高点。即使我们再看好它，也要在【节外生枝】出现时先行抛出，起码应进行减仓操作，然后等股价调整到位后，按分时线给出的提示再捡回来。"进退有据"

不能只停留在口头上,重要的是落实在行动上。【节外生枝】出现以后的走势如何,【落井下石】作出了响亮的回答。

(2) 澳柯玛(600336)　　出现在半山腰的【节外生枝】也是调整信号,有筹的先出局或进行相应的减仓操作,但绝对不允许傻乎乎地持股不动。持股不动,先是叫你心里堵得慌,接着让你心跳加速。很大一部分人,在股价下跌过程中抗跌能力极强,而在上涨过程中,防震仓能力却极差。如果把这两种能力换个位置,股市里肯定又少了些亏损的人。见图二。

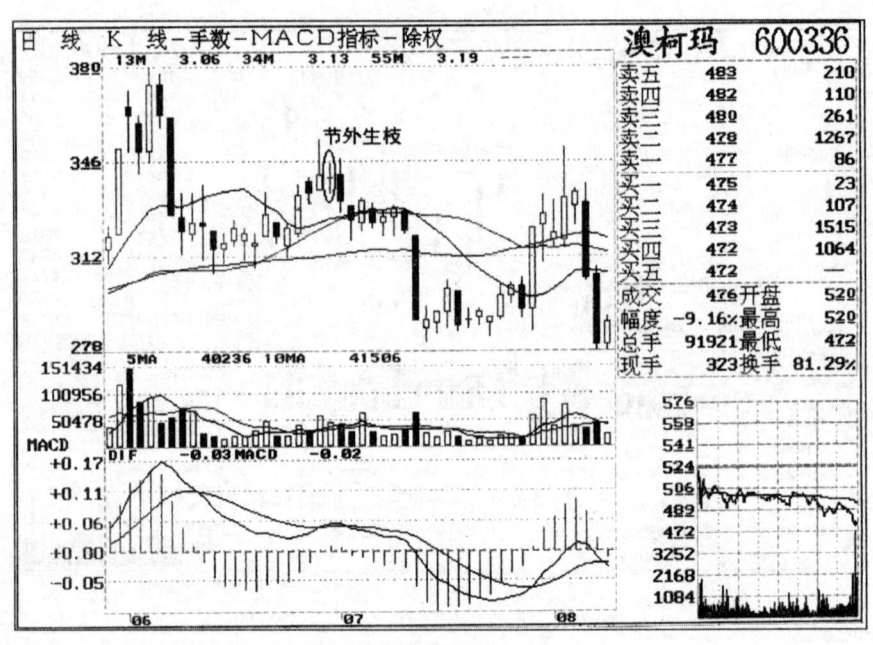

(图二)

世界首位宇航员本来安排的是邦达连科,为什么最后他没有执行人类首次太空飞行的神圣使命呢?就是因为一个细节毁了他的前程。就在邦达连科即将升空的前一天,他在充满纯氧的船舱训练结束时,随手将擦拭传感器的酒精棉团扔到一块电极板上,船舱顿时引发大火,邦达连科被烧伤后不治身亡。

于是,苏联有关方面召开紧急会议,重新研究上天的人选。加加林原本是三号人选，为什么最后他成了世界上第一个航天人呢？也是因为一个细节。就在为二号人选季托夫和三号人选加加林到底谁上天争执不休时，飞船总设计师科罗廖夫最后拍板加加林上天，理由是：参加训练的 20 多个宇航员每次进入飞船训练时，只有加加林不怕麻烦，脱下靴子，只穿袜子进入舱内。

细节决定成败，细节决定命运，细节决定人生的走向，历史上的这两个细节对此作了诠释。

（3）**华鲁恒升**（600426）　其实，在【节外生枝】出现以前，【一枝独秀】【笑里藏刀】已连续两次发出离场信号，第三天，【节外生枝】再次发出股价即将调整的信号。如果对它们置之不理，退回原来利润完全是咎由自取。有人说，主力太黑，其实不然，无论上涨还是下跌，主力事先都给出了明确信号，这种信号对有些人来说是"春江水暖鸭先知"，对有些人来说又是"山在虚无缥缈间"。一种形态两种认识，导致两种截然不同的结果。复盘的目的，就是为了训练和提高我们识别真假的能力。见图三。

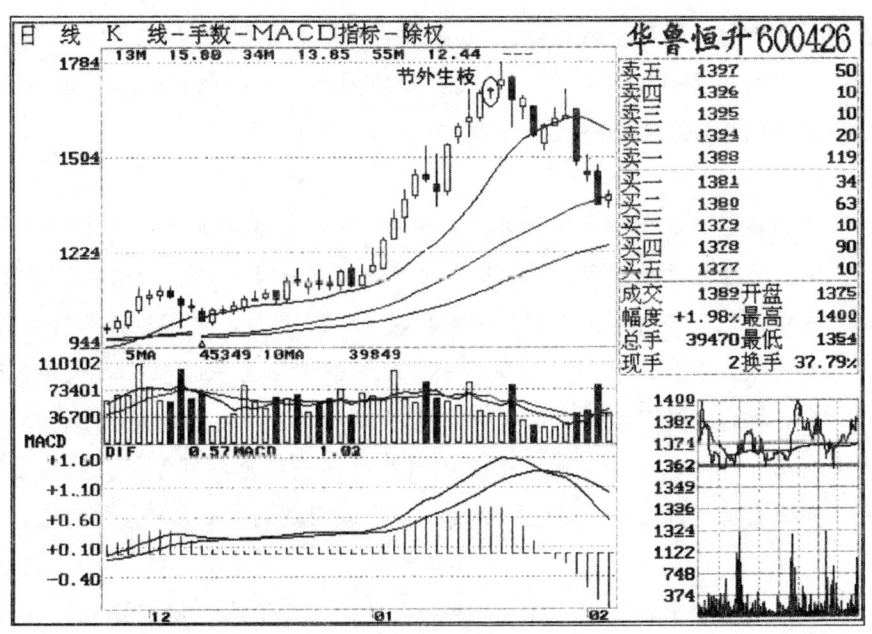

（图三）

小时候听老人讲故事，说张飞脾气暴躁，经常狂怒，虐待下级，最后被下级杀死；说关公高傲自负，总以为自己了不起，结果败走麦城，最后就死在这个缺点上……后来自己会看书了，从诸多的文学作品中看到，几乎所有的人物，都是在自己的弱点上栽的跟头。这使我恍然大悟，一个人的最大敌人就是自己。

我们在股市里怕这怕那，但从来就没怕过自己，其实你自己的缺点就是暗藏在身边的虎狼，关键时刻就会狠狠地咬你一口，咬得准确并致命。人贵有自知之明。这话的弦外之音就是人很难有自知之明。经常有人忿忿然地对我说股市太黑暗，主力太凶恶，并因为自己的善良而饱受冤枉和委屈；更多的人埋怨自己心太软，而主力却阴险狡猾，忘恩负义。

其实，缺少自审心理其实是缺少文化心理，但愿随着实战和技术的积累，你会越来越明白——真正使人亏损的不是别人，而是你自己。

（4）**冠豪高新**（600433）　任何位置的【节外生枝】都是股价即将调整的信号，不同的只是调整幅度大小的问题。明智的做法是先回避，即使吃根骗线也没关系，第二天，返兵追赶就是了。一般人的做法是，卖出股票后，立即买入另一只，结果不涨反跌，再回头一看，先前卖出的那只，经过短暂调整，股价重拾升势。"心随股走，及时跟变"，只是挂在了嘴边上，并没有真正在心里登陆。其实，股票做到一定时候，技术已退居其次，重要的是理念上的突破和行为上的节制。见图四。

传说，唐太宗贞观年间，长安城里的一家磨坊里有一匹马和一头驴。马在外面拉东西，驴在屋里拉磨。贞观三年，这匹马被玄奘大师选中，从长安出发经西域前往印度取经。17年后，这匹马驮着佛经回到长安。它重回磨坊见到驴，驴惊叹道："你有多么丰富的见闻呀！那么遥远的道路，我连想都不敢想。"老马说："其实，我们跨过的距离是一样的，当我向西域前进的时候，你一步也没有停。不同的是，我同玄奘大师有一个遥远的目标，所以我们找到了一个广阔的世界。"

股市里，原本相近的一群人，为何几年之后却有着天壤之别呢？有的人天天盯盘，每天看股评至深夜；有的人学习至深夜，析盘至深夜。方法

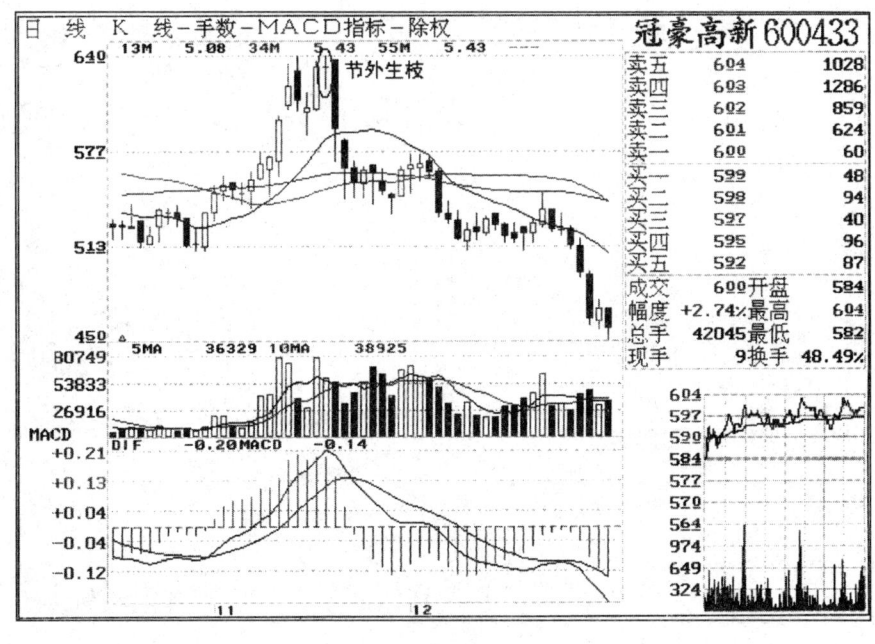

（图四）

的不同，导致了结果的异样。就像那匹老马与那头驴，当老马向西天前进时，驴只是围着磨盘打转。

人与人之间，智力上的差别远没有你想象的那么大，也许就在你自鸣得意、嘲笑别人被套的时候，那些你曾经看不上眼的人可能已经成为股市里的黑马了。

（5）冠豪高新（600433）　还是这个冠豪高新。在不同的时间段，出现了相同的技术形态，所以结果也是一样的。从这个意义上说，所有的技术形态都具有相对的稳定性。有人问我，135战法在股市里能存活几年，我说，只要股市还活着，它就不会死。规律的东西是很难打破的，除非推倒重来。见图五。

某村内有一口老井，井旁住着一位年迈的老船长。他整天对着井水喃喃自语："我这一辈子，什么样的风浪都经历过，所有的江河湖海我都敢闯。"

井水听了说道："老船长，我这小小的老井，你就未必敢行舟。"

老船长不由大怒道："我怕你小小的老井不成？"说罢，老船长拖来一

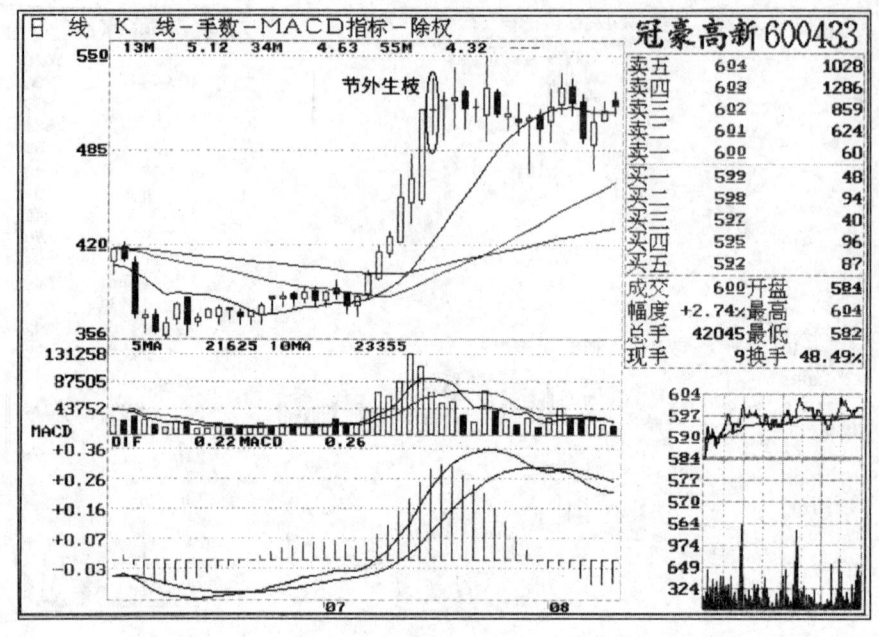

（图五）

只大木船就往井里塞。可是井口太小，根本塞不进去。

老船长冷静想了想，转身回家取来一只小船模型，放入井里。看着小船在井底慢慢地行驶起来，老船长笑了。井水这才无话可说。

当股价没有朝自己的预期发展，不能固执地坚守，而应及时跳出界外。也许，思维方式转个弯，炒股将会变得更轻松。135战法为什么一直在强调"心随股走，及时跟变"？因为我们无法改变股市的进程，无法改变股价的行进方向，如果我们硬要和它对着干，肯定会碰得头破血流。我们唯一能做的就是努力地改变自己，在思想上和行为上无条件地和股市保持高度一致，从而把"心随股走，及时跟变"融化到血液中，落实在每一次行动上。

（6）浙江龙盛（600352）　不知你发现没有，凡是出现过【节外生枝】的股票，股价走势一般都比较拖沓沉闷，这说明什么呢？说明它不是强势股。凡是强势股，无论是进攻还是撤退，在动作和节奏上都是明快和震撼的。那些"犹抱琵琶半遮面"的个股，虽说也能带给我们些许利润，但这利润拿得有点艰难。见图六。

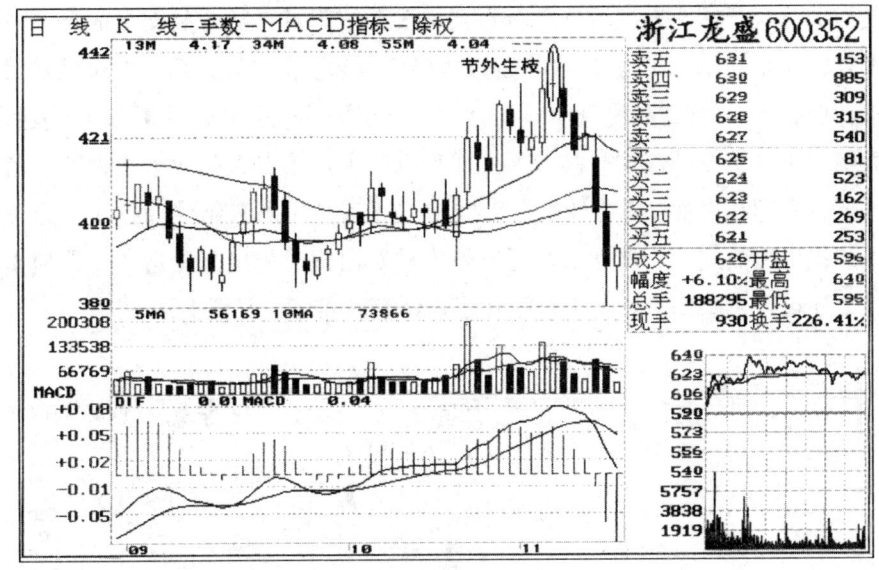

（图六）

有这样一则故事：

在德国，一群大学生在某城市街头做了个试验。他们把"男""女"两个字分别贴在马路边两个并排的电话亭的门上。结果发现，来打电话的男士都走进了"男"电话亭，女士则都进了"女"电话亭。一会儿，"男"电话亭爆满，先生们宁可在门外排队，也不去光顾正空着的"女"电话亭。这时又一位先生匆匆走来，当他看到"男"电话亭爆满时，便毫不犹豫地进了"女"电话亭。大学生们上前一问，排在"男"电话亭外等候的全是德国人，那个闯入"女"电话亭的是个外国人。

在世人看来，德国人是有点古板，像德国人经过路口时，只要碰上人行道上亮起红灯，就会很习惯地站在人行横道线外等候，不管是否看到汽车从他面前的马路上经过。德国人信奉的是："既然有规定，就必须遵守，否则规定还有什么意义。"

（7）**三房巷**（600370） 股价从 55 日均线上【揭竿而起】后，主力用变形的【浪子回头】把股价重新砸到均线系统附近,随着成交量的温和放大,股价重新站上13日均线,越过【揭竿而起】的高点以后,股价顺势回落,但在13日均线处受到明显支撑,股价在拉升途中出现了【节外生枝】,表明股价调整在即。这时候如不立即采取措施,第二天就会被主力的【落井下石】闷在里面。【节外生枝】经常与【落井下石】结伴而行,如果你不想挨主力的闷棍,那就请在【节外生枝】出现时先出来透透气,即使卖错了还可以再买回来,如果被拴住了,解套就难了。见图七。

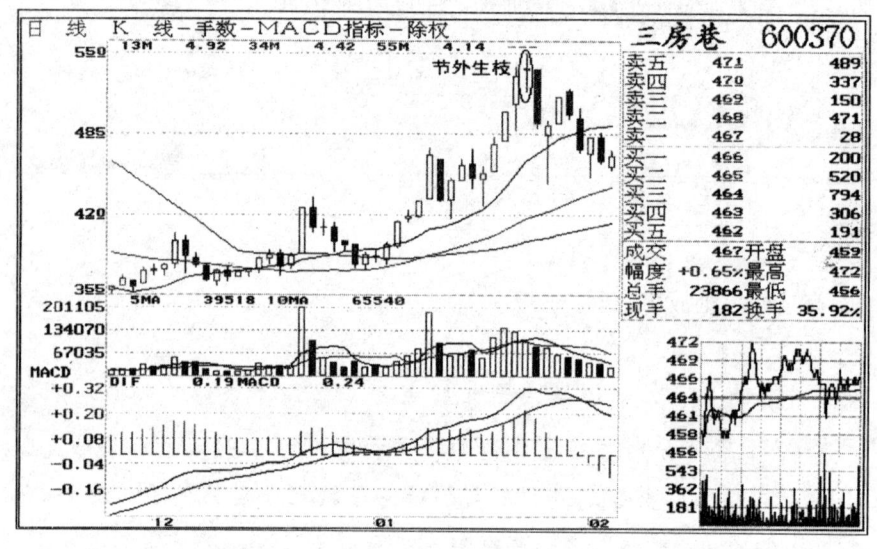

(图七)

在德国汉堡的分公司正式上班的第二天,有个中国留学生迟到了,触犯了前一天刚刚学习过的规章制度。

单位是早晨9点上班。那天,他7时就起床了。8点的时候,他才出门打车上班,因为同事提醒过他,去得太早会让门卫尴尬。

汽车行至汉堡市中心街区时,遇到了红灯。等了几分钟后,司机不但没有发动汽车,反而抽出报纸,悠然地看了起来。他问:"红灯能亮这么久吗?"司机淡淡地说:"对不起,我也不知道,大概是指示灯的系统出了问题吧。或许很快就好了!"回答完后,他继续看报,仿佛什么也没发生一样。

大概等了15分钟，交通指示灯依旧红着，他焦急地向司机建议说："既然是指示灯坏了，我想，开过去也应该没有问题的。"司机一听，立即摇头说："这是不行的，违反交通规则。我们还是等等吧。"

他一听，只好无奈地摇头。摇头间，看到反方向的大道因为前面红灯，根本没有汽车行驶，他就想从马路上掉头往反方向绕行。他再次提醒司机说："我们从右边绕过去行吗？反正没有车。"司机一听，马上扭头看着他，严肃地说："这样我会吃罚单，这样做真的不行！"他终于受不了德国人的死板，直接问道："我从这里下车总可以了吧？"没想到司机依旧固执地说："先生，这里没有人行道，根本不能让乘客下车。如果让你下车，我会很不幸地遭到处罚的。"20多分钟之后，红灯终于被绿灯代替，交通广播里响起了交通警察的声音，说正前方的街道上出了一起交通事故，为了给清理道路留出时间，避免发生更多的危险，他们只好让附近几条街道的汽车在红灯面前煎熬20多分钟。

迟到的他，匆匆赶到公司，一头扎进老总的办公室，解释他迟到的原因。老总认真听他说完之后，拍拍他的肩膀表示理解。然后，叫他跟他的秘书苏莎去处理这个事情。秘书领他来到秘书室，毫不犹豫地将处罚单交给他，并解释说，老总很理解你的遭遇，但是，他让我提醒你，没有比制度更加客观的东西，所以公司的处罚规定还是要执行，希望你能理解。

◉ 卖出时机

（1）【节外生枝】出现当天，清仓出局，起码要减仓；
（2）翌日择高点走人。

◉ 友情提示

由于【节外生枝】的出局信号不够明显，所以使得多数人放松了警惕。人们有一个共同弱点，如果在第一时间没有把股票抛出去，在第二或第三时间就不愿意动了，这才是无法锁定利润或不盈反亏的根本所在。

【节外生枝】【小鸟依人】和【立竿见影】形态相似，位置上有区别。实战中应密切关注形态的位置，然后采取相应的对策。

输赢的差别，取决于对指令的态度，态度积极的赢的概率大，态度消极的输的概率大。

第3节　笑里藏刀

◉ 古为今用

《龙韬·军势篇》："势因于敌家之动，变生于两阵之间，奇正发于无穷之源。"意思是：作战的形势是随着敌人的行动而变化的，随机应变产生于两军对阵的时候，奇正运用来源于将帅的智慧与思虑。在初涨段，股价一般不会长驱直入，小幅推高后，就会停止进攻，然后通过充分换手垫高市场的平均持股成本。遇到这种情况不是严防死守，而是随波逐流。但这个时候，人们表现出更多的是不明智。所以主力下决心非把你洗出去不可，有时甚至不惜推倒重来。面对股价的变化，能灵活调整操作计划的一定是那些因利制权的人。操盘能力实际上就是一个人的应变能力，应变能力差，再好的技术也显示不出它的巨大威力。

◉ 形态特征

在人们的一片欢呼声中，股价节节上扬。在股价的上扬过程中，股价冲高受阻留下长长的上影线，第二天，股价依然高开高走，但始终冲不破昨日上影线的制约，说明拉升只是在虚张声势，预示调整在即，应主动跳出界外。我们把躲在阳线上影线里面的这根缩量阳线称为【笑里藏刀】。见下图。

第3节 笑里藏刀

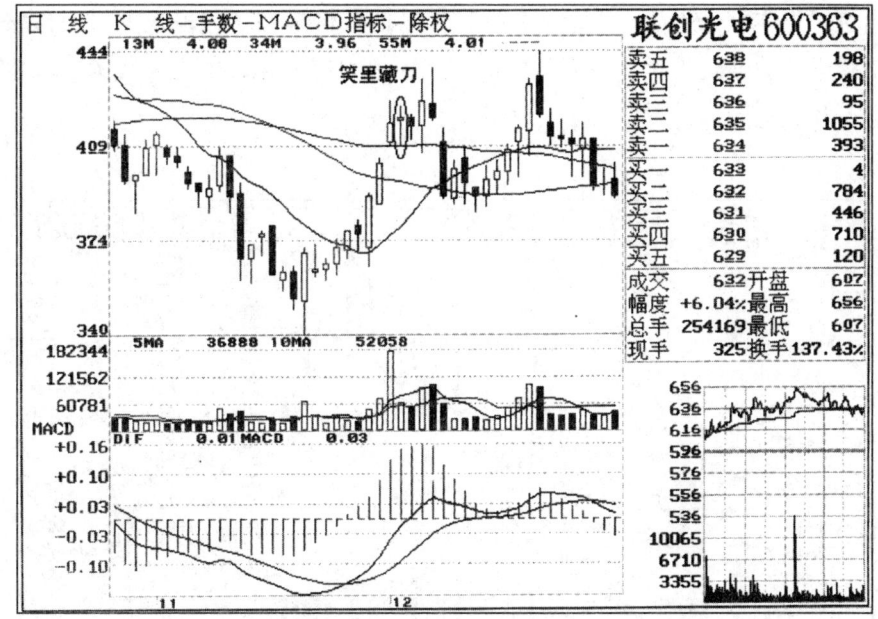

【笑里藏刀】是股价即将调整的信号,应择高出局

● 形成机理

在资金推动型市场,若想把股价拉上去必须凭借实实在在的买进,增量资金一旦停止买入,股价就会自然滑落,而主力会利用技巧把股价推高1~2天,但缺少量能支持的虚浪拉升,终究无法掩盖股价即将调整的意图,因为【笑里藏刀】的主力已经露出了杀机。

经典案例

(1) **华海药业**(600521) 该股起涨的临界点是【揭竿而起】,揭竿而起的股价并没有惯性飞起来,股价刚刚拉出一根阳线,主力便迫不及待地用【浪子回头】清洗获利盘,然后沿着13日均线震荡攀升。在拉升尾段主力巧施【明修栈道】吸引跟风盘,然后使用【一枝独秀】进行派发,然后用【笑里藏刀】继续暗暗出货。那些已经掌握135战法的人,早已在【一枝独秀】出现时清空了仓。极少数心存侥幸的人,在【笑里藏刀】处无奈出了局。只有那些不了解主力意图的人,依然在负隅顽抗,但主力在出货时根本六亲不认,【落井下石】几乎把股价砸在了跌停板上。一位鞍山的学员曾开玩笑说:主力不可怕,就怕主力有文化;主力会武术,谁也拦不住。见图一。

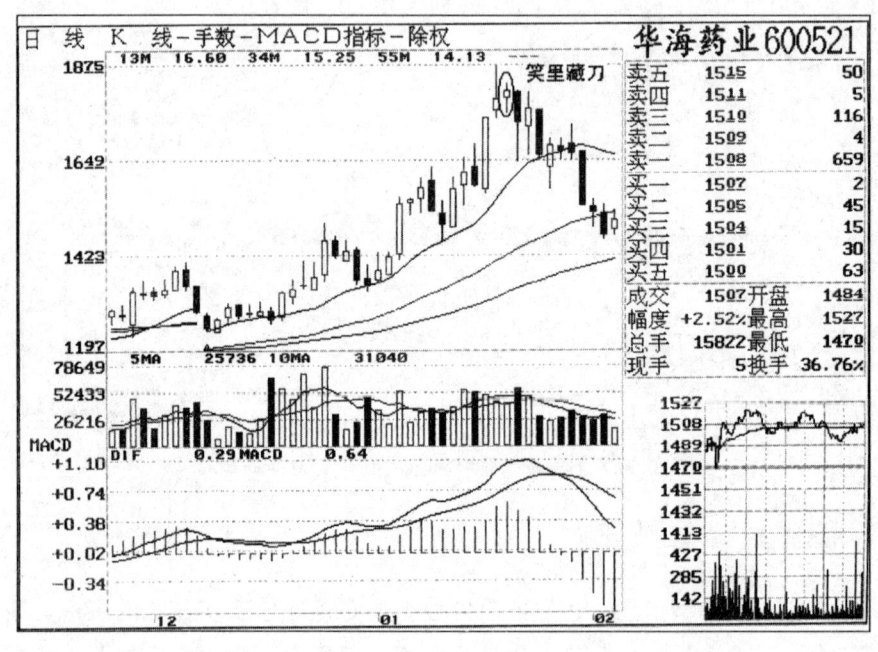

(图一)

哲学家早就说过,要认识自己。但人们有时把它给曲解了,甚至把自己贬得一无是处,如果仅仅看到自己的缺点和不足,就会陷入消极的泥潭,使自己变得毫无价值。正确的做法是,在认识自己的缺点并加以改正的同时,还应看到自身的优点,不管你现在的实际能力如何,都不要以为自己比别人差一大截,因为能力是可以提高的。

古代有个人叫纪昌,以善射著名。《列子·汤问》上记载:纪昌拜射箭名手飞卫为师,飞卫先叫纪昌学不瞬,纪昌用两年时间学到了即使锥尖刺上眼皮也不眨一下。然后又叫纪昌练视力,用3年时间练到了看悬在窗上的虱子如车轮那么大,可以用牛角做的弓、蓬秆制的箭,朝虱子射去,穿透虱心。他把情况告诉飞卫,飞卫高兴地说:"你已经掌握射箭的门经了!"

无论复盘还是操盘,都应循序渐进,通过长时间的勤学苦练,才能把握股价的运行规律,找到操盘的直感。

(2) **金山股份**(600396) 该股起涨的临界点是【均线互换】,经过一波急速拉升,主力用【一石二鸟】震仓,股价再次小涨以后,然后又玩起了【笑里藏刀】的把戏。说明股价的阶段性高点已经形成,走才是上策。见图二。

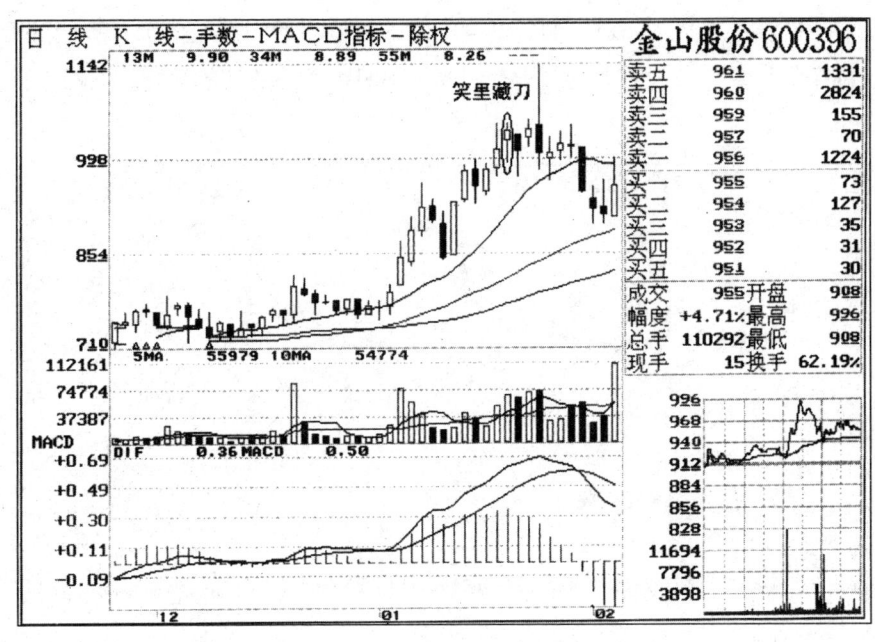

(图二)

诸葛亮用兵讲究进退有序。林彪打仗讲究"四快一慢","四快"是指向敌人进攻要快,抓住敌人后进行准备工作要快,突破后扩张战果要快,敌人溃退时追击速度要快;"一慢"是指发动总攻时间要慢。在没有准备好之前,无论上级如何催促,都要沉住气,反正我要准备好了再打。好运来时乘胜追击,厄运至时见死不救。

只有绝对尊重股市的客观走势,才能无条件地在思想上和行动上与主力保持一致。股市的最大功能就是消灭所有企图战胜和挑战它的人和物。

当完美形态出现时,把它视作上天赐给你的礼物,珍惜它,将之很好地发挥,让利润飞奔,待之气竭而欲衰时方休,否则有愧天赐。

假如智慧可以打分，人类在生活领域可能达到 80 分，在股市领域可能只有 20 分。应认真反思，看究竟什么原因阻碍了自己的发展。

（3）**宏达矿业**（600532）　　看看该股的前期走势有多郁闷，如果没有更加完美的形态或者实在没股可做了，此类个股方可适当参与一下。可就是这样一只股，也要附庸风雅地唱一段【笑里藏刀】，实在贻笑大方。但说是说，见到【笑里藏刀】也要本能地进行回避。股市里的主力并非个个身怀绝技，也有一些滥竽充数的，对它们我们惹不起，但躲得起。做股票千万不能带着满脑子的想象力和创造力，因为它们属于除股市之外的其他领域。见图三。

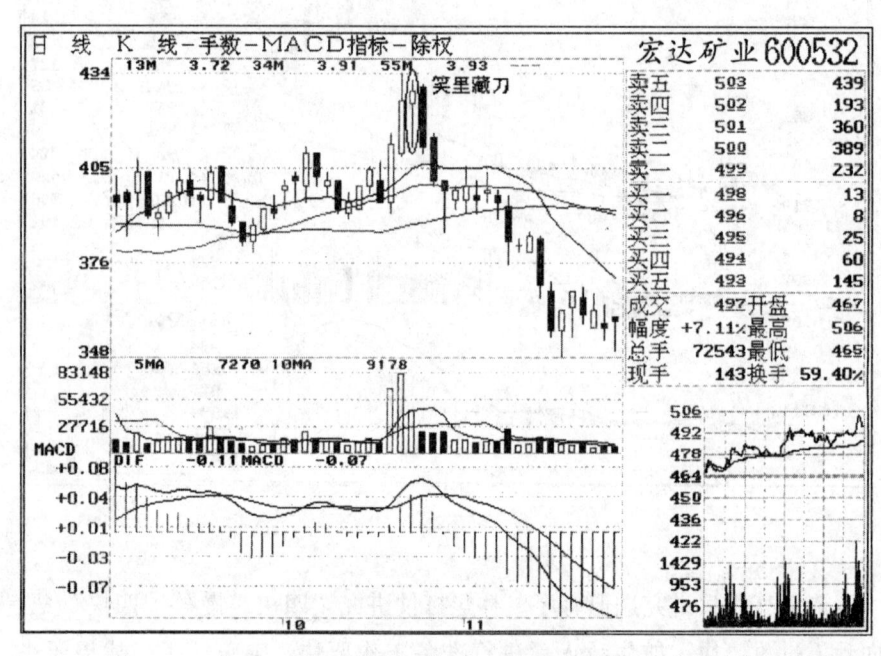

（图三）

有的人之所以不够成功，主要是缺少两种知识。一是财商知识。有人智商很高，但财商极低。自从进入股市那天起，就变得对钱没有了认知能力，在股市每个人都能够得到这方面的训练。在股市的磨砺中你会学到怎么去挣钱，怎么去追钱，怎么去管钱。有个人上大学学的就是经济管理，然后又读金融硕士、博士，几十年一直都在研究经济问题，却偏偏没有把自己的财务问题解决好，但他却写出一本如何成为百万富翁的书来，那不是胡扯吗？那些连自己生存都成问题的人，却在频频地向你推荐黑马，可信吗？二是专业知识。证券投资是一个专业性很强的职业，没有相当的专业知识和投资技巧，在股市是很难挣到钱的。因此，掌握专业的投资技能和技巧是必需的。另外就是应变能力。投资的最高境界就是"心随股走，及时跟变"。这就要求你眼睛快、思维快、动作快。与其说炒股是一门投资艺术，不如说它是一门行为学更为妥帖。

一位慕名而来的女士专程来拜访我，我热情接待了她，在给她倒茶的时候，这位女士滔滔不绝地诉说着自己对股市的见解。

我一边倾听，一边继续往已经倒满的茶杯里倒水……这位健谈的女士终于忍不住了："宁老师，杯子已经满了，你怎么还往里面倒？"

我便停了手："就像这杯茶，你脑子里已经装满了见解，你如何期待我向你传授135战法？除非你给我一个空杯子。"

带着满脑子的见解去操作，不仅学不到炒股的真谛，而且还会付出昂贵的代价。可有的人就像寓言中那至死都不明白的狐狸，把钱输光了，却不知问题出在哪里。请给自己一只空杯，给自己一个归零的心态吧，这样你才不会戴着有色眼镜看股市，才会从股市里得到你想得到的东西。

柳传志说，能人分三种："自己能成事，能带一帮人成事，然后就是一眼看到底。"只要学会了识图，就能知道在山前看到山后路。

（4）**平安银行**（000001）　请看【笑里藏刀】出现以后主力是不是开始【落井下石】了，【落井下石】以后股价是不是掉到55日均线以下了，知道【笑里藏刀】的恶毒了吧。都说艾滋病吓人，但只要你没有高危行为，这个恶魔就不敢对你怎么样。每个主力都是【笑里藏刀】的恶棍，但只要你发现它在藏刀的时候就溜之大吉，它又怎能奈何你？怕只怕你识不破主力【笑里藏刀】的诡计，怕只怕识破了诡计也要忍气吞声地看完主力演出的这场戏。见图四。

炒股，是不可能依靠想象来完成的。财富从何而来？妥协。这个妥协不是丧失人格，而是坦然地承认股市中一切好的和不好的东西，包括它的丑陋、不义、不公，而不仅仅是它灿烂的一面。那个时候，你才真正了解它。炒股就像恋爱，你想吻一个姑娘，但对方不乐意，怎么办？不是强吻，也不是生气，是寻找下一个。

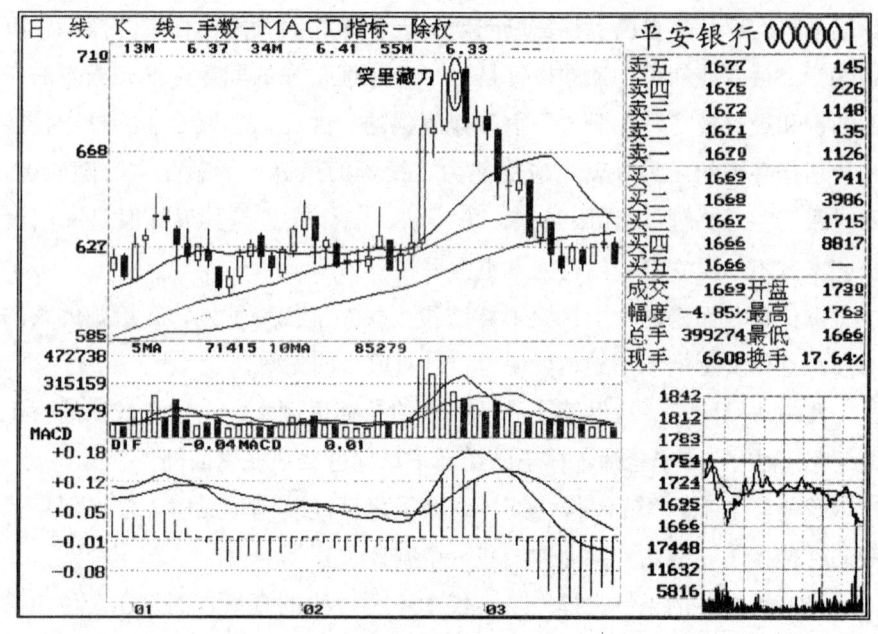

(图四)

在妥协中,要学会尊重自己,完善操作方法,改善自己的生存环境。机智的妥协并非无能的表现,而恰恰是智慧的展示。

人总是和股市相矛盾的,不然不会有痛苦。要学会在股市博弈中成熟,学会顺从和妥协,使我们能够抵挡住股市风雨的撞击。

(5)瑞贝卡(600439) 每一个【笑里藏刀】都隐藏着一个阴谋,每一个【笑里藏刀】都出现在【一枝独秀】之后。【笑里藏刀】【一枝独秀】都是主力出货的手段,但【笑里藏刀】比【一枝独秀】更阴险,也更温柔。如果你不想在【笑里藏刀】处过早地死去,一个字:走。见图五。

股市里自作聪明的人比比皆是,他们经年在股市中勉力爬行,在寻找捷径中碰得头破血流。但不要忘了,在自作聪明的背后,是看不见的万丈深渊。

在部队,记得有一次我们被派到农村帮助村民割麦子。连长说,任务必须1个星期完成,提前干完提前归队,剩下的时间作为奖励一并归入假期。这些一顿饭能吃9个馒头的年轻战士们立即以巨大的热情投入劳动中,我们仅用了4天时间就圆满完成了任务,并将情况通报上级……于是,漫长的等待开始了。战士们像一群孩子那样聚集在村口,等待着接我们的汽

第3节 笑里藏刀

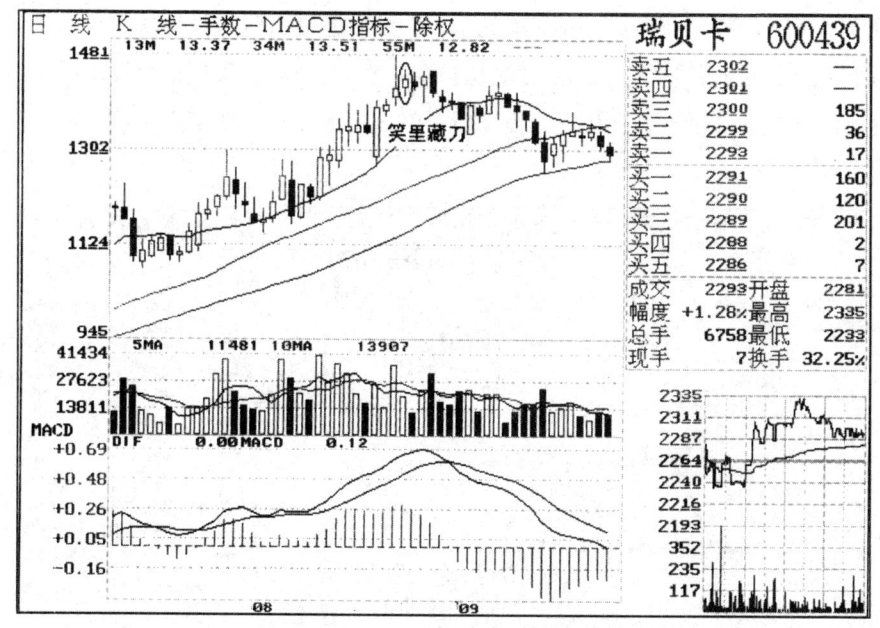

（图五）

车，两天过去了，希望像退潮的海水，愤怒像加上煤炭的火。

规定的时间到了，部队的卡车来了。战士们团团围住汽车，质问为什么现在才来接他们。汽车兵说，我只是执行命令。

战士们愤怒了，为了这漫长的等待。他们打碎了宿舍里所有的物品……结果是，原有的休假被全部取消，每人记过处分一次。

在这个事情里似乎谁都没有错。上级命令规定时间为1个星期，汽车兵严格按规定时间来接，连长的话作为一种激励可以，但没有被作为军事命令来发布。战士们提前完成了任务，理应受到嘉奖，但换来的却是处分，因为他们砸碎了宿舍里的物品，违犯了纪律，这就是纪律的严厉。部队没有严格的纪律还会有战斗力吗？

股市也是这样，主力会过问你缺钱花吗？它只是为了自己的利益而不择手段地把你弄懵，然后把你口袋里的钱掏出来放在自己的口袋里。股市会体谅你的难处吗？它只是不断地叫喊着让你追加资金。股市永远不是我们想象和希望的那样，它只是它自己的那个样子。

（6）**深康佳A**（000016） 股价的升幅不大，走势也不明快，但【笑里藏刀】出现后下跌却很凌厉，别看有的个股上涨时磨磨叽叽，跌下来倒是暴风骤雨。在实战中我们应该怎么办？"只认指令，不管输赢"。买进指令发出后，前面就是刀山也要敢闯；卖出指令发出后，前面就是火海也要敢跳。见图六。

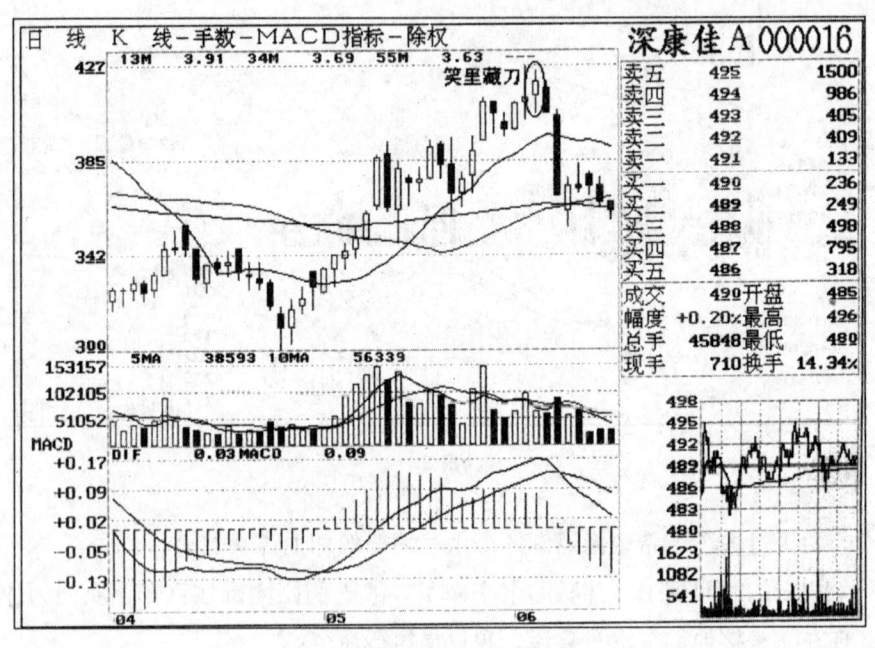

（图六）

国人内敛、谨慎，凡事都讲究"三思而后行"。这种思维定式把我们五千年的文化包裹得严严实实，无懈可击。

然而，在多变的股市里，讲究的是速度、是果敢、是执行力。如果一味地坚持"三思而后行"的执行观，那么丧失的不仅仅是机会，还有接踵而至的灾难。

多年以前，当田径教练马俊仁率领王军霞、曲云霞们夺得世界青年女子中长跑冠军之后，有人问他："这是中国运动员在女子中长跑项目上的历史性突破，之前想到这种结果了吗？"

马俊仁听罢哈哈大笑："就在比赛开始之前，我还告诉我的队员们，什么都不要想，咱能领先对手 500 米，就说明咱具有 500 米的优势；咱能领先 1000 米，就说明咱具有 1000 米的优势；如果咱只是输了最后 100 米，这说明咱大部分时间都比她们跑得快,剩下那 100 米,咱回去接着练!"后来的事,大家都知道,马家军几乎领先了一个"时代"。

应当说,马家军的一系列奇迹不是一蹴而就的,前一个奇迹总是后一个奇迹的铺垫;"鹿跑"姿势、特制鳖汤等都是"行而后三思"的结果,这些结果再去制造一系列硕果。从这个角度讲,"行而后三思"并非是一种不计后果的鲁莽,它推崇的是一种对惰性的突破、对血性的激励以及对灵性的解放。

机会面前人人平等,不平等之处在于执行指令的能力。在指令面前,先行后思,不仅是果敢的表现,更是能力的展示。在实战中,如果说果敢是铺路石,"三思"则是压路机,而机会就在这种先"行"后"思"的实战中得到培育,得到提炼。

(7) **信威集团**(600485) 盘中主力综合运用了麻雀战、游击战和偷袭战战术,没有实战经验的肯定会被弄得晕头转向,但学会了 135 战法,又会变得游刃有余。因为股价涨跌的临界点非常明确,只要能够严格执行交易指令,股价的几次波动为我们提供的利润还是蛮丰厚的。

极少数个股在【笑里藏刀】出现以后还会创出新高,多数都是【落井下石】,实战中千万不要有这种侥幸。另外,【笑里藏刀】的阳量一般都比昨日的阳量小;阳量大,说明主力的派发量大,出货的决心更坚决。见图七。

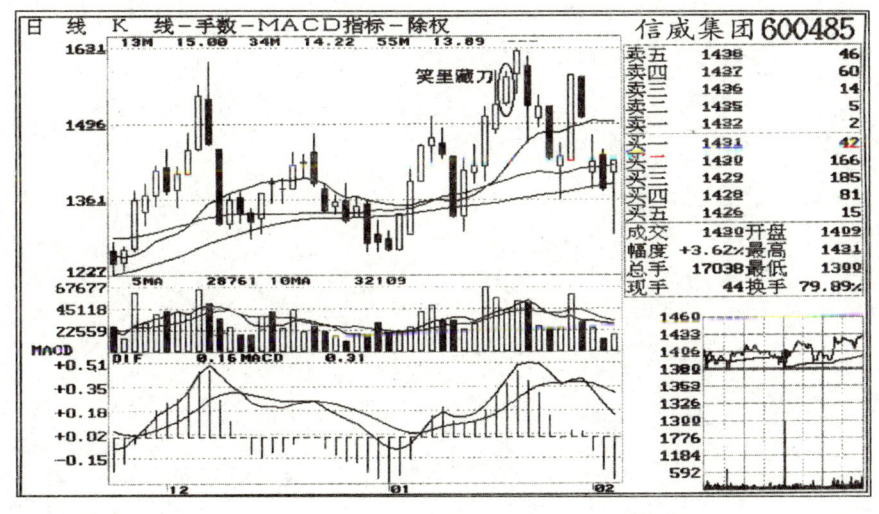

(图七)

◉ 卖出时机

（1）【笑里藏刀】出现当天，快速撤离；

（2）翌日择高点出局。

◉ 友情提示

平时应多研究 K 线的组合与变化，把主观分析纳入客观现实的轨道。如果你对【一枝独秀】这个卖点了然于心，就不会心存侥幸持股不动。【笑里藏刀】与【一枝独秀】都是主力出货时惯用的伎俩，万万不可粗心大意。

> 炒股就像打电话，不是你先挂，就是我先挂，妙就妙在谁挂得恰到好处。

第4节  马失前蹄

◉ 古为今用

《孙子兵法·九地篇》："将军之事，静以幽，正以治。"把这个原则运用在投资上，就是在实战中既要沉着冷静，又要善于思考。无论进行多大规模的操作，都一定要做到进退有据，绝不随意。

◉ 形态特征

股价经过一波下跌以后，突然跳空低开，给人一种破位下行的错觉。其实，这并非不良征兆，而是股价见底的标志，是股价拉升前的最后一跌。我们把这根跳空低开的阴线或阳线称为【马失前蹄】。见下图。

◉ 形成机理

股价经过一波下跌之后，获利盘已被驱逐干净，套牢盘已被死死锁住，为了制造恐慌气氛，主力在拉升之前，刻意使股价低开低走，给人一种加速下跌的假象，诱使场内筹码恐慌出局，自己再趁机捡一些廉价筹码。一般情况下，股价第二天就会止跌企稳，反转向上。

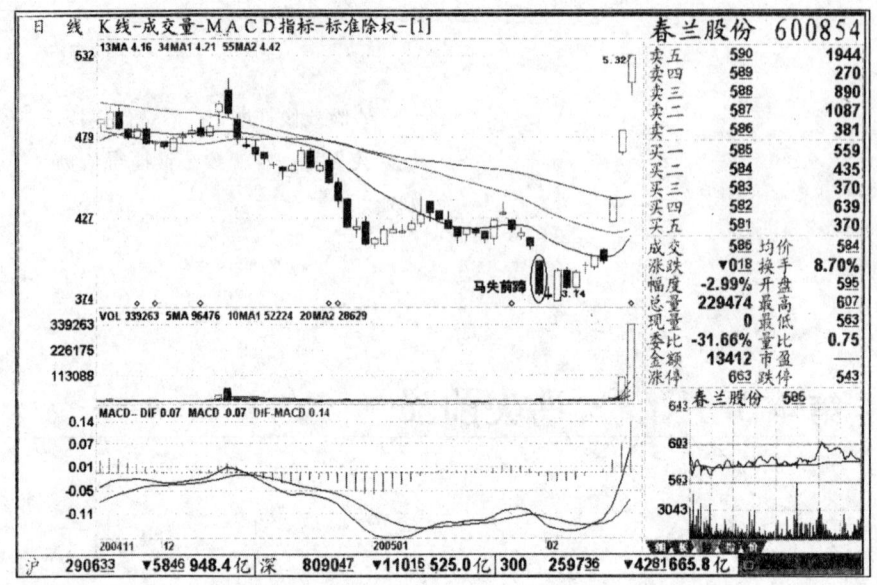

【马失前蹄】是股价见底反转的信号，不必惊慌

经典案例

（1）**大通燃气**（000593）　经过一波下跌之后股价又突然跳空低开，加速下跌，给人一种破位下行的错觉。其实，这是股价的最后一跌，我们把它叫作【马失前蹄】。它是股价开始走强的转势信号，持股者无须惊慌，更不必斩仓，持币者可轻仓试探。

【马失前蹄】的第二天，股价止跌企稳，第三天无量封停，然后碎步攀升，直到【一剑封喉】拦住去路，股价才停住脚步。见图一。

盛夏酷暑，一群口干舌燥的狐狸来到一个葡萄架下。一串串晶莹剔透的葡萄挂满枝头，狐狸们馋得直流口水，可葡萄架很高。

第一只狐狸跳了几下摘不到葡萄，从附近找来一架梯子，爬上去满载而归。

第二只狐狸跳了多次仍摘不到，找遍四周，没有任何工具可以利用，笑笑说："这里的葡萄一定特别酸！"于是，心安理得地走了。

第三只狐狸高喊着"下定决心，不怕万难，吃不到葡萄死不瞑

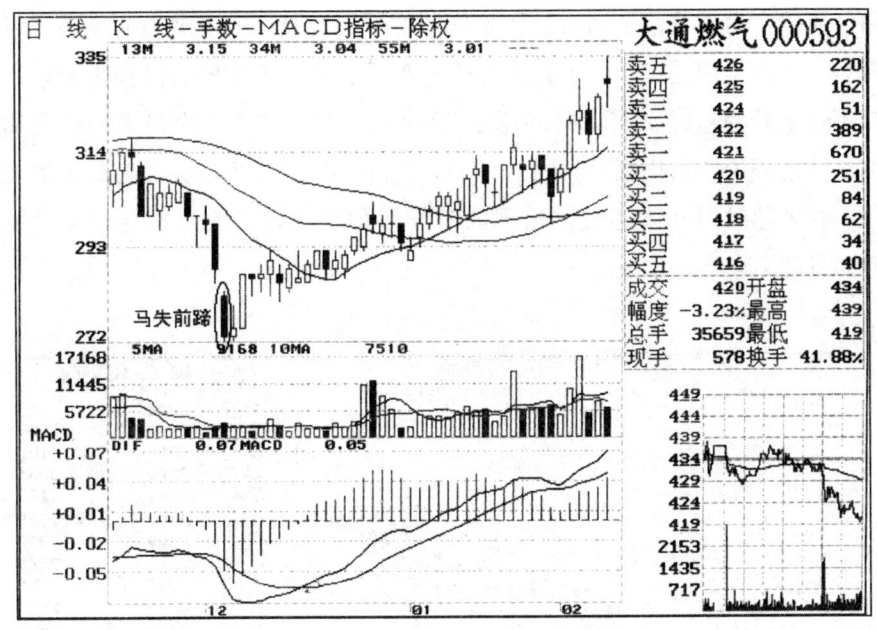

（图一）

目"的口号，一次又一次跳个没完，最后累死在葡萄架下。

第四只狐狸因为吃不到葡萄整天闷闷不乐，抑郁成疾，不治而亡。

第五只狐狸想："连个葡萄都吃不到，活着还有什么意义呀！"于是找个树藤上吊了。

第六只狐狸吃不到葡萄便破口大骂，被路人一棒子了却性命。

第七只狐狸抱着"我得不到的东西也绝不让别人得到"的阴暗心理，一把火把葡萄园烧了，遭到其他狐狸的共同围剿。

第八只狐狸想从第一只狐狸那里偷、骗、抢了些葡萄，也受到了严厉惩罚。

第九只狐狸因为吃不到葡萄气极发疯，蓬头垢面，口中念念有词："吃葡萄不吐葡萄皮……"

股民朋友，你愿意做哪一只狐狸呢？

（2）**浦发银行**（600000） 【马失前蹄】出现以后，股价虽然没有立即涨起来，但也没有跌多少。【日月合璧】把股价推上了55日均线，股价在55日均线上整理数日后，【黑客点击】出现了，由于股价离节点位置太高，所以主力用【浪子回头】把股价打了下来。股价放量突破前期整理平台后，主力又用【浪子回头】清洗获利盘，股价走走停停、停停走走，不知不觉中升幅超过50%，时间用了42个交易日。这是一个经典的江恩周期。江恩理论的精华就是时间与周期，7和7的倍数都容易引起股价的变化。在敏感时间和敏感数字出现的时候多加小心，一般都不会吃太大的亏。见图二。

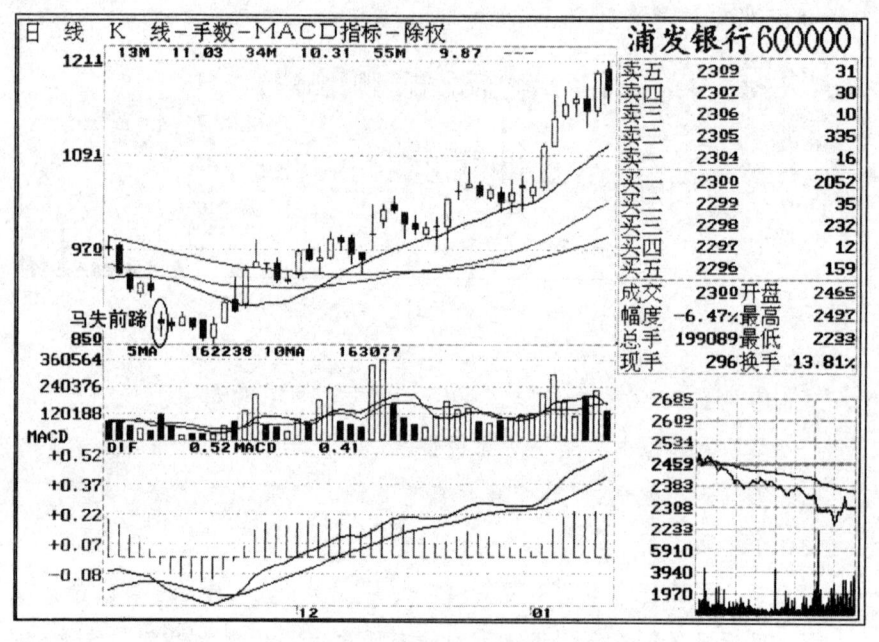

（图二）

朋友出差时，在广东和广西交界处参加了一次刻骨铭心的救火。他说："山火从广西那边烧过来，已逼近与广东交界的山林了。"他跟着浩浩荡荡的扑火队伍赶到了现场。

他随着十多人的救火小分队向山顶进发，赶到半山腰时，山下的火势已逼上来，退路被截断，情况十分危急，一位当地老农急急地对他们说："无路可走了！赶快往山下的火里钻，千万不要往上跑！快钻！"他大骂："你是哪根神经出了问题？叫我们往火海里钻。"

结果，他们拗不过这位老农，将信将疑地跟着老农往迎面而来的火海里钻……

他们的头发被烧焦了,衣服也着了火。但是,他们拼命往山下钻过火海后,很快脱离了危险,所有人的性命捡回来了。

事后,他们疑惑不解地问老农:"为何非要往火海里钻?"老农不慌不忙地说:"在着火的山林里,你越往山上跑,离死就越近。你想啊,风助火势,火借风威,你哪里能跑得过烈火的速度?往山下火海里钻,因为山下已被烧光,火势已灭,只要你抵得住一阵子的疼痛,冲过火海,就能脱离危险,至少能捡一条小命!"

听过朋友的故事后让我明白一个道理,股市里的很多事情只有背道而驰,才能死里逃生。救火如此,炒股也是如此。越是你不敢买的股票它就越涨,越是你敢买的股票它就越跌。

(3)**华润双鹤**(600062) 股价壁削式下跌之后,又突然跳空低开,加速下挫,很多人都是在【马失前蹄】处割肉出局的。主力与散户的区别在于:主力一般都是利用低迷的市场气氛和人们的恐惧心理拼命砸盘,有时也选择人们抱有希望的时候,这时候一砸必乱,一乱必割。

很多人的亏损都是因为抄底造成的。股价从高位跌下来不一定就是底,因为股价可以一跌再跌,那些总想抄主力后路的人往往被主力套住。一只股票不管它跌了多少,如果没有【马失前蹄】【金屋藏娇】【红杏出墙】【投石问路】或【黑客点击】出现,就没有底部可言。也有一些抄底成功的人,可那不是因为他功力高超,而是恰好被他蒙上了。

绞尽脑汁地分析主力是否在建仓,不惜重金打探主力的持仓成本往往事倍功半。因为这等高度商业机密,除了主力群体中极少数核心人物知道,其他人是很难说清楚的。其实,一只股票能不能涨、什么时候涨,图表上早就写得一清二楚,只要过了识图关,复盘时都是可以发现的。让技术形态说了算,让"量、价、线、形"去把关,千万不要去瞎猜、去乱赌。

【马失前蹄】的第二天,股价开始见底回升,然后一路震荡攀升。昨日恐慌出局的人,看到节节推高的股价不知有何感想?见图三。

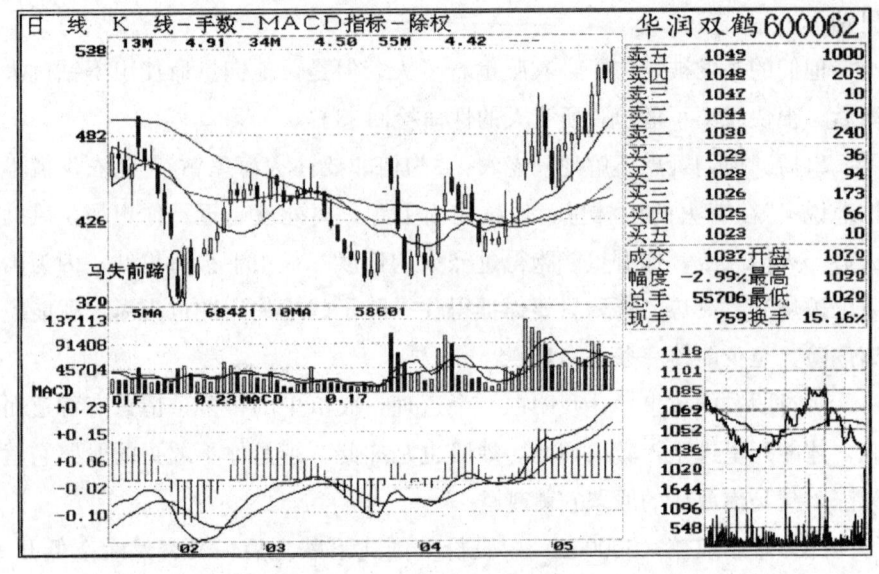

(图三)

(4) 国金证券（600109） 该股的起涨点是【红衣侠女】，但【红衣侠女】出现后，股价却选择了反转向下。其实，失败的【红衣侠女】未来的升幅更大，因为它多了一次清洗，多了一次整理。遗憾的是，对于失败的【红衣侠女】人们早已把它忘记了，没有忘记的，对它后来的上涨又持怀疑态度。总之，好事总是轮不到自己，赖事偏偏都让自己赶上了，于是他们认为自己是个天生的倒霉蛋，其实，生活中比你倒霉的人有的是，看看下面这位：

  一位摩托车发烧友把心爱的摩托车推进起居室，开始用抹布蘸汽油擦洗，显得悠然自得。擦洗完后，他骑上摩托车，决定启动引擎。不幸的是，摩托车正挂着挡，引擎启动后，摩托车撞碎玻璃大门冲到了院子里，他的手还紧紧地握着车把。

  他妻子当时正在厨房里做饭，听到可怕的巨响后跑了出来，发现他如烂泥般躺在地上，身上被碎玻璃划得遍体鳞伤。她立即拨打了急救电话"120"，两名医护人员把这个倒霉蛋送到了急救室。

  在医院缝了几十针后，回到家里妻子安顿他睡下，自己则清扫起居室里的垃圾，还把擦车剩下的汽油倒进了马桶。不久，他醒了，点了一支烟，到卫生间解手。他把烟蒂丢进了马桶，随即响起了震耳欲聋的爆炸声，原来他妻子把汽油倒进马桶后没有放水冲掉。这个倒霉蛋被炸出了卫生间。

妻子听到巨大的爆炸声和丈夫的惨叫声后，冲到客厅，发现丈夫躺在地上，裤子掉了，满屁股都是脏东西。妻子再次拨打了急救电话"120"。还是那两名医护人员来了。他们用担架抬着那个倒霉蛋正往外走，一人问他妻子，他是怎么受伤的，妻子如实相告。他们大笑不已，结果把担架掉在了地上，又把这个倒霉蛋的锁骨摔断了。

凡是倒霉的人，要么做事不细心，要么缺乏必要常识。

股价连拉6根阴线后出现了【日月合璧】，按说股价应反转向上了，但【日月合璧】偏偏失败了，为什么这个【日月合璧】会失败？因为"阳克阴"没有形成双覆盖。

【日月合璧】的第二天，股价低开高走，这是一个阳线【马失前蹄】，它比阴线【马失前蹄】的见底概率更高。见图四。

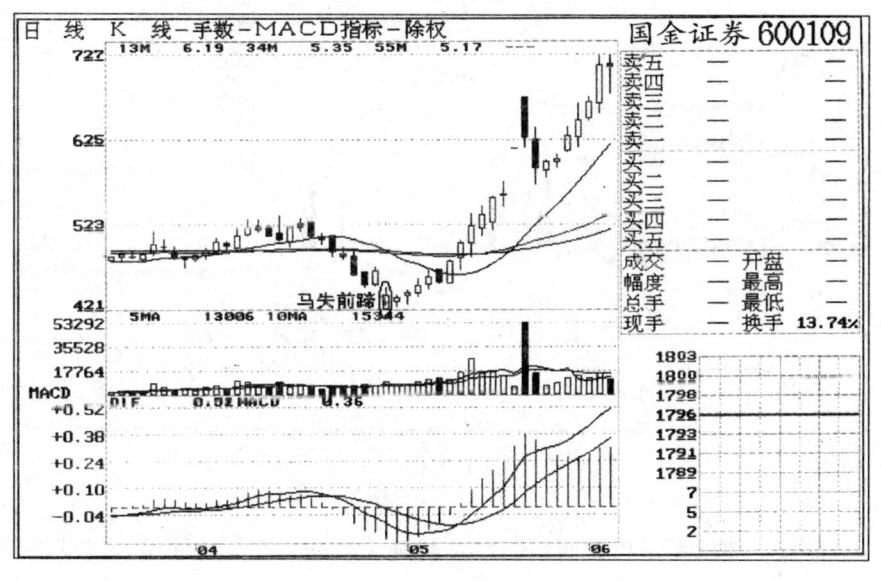

(图四)

(5) 中毅达（600610）　这个【马失前蹄】出现在主力精心构建的空头陷阱里，股价在井底沉默了 4 天之后，开始向上爬，但人们已不敢相信自己的眼睛，结果眼睁睁地看着机会飘然而去。

导致亏损的三个原因：一是不做复盘作业。好股发现不了，盘中又被其他股抢走了眼球。二是抢点。形态还没有完全走出来，就进去抢点，心浮气躁反映出基本功的不扎实。三是无视纪律。发现买错后不是立即认错，然后果断改错，而是硬拖。错过了第一卖出时机，导致错误扩大化。

解决办法：日复一日地坚持复盘，一丝不苟地执行指令，坚决彻底地改正自己的错误。

【一阳穿三线】的出现，加快了【海底捞月】的完成。【海底捞月】完成以后，股价就这样涨了起来，神奇吗？一点也不神，因为这是规律使然。见图五。

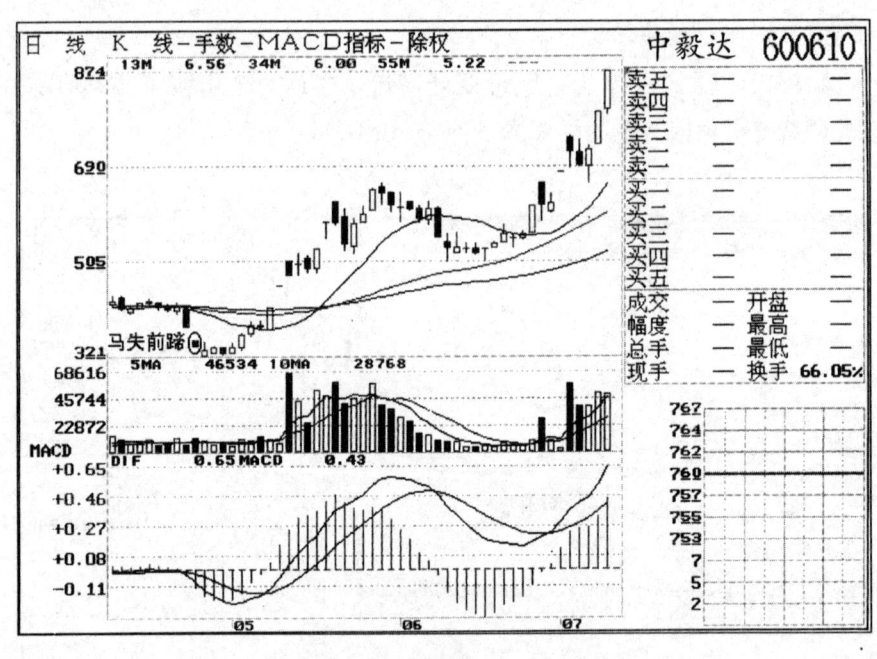

（图五）

炒股，拼的不是勇猛而是韧性，越有故事的人越沉默简单，越肤浅单薄的人越浮躁不安。放空被诱惑的大脑，躲开发疯的野马；管住那双不安分的手，乱云飞渡仍从容。

（6）浦东金桥（600639）　【马失前蹄】是股价的最后一跌，在这里勇敢地吸纳，一般都能抄到股价的大底。真正到了该抄底的时候，人们反倒变得胆小如鼠，不是主力成心折腾我们，是我们自己不识庐山真面目。【马失前蹄】的第二天，【日月合璧】出现了，表明股价的底部已被探明，这时才可以轻仓试探了。然后根据股价的运行情况，合理配置好资金。见图六。

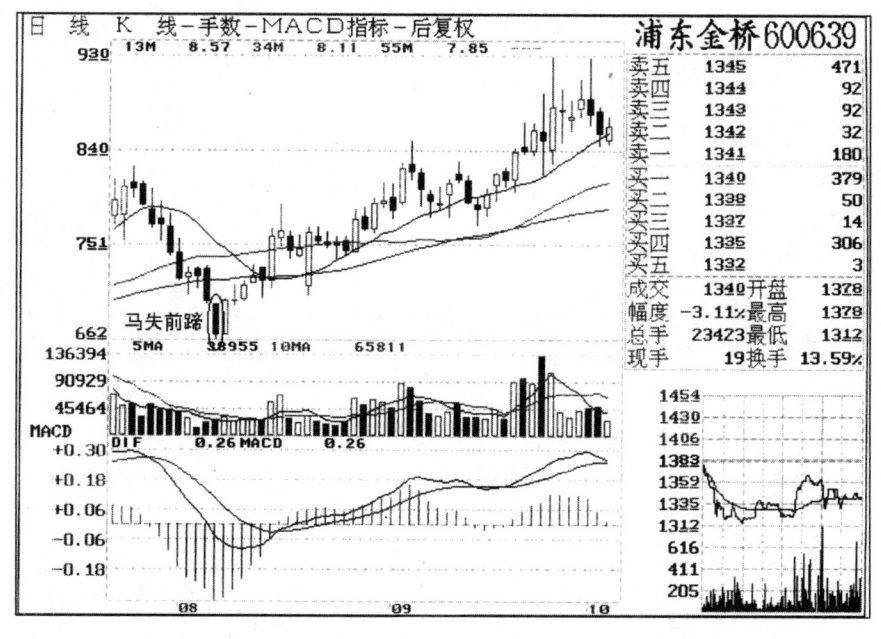

（图六）

珍惜每一分钱，用好每一分钱，才是资金增值的奥秘。炒股是一个钱追钱的生意，但股市本身又不创造价值，说穿了是我们自己赚自己的钱，如果自己的钱都赚不回来，那又怎么去赚别人的钱？好多人赚钱的想法很简单，途径很单一，他们只知道买了股票等着涨，却不懂得在自己的资金受到威胁时该如何保护？更忘了赚自己的钱也是一条致富之路。当你审视自己的时候，你会发现，其实，你自己才是一座真正的金矿、一匹真正的黑马。

(7) 安信信托（600816）　【马失前蹄】是股价的最后一跌，【日月合璧】是探明股价底部的显著标志。学会了识图，就明白了主力的意图，知道了主力的意图，就不会蛮干了。

股价爬上55日均线以后，演绎了一个精美的【三线推进】，在【三线推进】开始加力的时候，尾部的两个【揭竿而起】功不可没，特别是最后一个【揭竿而起】促使均线系统开始向上发散，发散的均线系统为股价的上升提供了强大的量能支持。见图七。

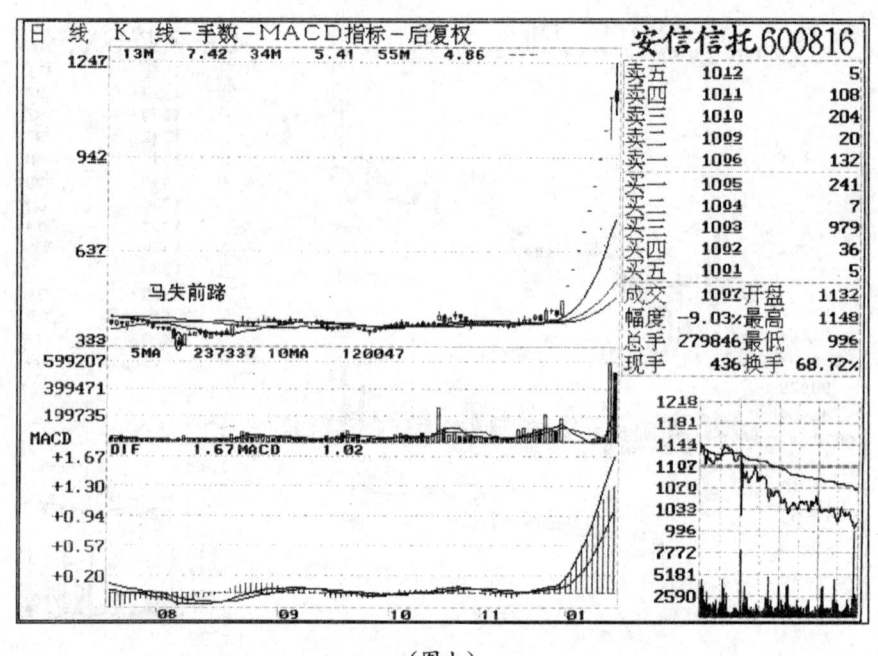

（图七）

股市里人们常常好计算自己的赢利，却很少有人计算自己的"今天"。殊不知，今天就是财富，财富买不来"今天"。财富失去明天还可以挣回，今天失去明天永远也买不回来。"今天"无法重复，也不能复制，因为它是唯一的。不要总把希望寄托在明天，今天做得不好，迎来的明天也将是黯淡无光的。昨天再美好，但是已经过去；明天再绚丽，可惜还没有到来。珍惜今天吧，该买的股票不要拖到明天，该卖的股票也不要拖到明天。把今天的事情做好了，明天也赖不到哪去。明天不一定会更好，但明天一定会到来，重要的是把握好今天。

◉ 买进时机

（1）在【马失前蹄】出现当天，轻仓试探；

（2）收复昨日失地，半仓跟进；

（3）股价突破 55 日均线，重仓出击。

◉ 友情提示

（1）股价必须经过一波下跌，成交量呈递减或极度萎缩之势。

（2）股价必须是跳空低开，收缩量或巨量阴线或阳线。缩量说明抛盘穷尽，巨量表明主力收集心切。无论缩量还是巨量，都是股价的最后一跌。

（3）形态通常出现在 13 日均线与 34 日均线的下叉点附近。

> 一旦买进了股票，就要像孙子一样小心翼翼地伺候主力，甭管遭多少罪，也要熬成爷再撒手！

第5节 绝处逢生

◉ 古为今用

《唐李问对》上卷："善用兵者，奇正，人而已。变而神之，所以推乎天也。"意思是：善于用兵的，或奇或正，在于人的运用而已，由于奇正变化达到神妙莫测的地步，所以人们常常把它归之于天意。《唐李问对》中卷："故形之者，以奇示敌，非吾正也；胜之者，以正击敌，非吾奇也，此谓奇正相变。"其中骗敌人的，是用奇兵迷惑它，而不是我的正兵；战胜敌人的，是用正兵打击它，而不是我的奇兵，这就是奇正的相互变化。

◉ 形态特征

股价经过一波下跌以后，突然跳空低开，然后快速上攻，形成低开高走的长阳线，这是股价转势的明显标志，是进场的好机会。我们把这根低开高走的长阳线称为【绝处逢生】。见下图。

◉ 形成机理

股价大幅低开，旨在制造紧张气氛，让那些不明真相的人恐慌出局，主力顺势收集一些廉价筹码。主力派发通常选择在相对高位，没有一个主力愿意把高位买的筹码又在低位卖出。

第5节 绝处逢生

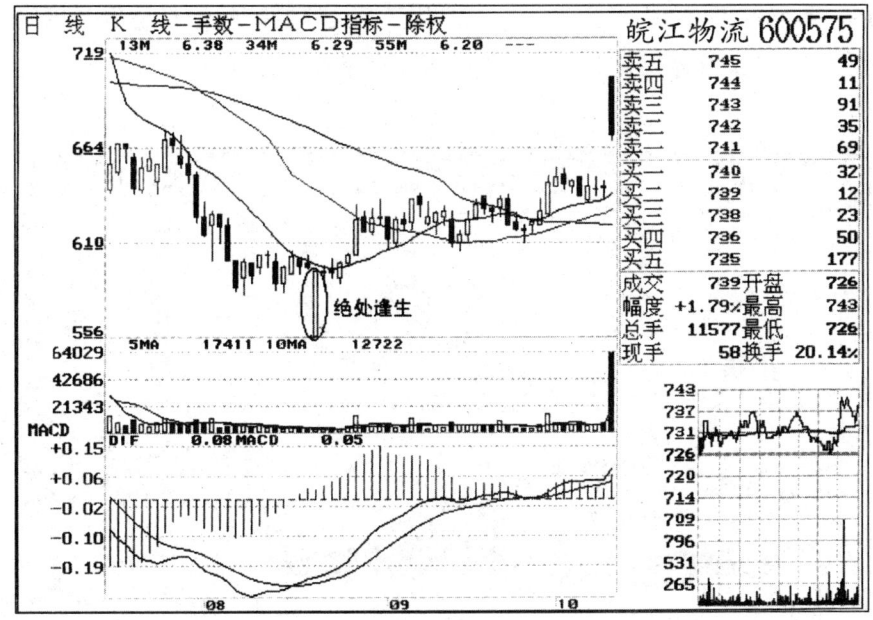

【绝处逢生】是股价的转势信号

经典案例

（1）**太原重工**（600169） 在股价的最底部，一根长阳拔地而起，从走投无路到【绝处逢生】，这是股价的重大转折。这根长阳不管有量无量，市场意义都一样。有量的说明主力收集筹码的力度大，后期走势较为明快；无量的说明主力收集筹码的力度小，后期走势相对弱一些。但它们都是股价的转势信号。根据能量大小，合理布局资金，这就是【绝处逢生】给我们的提示。见图一。

【绝处逢生】出现以后，股价局势发生了根本变化，股价由跌转升，直线上攻，彻底改变了过去的疲弱走势。股价在均线系统附近缩量整理4周，说明主力还隐藏在其中，而【一阳穿三线】的出现，表明增量资金又开始进场折腾了，这时候跟着主力折腾一通，一般都不会空手而归。整体看，该股走势有些拖沓，但涨跌的临界点都很明显，按照135战法给出的提示，大胆进出，基本都能踏准股价的波动节奏。当股价行将调整时，先行出脱持股；待股价重新发出买进指令时，再重新进场，这才是"心随股走,及时跟变"的真正意义所在。进退有据是原则,拒绝盘整也是原则,遵守原则的最好体现就是坚定不移地执行指令。

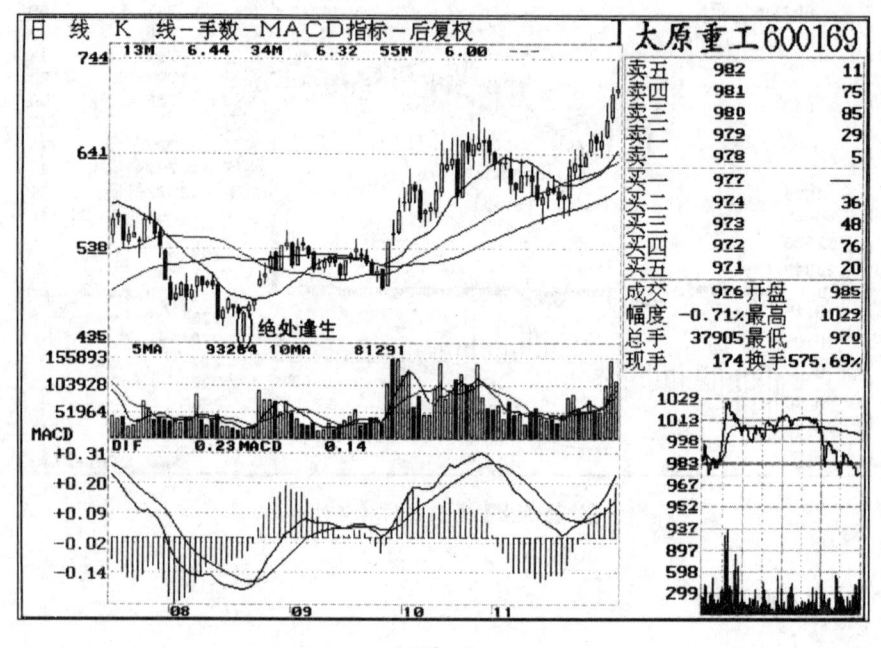

(图一)

(2) 东风科技（600081） 【绝处逢生】出现以后,股价一改过去的颓废走势,短短8个交易日,股价升幅在20%以上。把握了股价涨跌的临界点,就等于找到了打开财富大门的钥匙。见图二。

135战法只是给大家提供了一种操作思路,完全照着135战法去做,说明你只有一种思维,而且最好的结果也只能达到我目前的水平,每个人都应发挥自己潜在的优势,形成自己独特的操盘风格,超越书上所有的东西。

很多人看股评至深夜,很辛苦,但收效甚微。什么原因?很简单,要想学会开车就得自己亲自上车去练,而不是听汽车设计师讲什么制造原理。炒股既不是科学,也不是艺术,而是一门行为学。找到股价运行规律,然后严格规范自己的行为就行了,用不着谁来指点江山。再说我们是做股票的,股评家是说股票的,说错了并不影响他的收入,做错了却要付

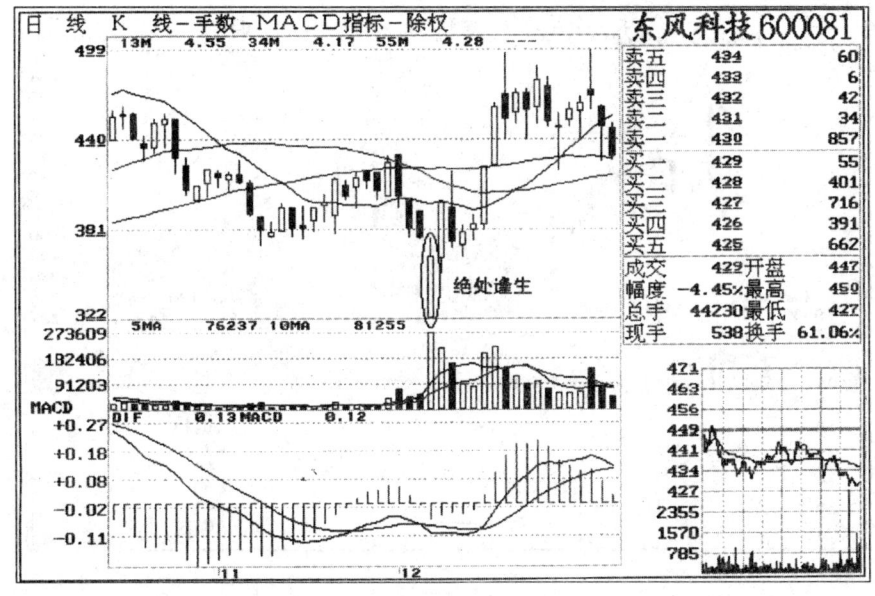

（图二）

出沉重的代价。真枪真刀实干的为什么要听光说不练的？不懂是一个原因，重要的是不愿意付出艰辛的劳动。世界上从来没有免费的午餐，凡是轻而易举得来的东西，价值都不高。一些有过切肤之痛的人，已不再把股评家当作神明。可当他们对大势吃不准的时候，还是愿意听听股评家怎么说。对于一向崇尚知识的中国人来说，有时候，我们总是固执地认为，在很多事情上，那些比我们多读了几本专业书的业内人士肯定比自己更加高明。其实，每个人知道的东西都是有限的，因此，没必要把谁的话看得那么重，把他们的看法当成操作依据更是不可取。实践是检验真理的唯一标准，一切从形态出发，一切让指令当家，才能避免不犯错误或少犯错误。

任何梦想的实现，都需要事先储蓄能量。火车没有能量起不了步，飞机没有能量上不了天，人没有能量同样走不进股市赢家的行列。

（3）**时代出版**（600551）　一根长阳使得股价【绝处逢生】，神吗？不。股价之所以低开高走，说明有人在倒腾它，有人倒腾的股票，股价不会长期寂寞，这是理论分析。技术现状是，股价低开高走，并且报收在昨天收盘价附近，说明股价不想再跌了。而【红杏出墙】的出现，表示股价的底部已被探明，这时候买股票，一般都能买在股价起涨的临界点上。见图三。

093

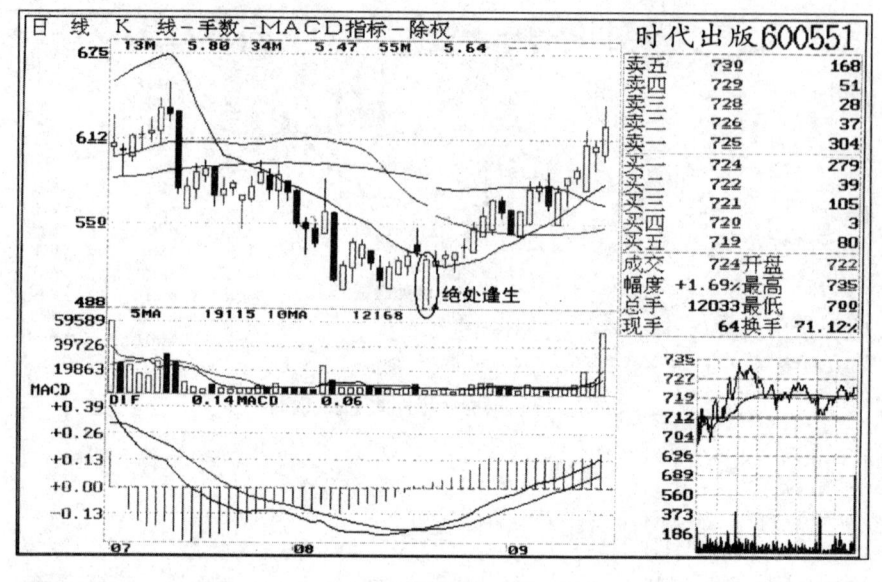

（图三）

135战法从来不预测股价能涨多高，但它可以肯定地告诉你哪只股票能涨，这就是135战法的真正价值所在。135战法的原则、理念、纪律，实际上都是在致力解决一个问题，那就是股价涨跌的临界点。

135战法的最大特点是：把复杂的东西简单化，把简单的东西形态化，把形态的东西规范化，把规范的东西系统化。我不知道135战法是否已经达到了这个标准，但我会朝着这个目标继续努力的。

和北京的几个学员闲聊，谈起故宫，他们说，在北京，有好多人七八十岁了都不曾去过故宫，他们自己也是多年前偶然的机会去过一次。我纳闷：这个全国人不远万里朝圣般向往的宫殿，在北京，竟然有那么多人不曾涉足！

北京的学员说，我们不去，是因为太近了，随时抬抬脚都可以去。

原来如此！想自己，跟他们是一样的。他们千里迢迢来邯郸寻"黄粱美梦"，寻"邯郸学步"遗址。黄粱梦，我只在多年前去过。修葺之后，我也未曾去过。有时也想去看看，却一推再推。而"学步桥"就在证券公司背后，除非陪学员观光浏览，我自己也很少去。理由竟然跟他们出奇的一致：太近了，随时可去。

有一次，我和几个朋友去山里旅游，感叹着山水的秀美，恨不得定居下来，还好奇地问当地的一个年轻人："你觉不觉得你们很幸福，生活在这么美的环境里？"他笑着说："不觉得呀，看习惯了。如果有机会的话，我倒想跑出这山沟沟，去城里生活。"众人皆笑。

原来，当我们这些被大自然驱逐出境的"股虫"在这山沟沟里贪婪迷醉时，这些山里人家正挖空心思地想往都市里"跳"呢！由此说来，所谓炒股，也只不过是在个股之间相互地串串门，当你在一只股票里觉得过于沉闷，是不是也想跳到另一只股票里去看看呢？

其实，避免亏损和被套的方法很简单：不涨就卖。我们买股票是希望它上涨，如果它没有朝着我们的预期发展，是先出来透透气，还是傻乎乎地死等？

（4）岷江水电（600131）　在【绝处逢生】出现以前，已经给了我们两个买进信号和一个卖出信号。两个买进信号是：【马失前蹄】和【日月合璧】。一个卖出信号是：【虚晃一枪】。【绝处逢生】之后又出现了【三剑客】【红杏出墙】【投石问路】【揭竿而起】和【红衣侠女】5个进场信号。主力给了我们5次进场机会，你之所以没有介入，要么资金被别的股票拴着，要么对这些技术形态一无所知。见图四。

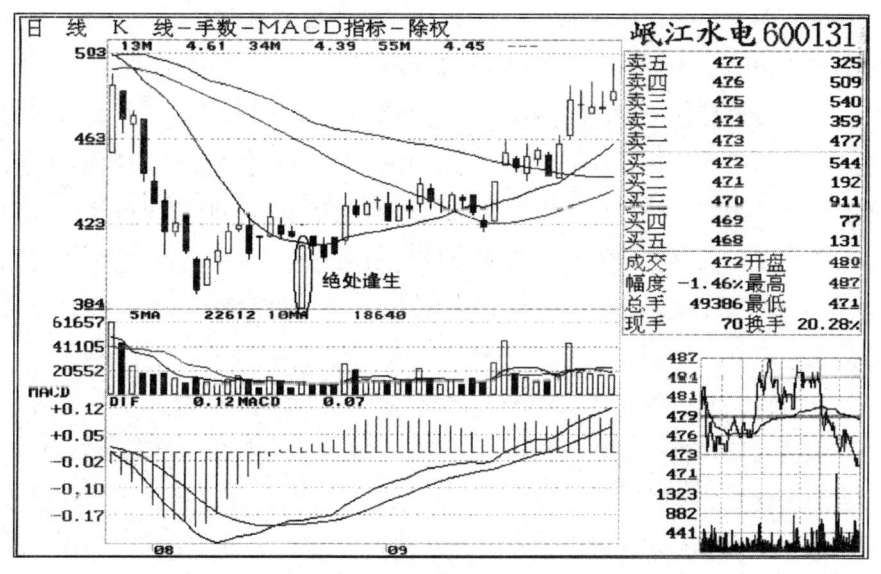

（图四）

在实战过程中，我始终坚持宁肯错卖，不能错买。卖错了，最多失去一段利润，买错了，如果不及时采取措施，就会怀沙自沉，然后一步步把你逼向死亡的深渊。这样的事情我们每个人都经历过，为了不重蹈覆辙，在今后的实战中必须严把买进关，宁肯错过，不可买错。

知道散户是怎么亏的吗？在股价下跌时，都能心定气闲地把股票捂得牢牢的；而股价刚刚脱离底部区域或刚刚达到自己解套的位置，就心急火燎地把股票抛出！

捕捉市场热点无可厚非，但股市行情瞬息万变，很难把握，如果功力不够，倒不如进行盘后分析，以免由于冲动留下遗憾。收盘后再分析，有利于提高自己的分析能力和选择能力，培养良好的操作习惯。真正的股市赢家都是精选个股后，耐心等待完美形态的出现，切入以后，随着股价波动不断地高抛低吸，直到股价出现明显的出局信号才离场，而不是天天在盘中追涨杀跌。短线不聚财，波段富得快。

在个股操作上是按除权操作，还是复权操作？这是个见仁见智的问题。除权的看点，复权的看线，这是我的习惯。我觉得，除权的更能反映股价的真实情况，就像断臂维纳斯，如果给她接上一个新臂，也就改变了原来的模样。

（5）深天马Ａ（000050）　这是股价除权以后的【绝处逢生】，但只要形态完美、位置适当，同样可以大胆参与。

这个【绝处逢生】的巨量阳线，显然是主力在收集筹码，此时及时跟进，往往会大有斩获。如果说在【绝处逢生】处疑神疑鬼尚可原谅的话，那么在【一阳穿三线】出现时，如果还依然无动于衷，那就变得不可宽恕了。因为【一阳穿三线】是主力资金进场的明显标志，如果在这个点位都缩手缩脚，只能说明你对金钱没有认知能力，说明你的技术功力和心理素质还亟待提高。见图五。

技术形态是一件无法修饰的艺术品——只有相对，没有绝对。实战中绝对完美的操作根本没有，每一次操作都或多或少会留下一些遗憾，过于追求完美就会痛苦，所以过于追求完美是不理智的。我觉得，只要在指令发出的当天，哪怕买在最高点、卖在最低点，也应视为完美。因为你已经有了执行指令的意识和行动，随着实战经验的增多，就会自然而然地形成

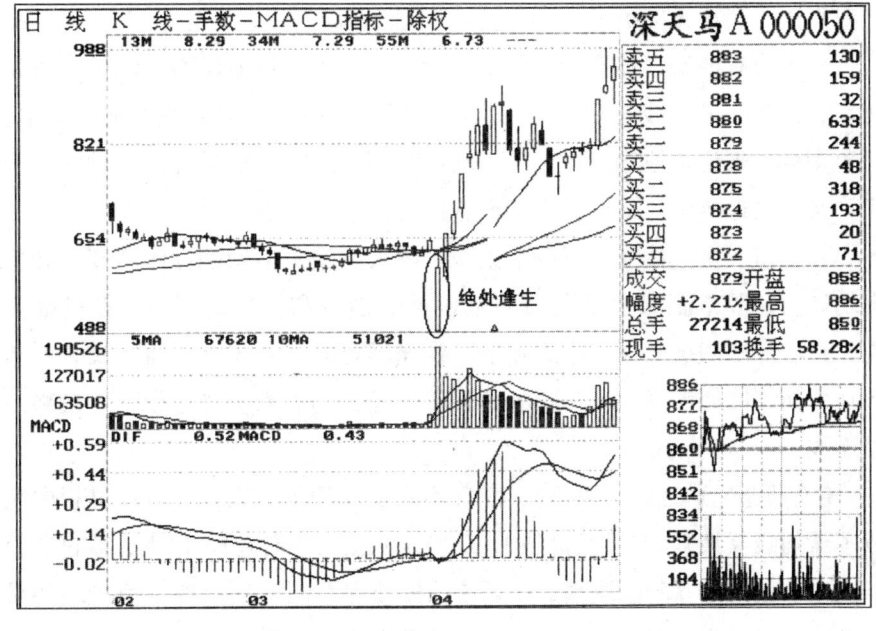

（图五）

一种操盘直觉。如果一开始就过于追求精确点位，就会给自己增添许多不必要的烦恼。

在你外出坐长途火车时，常常要经过很长很窄的隧道。有的隧道一丁点亮光也没有，让人在恍惚间产生一种恐惧，以为自己不慎掉进了"死亡幽谷"，那种让人绝望的黑，着实令人不寒而栗。但不管多长的隧道，火车终究都会驶出它的出口。

炒股也一样。所有的伤痛、挫折和失意，都不过是投资旅途中的一个个"隧道"，咬紧牙关，坚持下去，你便会发现：所有的亏损和磨难，犹如落进泥土里的雨点一样不留痕迹。抬头望天，又是一片蔚蓝。

（6）**中直股份**（600038）　这个【绝处逢生】出现在【梅开二度】的节点之下，表面看似形态失败了，因为完美的【梅开二度】股价应落在13日均线与34日均线的节点之上。这就是形态的变形与变种。实战中一定要灵活处置。3+5等于8，6+2也等于8，那么，1+7、4+4呢？哲学家苏格拉底说："真正带给我们快乐的是智慧，而不是知识。"什么叫智慧？智慧就是根据情况的变化而变化，而不是抱残守缺和循规蹈矩。把知识看成绝对真理,会比无知更可怕。

炒股没有如果,却有很多但是。换言之,买卖不能后悔,但是可以拐弯。无论怎么说,炒股都不是一次期终考试,而是天天不断的突击测验。对于多数人来说,股市就是一个大客栈,每个股民都不过是个过客,来了,又匆匆地走了,最后什么也没有带去。

在股市,挑战伴随着每一个人。一般人感受更多的是身体的疲劳和生存的压力,股市赢家感受更多的是精神的创伤和发展的压力。在挑战面前,只有那些积极乐观、越战越强、越挫越勇的人,才会不断成长,不断成功;而那些心浮气躁、牢骚满腹、怨天尤人的人则会身心疲惫,最终一事无成。

【绝处逢生】之后,股价在13日均线上整理了3天,在整理过程中完成了【均线互换】,然后股价从13日均线上【揭竿而起】,但主力砍过三板斧之后,就开始【狗急跳墙】了,【一枝独秀】同时发出离场信号。如果你觉得还没给主力亲热够,接下来的【落井下石】就会告诉你,什么叫翻脸不认人。见图六。

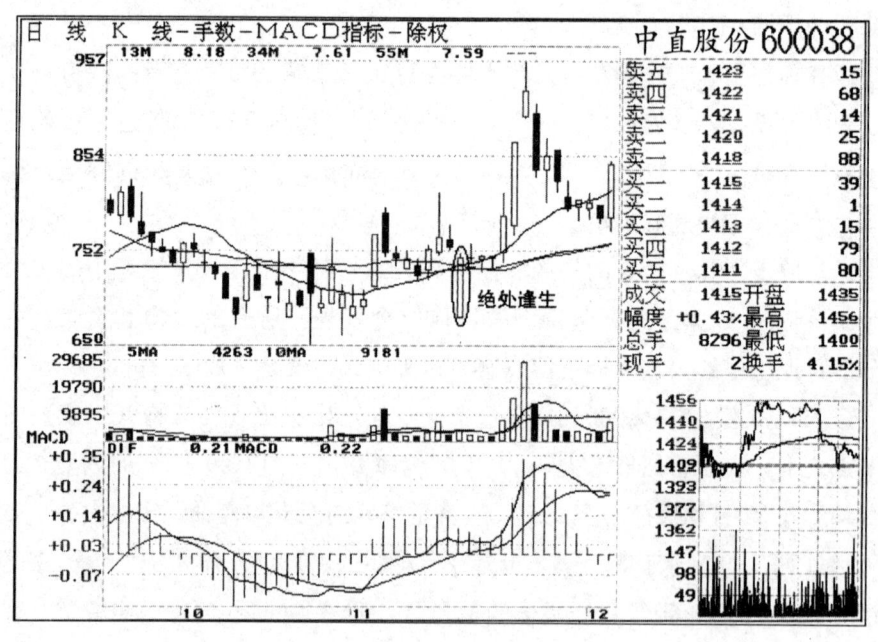

(图六)

(7) **华海药业**（600521） 该股除权后走了一段贴权行情,当股价加速下跌,很多人都慌不择路出逃的时候,却迎来了柳暗花明又一村,股价【绝处逢生】了。股价大幅低开,就是为了想把人吓死;股价快速上扬,是让人产生疑惑,作出错误的判断。主力修理散户,靠的不是高超的技术功力,而是绞尽脑汁琢磨出的阴谋诡计,然后利用你的失误,大把大把捞钱。撇开谋略打阵地战,主力不一定能捡到多少便宜。遗憾的是,股民们都是各自为战,不是协同作战。主力实力强,集中兵力打歼灭战,散户资金少,却在不断地拉长战线。一个函授学员让我帮他分析手里的股票,他一口气报出了9只,我问他的资金总量,他说30万,我说你这是在开杂货铺啊。通过分析,我让他砍掉了7只。原则上讲,100万以下的资金不应超过两只股票。杂货铺尽管品种齐全,但不一定比品种单一的专卖店赚的钱多。什么原因？五个指头远远没有一只拳头的力量大。见图七。

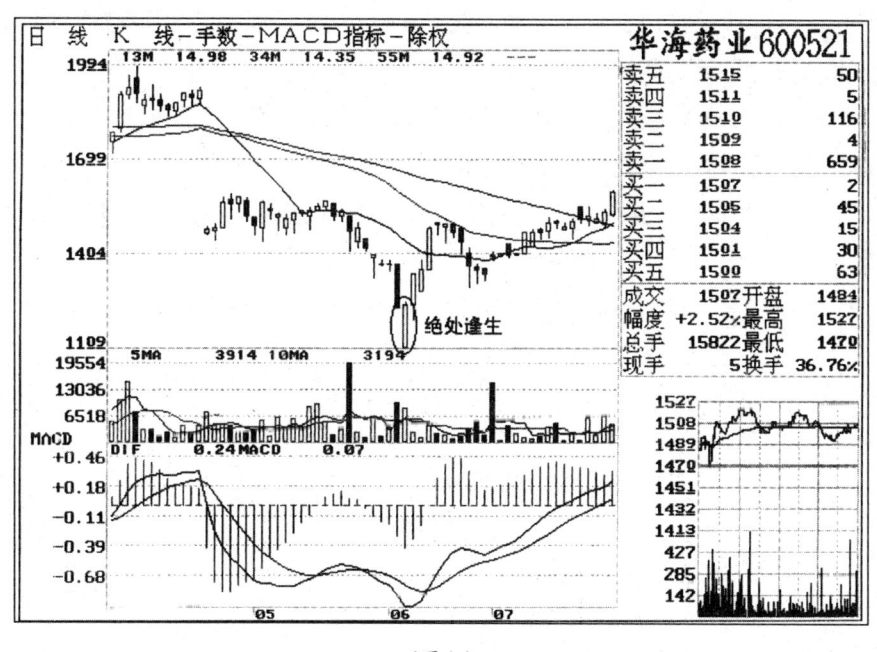

（图七）

"边际收益递减律"是西方经济学中重要的理论之一,意思是说,人从多获得一单位物品中所得到追加的满足,会随着所获得的物品的增多而减少。从这个意义上讲，持有的股票种类越多，获利的机会越少。资金一旦分散，合力就很难形成。

◉ 买进时机

（1）发现【绝处逢生】的大阳线要密切关注；
（2）盘中择低点捡一些廉价筹码；
（3）待完美形态出现时重仓出击。

◉ 友情提示

多数人会在【绝处逢生】出现时把股票抛出，只有少数人敢在这里和主力争夺筹码，这就是专业与业余的区别。谁都想抓住机会，但很多人不知道什么叫机会。

一根火柴棒价值不值一分钱，一栋房子价值数百万元。但是，一根火柴棒可以摧毁一栋房子，可见微不足道的潜在破坏力一旦发作起来，其攻坚灭顶的力量无物能御。

要垒100万张骨牌，需费时1个月，但推倒骨牌只要几分钟。要经营成功的实业，需耗时数十载，但要倒闭，只需一个错误决策。

火柴棒的含义是什么呢？无法自我控制的情绪、不经理智判断的决策、顽固不化的个性、狭隘的心胸。

检查一下，我们在做股票的时候，随身携带了几根火柴棒？

> "每一个人的内心世界都隐藏着一匹脱缰的野马,如果你不去紧勒缰绳,时刻都会有大祸降临。"

第6节 一阴破三线

◉ 古为今用

《孙子兵法·虚实篇》:"形兵之极,至于无形,战胜不复,而应形于无穷。"意思是:作战方式灵活到了极点,就可做到不露一点形迹。每次作战都不要重复使用某一种作战形式,而是要随着情况的变化而不断变化。当你对一套方法用得纯熟以后,实战中就可以随心所欲。每次操作都不会固定使用同一种方法,而是根据股价的变化采取不同的操作策略。"兵无常势,水无常形,能因敌变化而取胜者,谓之胜者。"股市的变化,犹如水没有固定的流向一样,能根据股市的变化而取胜的就是"心随股走,及时跟变"的结果。

◉ 形态特征

股价经过一波上涨之后,13日均线由翘趋平,股价依次跌破13日均线和34日均线,然后在相对高位维持震荡格局,均线系统逐渐向一起靠拢,突然在某一天,股价跌破所有均线,这是股价暴跌的前兆。我们把这根跌破所有均线的阴线称为【一阴破三线】。见下图。

◉ 形成机理

股价经过一波拉升之后,做多能量逐渐减弱,表明主力由多转空,13

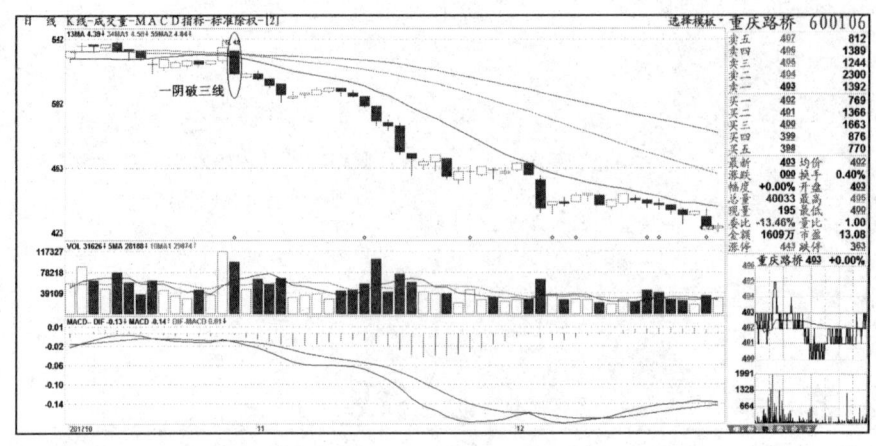

【一阴破三线】是股价暴跌的临界点,不可掉以轻心

日均线由翘趋平,表明主力在悄悄派发,而均线系统的日益收拢说明主力的派发已进入尾声。如果有一天股价跌破所有均线,即可认定是主力的清仓大甩卖,此时急流勇退是最佳选择。【一阴破三线】是股价暴跌的临界点,切不可掉以轻心。

经典案例

（1）葛洲坝（600068）　【一阴破三线】以后,股价就像断了线的珠子。下跌途中每次出现【虚晃一枪】,股价就会下跌一个台阶。因此说,下跌途中的股价,每次上摸13日均线都是一次难得的出局机会。有的人炒股不是为了挣钱,而是在跟自己怄气,比如说,如果没有在相对高位把股票抛出,股价下跌后干脆就不抛了,心里还狠狠地说：你越跌我越不卖。可是,一等二等也没等来曾经见到的价位,资金却缩水一半了。

其实,很多人亏损不是亏在技术上,而是亏在理念上。著名投资大师巴鲁克说："我遭受过多少次失败,犯过多少次错误,以及我个人生活中做过多少次的蠢事,都是由于我没有先思考就行动的结果。"他认真检点和反省,彻底改正自己的错误,最终成为华尔街的风云人物。很多人敬仰巴菲特,可你知道同投资大师巴菲特共进一顿午餐需要花多少钱吗？企业家段永平给了我们一个确切的数字——62.01万美元。

第6节 一阴破三线

尽管很多人认为花500万元和巴菲特吃顿饭很可笑，但段永平却不这样认为，他说："我从巴菲特身上学到了很多东西，希望有一个当面向他致谢的机会。我最想问巴菲特的一个问题是：'如果你手里有很多钱，但没有好的投资目标，你会怎么办？'"

从2000年起，"股神"巴菲特就推出了拍卖"午餐约会"的计划，并将拍卖所得的资金捐赠给美国一家资助穷困者和无家可归者的慈善基金会。2006年7月，通过eBay网拍卖，段永平以近500万人民币的价格胜出，赢得了与巴菲特共进一次午餐的机会。事后，段永平说："和巴菲特接触，我觉得是无价的。这点钱根本不好去衡量，只要你真的学到他骨子里的投资理念了，就不是这点钱的问题了。"

理念很重要，因为它决定你的思维方式和行为模式。但是，任何投资理念，只有把它图表化，变成一个个不同指令，并且把它运用到实战中才是有效的，否则，再好的理念也不过是纸上谈兵。

【一阴破三线】是股价暴跌的临界点。见图一。

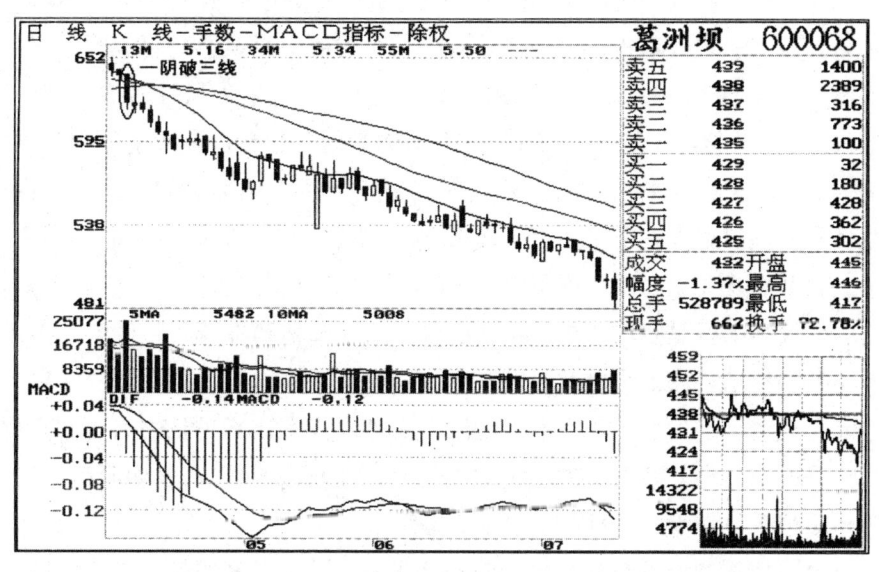

（图一）

（2）**万东医疗**（600055）　主力经过一段时间的震荡出货，股价最终选择了向下突破。【一阴破三线】是主力的清仓大甩卖，没有主力呵护盘面，股价就像迷途的羔羊。见图二。

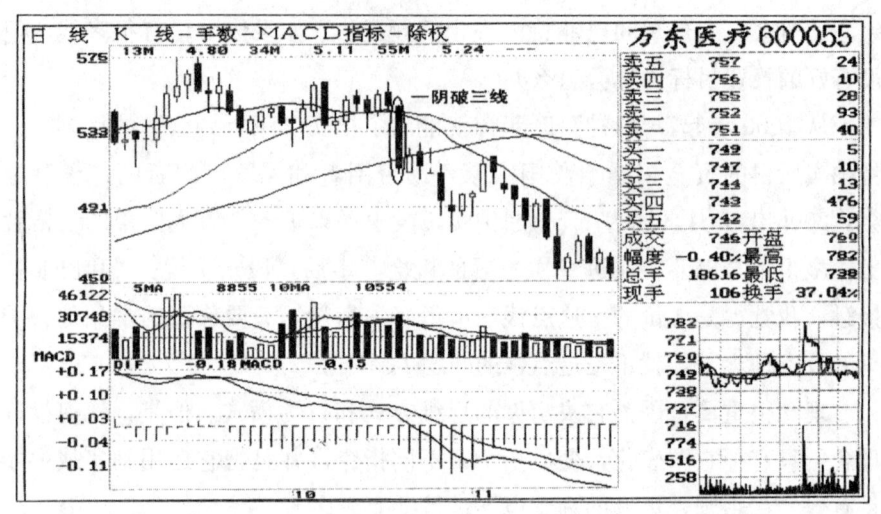

（图二）

有个股民在【一阴破三线】时候没有走，结果亏了5000元，一直闷闷不乐，茶不思，饭不想，甚至因此而生病了。听完他的叙述我问他："如果有一天你不小心掉了5万块钱，你会不会再大意遗失另外的10万呢？"股民回答："当然不会？"我接着说："那你为何要让自己在亏了5000元之后，又白白丢掉两个星期的快乐，甚至还赔上两个星期的健康呢？"股民如大梦初醒般地握住了我的手，有所领悟地说："对！拒绝再损失下去，从现在开始我要想办法，再赚回5000元。"

炒股本来就是有输有赢，输点小钱，只要知道错在哪了，就够了。千万不要去纠结，在无法挽回的情况下，少输就是赢，明天的太阳依然冉冉升起。金钱已经失去了，就不要再让心失落。没有比脚更长的路，没有比人更高的山，没有到不了的岸，更没有忘不了的伤痛。弘一大师说："日日做不怕千万件事，日日走不怕千万里路。"

金钱从不剥夺人们快乐和忧伤的权利，问题在于你如何去行使自己的这种权利。如果你太相信主力，你就会受欺骗；但如果你对主力太不信任，你将活得非常痛苦。如果你不想受骗，也不想受苦，那就请你尊重和捍卫指令的威严吧。

(3) **广东甘化**（000576） 【一阴破三线】是股价暴跌的临界点，若不及时卖出，股价就会翻着跟头向下滚。【一阴破三线】出现以后股价兵败如山倒，杀伤力度之大由此可见一斑。见图三。

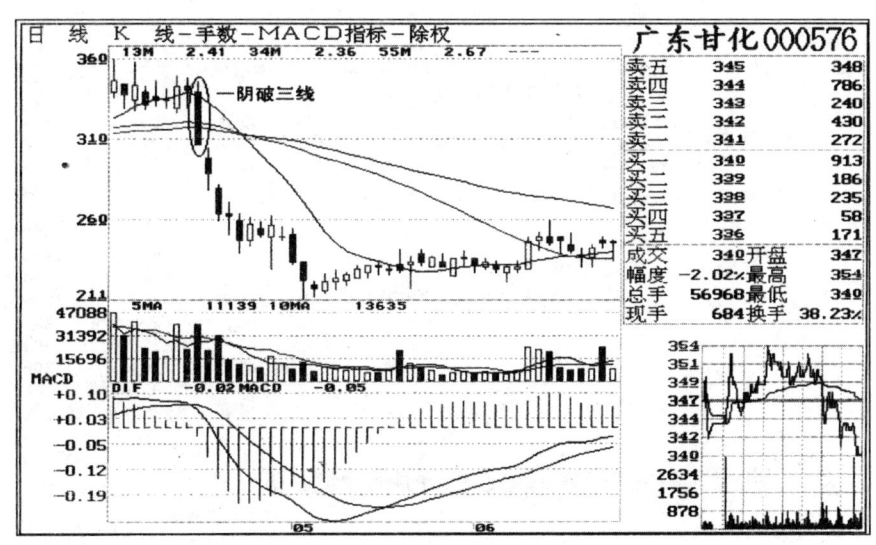

（图三）

在股市，我们都经历过无数的选择，但放弃的太少，所以才使得自己身心疲惫不堪，所以才使得自己的资金账户越来越不好看。放弃【一阴破三线】的股票，追逐【一阳穿三线】的股票，你的命运将会有一个根本的转变。当股票高位被套，如不坚决放弃抵抗，就会变成一个亏损累累、内心充满怨恨的人。

塞万提斯笔下那个傻帽，正是因为他不会放弃才落得忧郁而死。歌剧《图兰朵》中的柳儿，也是因为对爱情的永不放弃而客死他乡。我不明白有人为什么在股价快速下跌时选择坚决不动摇，也许他是希望事情能随着他的主观意愿去发展吧？但这是不可能的。跌势一旦确立，股价绝不会因为你的亏损而改变方向。

执行指令，不单纯是为了追求利润的最大化，重要的是为了避险。多数人都希望能卖在最高，正是由于他们过于追求完美，所以留下的都是一些残缺故事。在卖出指令发出后，只要能在当天卖出，就应该视作完美。

(4) 新大洲A（000571） 【一阴破三线】出现以后，股价跌下去了一半。知道它的厉害了吧！在这里要不计成本地杀跌出局，没有这种断臂精神，接下来就会被主力高位截瘫。【一阴破三线】是股价暴跌的临界点，记住它，并让它警钟长鸣。见图四。

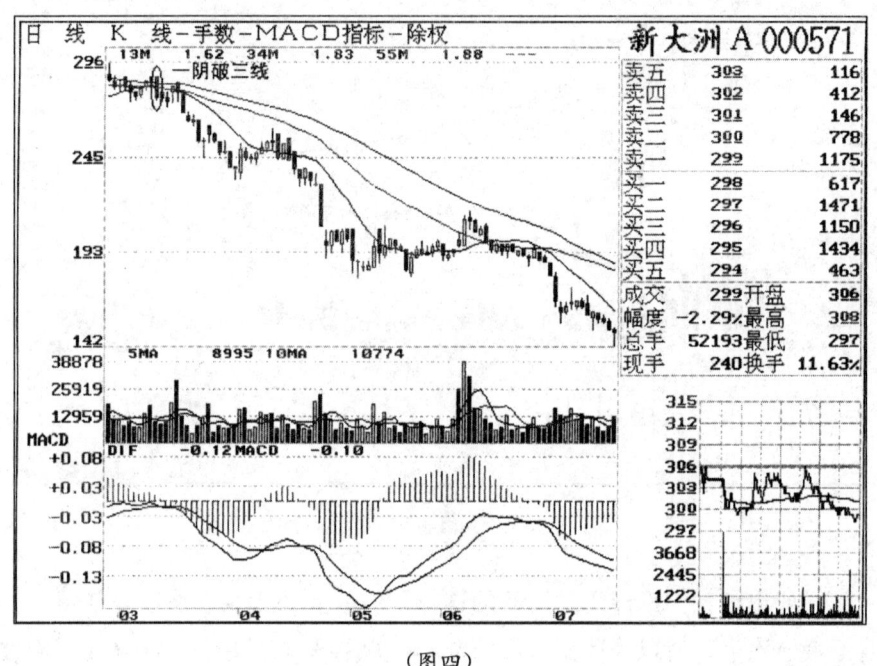

（图四）

世界上最伟大的大学不是美国的哈佛，也不是英国的剑桥，而是股市大学。股市大学的专业只有一个——挫折专业。它又分为非必要挫折和必要挫折。非必要挫折是我们不需要的，必要挫折是我们所需要的。非必要挫折是要我们碰壁，必要挫折是碰壁我们。这两个碰壁都需亲自去经历，去感悟，去跨越。

非必要挫折，指没有经过任何培训就到股市上岗了，所付出的学费极其昂贵；必要挫折，指获取目标时所必须付出的代价。

股市是一所没有围墙的大学，但并非不收费。从我们进入股市那天起，挫折专业已经将我们录取。谁要放松或者停止学习，谁就会不断地碰壁。股市大学的校园里充满着不绝于耳的"哎哟"声。但每次碰壁都会给我们一个教训,提示我们不要在同一个地方再次碰壁。若能从碰壁中吸取教训,就可以从碰壁中练足功力。所有的股市赢家都是挫折专业里面的高才生。凡是能够从股市大学毕业的,年薪都在百万以上。

(5) **德赛电池**(000049)　把主力当魔鬼,你就会生活在地狱;把主力当天使,你就会生活在天堂。股市是由三气构成的。阳清之气上升为天,阴浊之气下降为地,人气居在天地之间,只有当天地之气凝聚在一个人心中的时候,才能产生一种伟大的力量。天地合一,就是人和自然的和谐;人股合一,就是人和股市的和谐。

佛家有个小故事:

> 小和尚跟老和尚下山化缘,走到河边,见一个姑娘正发愁没法过河。老和尚对姑娘说,我把你背过去吧。于是就把姑娘背过了河。
>
> 小和尚惊得瞠目结舌,又不敢问。这样又走了二十里路,实在忍不住了,就问老和尚:"师父啊,我们是出家人,你怎么能背着那个姑娘过河呢?"
>
> 老和尚淡淡地告诉他:"你看我把她背过河就放下了,你怎么背了二十里地还没放下?"

这个故事告诉我们,一个专业投资者必须具备的素质不是精深的专业知识,不是勇敢与果断,而是拿得起放得下。什么叫拿得起?当【一阳穿三线】出现的时候要拿得起。什么叫放得下?当【一阴破三线】的时候要放得下。见图五。

在股市,最重要的事情就是你现在正在做的事情,最重要的时间就是眼前的时间。今天能处理的事情,一定不要拖到明天。比如说【一阴破三线】出来了,就不要等反弹出局。我经常给学员们比喻:从桌子上掉下来的球,落在地上会有个反弹,但它的反弹高度不会超过桌面。发现卖出信号以后,应在当天处理完毕,等反弹出局,那是自欺欺人。因为【一阴破三线】出现以后,多数情况下不会反弹,即使反弹,也不会超过【一阴破三线】的高点。

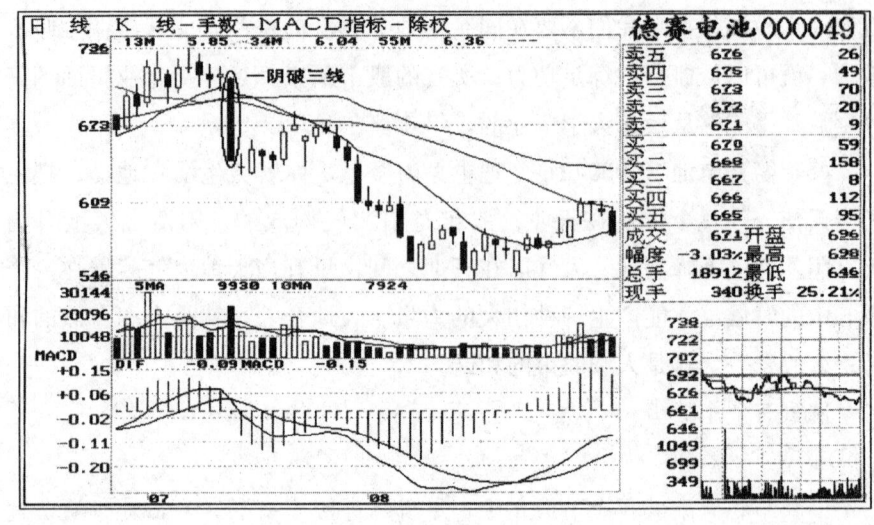

（图五）

（6）**韶能股份**（000061） 【一阴破三线】以后，不管股价跌多跌少，但股价都会跌。知道这一点就够了。在培训中我反复强调，买股票，技术形态的"量、价、线、形、位"一定要完美无缺；卖股票，只要形态具备就可以了。买进严格，卖出宽松，是规避风险的好手段。未知涨，焉知跌。一个不明白哪只股票能涨的人，怎么能知道哪只股票会下跌？见图六。

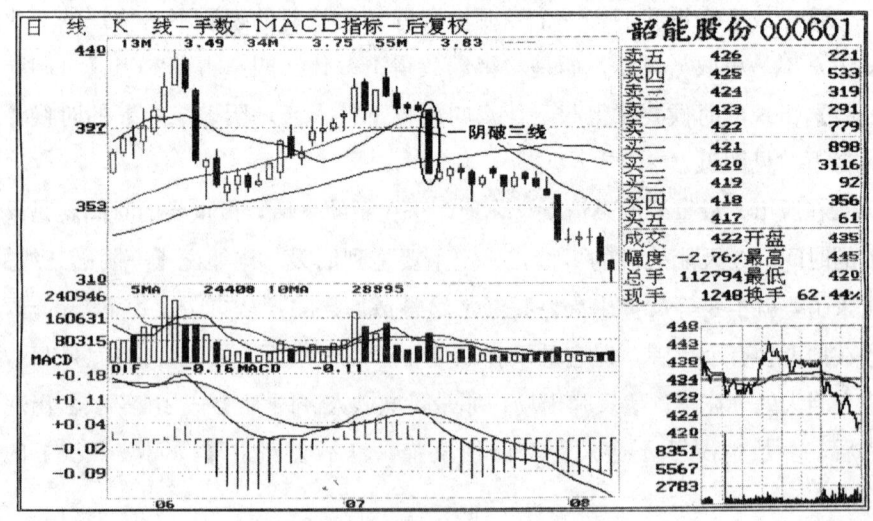

（图六）

面对上蹿下跳的股价，怎样才能真正做到内心不惑？我们在买入以前都是用加法来计算赢利的，其实，把赢利看得太重就容易迷惑。经过一大段时间的历练之后，就开始学着用减法炒股了，也就是要学会舍弃那些不完美的形态、舍弃那些模棱两可的机会。当敢于舍弃、知道如何舍弃的时候，人才真正接近不惑的状态。

什么叫不惑？就是能够按照135战法的原则、理念去思考，去行动。即使股市给你许多不公正、打击、缺憾，你也能在135战法这个坐标上迅速找到自己的位置。

"不怨天，不尤人"就是不硬生生地把很多可以发泄出去的怨气、苛责都埋藏在心底，不抱怨就意味着给自己少了很多开脱的理由。做到不怨天、不尤人，比要求股市应该如何如何、要求主力应该怎样怎样都要重要得多。对股市多一分尊重，就会少一分抱怨；少一分抱怨，就会少一分急躁；少一分急躁，就会多一分淡定。有了这份淡定，就会建立一个自循环的系统，这个系统的内核就是定力。有了这个定力，当股价连拉涨停板的时候，你不会因为资金的迅速膨胀而忘乎所以，而当你操作不顺时也不会垂头丧气。

所谓赢家，就是内心在历练中逐渐强大，把外在的东西变成内心的能量，而不纯粹是财富的增多。

（7）**曲江文旅**（600706）　当【一阴破三线】出现的时候，我们要有一种本能的恐惧，有了这种恐惧感，就不会再和主力去拼命。见图七。

建立心灵自信，这种自信不是与主力形成对立，而是形成一种融合与相互提升。有一副写泰山的对联："海到尽头天做岸，山登绝顶我为峰"。这是中国人对山川的一种感受，它的本义不是征服，而是山川对自我的提升。就像大海到了尽头，以苍天为岸，对自己是一种拓展；人登上山峦的顶峰，并不是说我把高山踩在脚下，而是说我站在山顶，高山提升了我的高度。

如何达到一种一切为我所用的融合境界呢？第一种方式是"我注六经"，就是读过很多证券书以后，才去实战。第二种方式是"六经注我"，就是以学以致用的态度边学习边实战，实战中缺什么就补什么，不漫无边际地积累知识，这才是一种更高境界的学习。如果不能学以致用，即使把自己的脑子变成一个电脑内存，对于实战也是毫无帮助的。

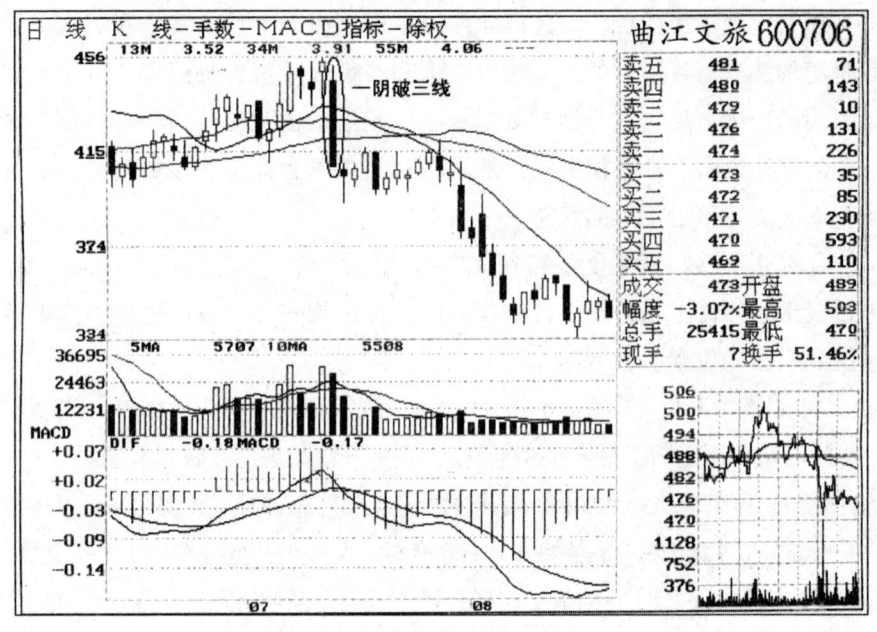

(图七)

在与股友谈论股市赢家境界的时候,我往往会讲金庸武侠小说中写到的独孤求败的境界。

在金庸的小说中,一个少年剑侠初出道时,往往用的是一把天下无双、锋利无比的宝剑,那凛凛寒气、舞动的风采真是绚烂之极。等到他武艺精进时,真正安身立命,成为一个门派的掌门人,或者在江湖上成为一个有名的剑客的时候,这个人用的反而是一把不开刃的钝剑。因为锋利对他已经不重要了,他的内功开始变得沉浑雄厚。等他成为闻名遐迩的江湖大侠,他的武功已经超越了多种流派而居于其上的时候,这个人可能只用一根木棍。就是说,金属的锋利对他已不再重要,他手里随便拿个东西就够了。而等他真正达到至高的境界,也就是独孤求败的境界,求一败而不可得,这个时候他的手中是没有兵器的,他双手一击,就能挥出剑气,所有的武艺都融会贯通在他的内心里。此时对方已经不能和他过招,因为他已经到了"无招"的境界,因为他的无招,故而对手不能破解。

"心随股走，及时跟变"就是这样一种境界，它是在经历无数实战之后，经过内心的陶冶与熔铸，达到的一个融会贯通的境界。对股市只有先做到耳顺，再做到眼顺，最后才能达到手顺的境界。

◉ 卖出时机

(1)【一阴破三线】出现当天，要不计成本地清仓出局；
(2) 翌日趁股价惯性冲高时清仓；
(3) 如第二天股价低开，更要坚定出局决心。

◉ 友情提示

【一阴破三线】是最后的离场时机。如果我的学生把股票抛在这个点位，即使不杖责一百，也会让他面壁三天。因为在【一阴破三线】出现之前，主力已经给出了足够多的出局信号。

> 如果不懂得主力语言，主力扔掉
> 你的时候，连声再见都不会跟你说。

第7节　落井下石

● 古为今用

曹操《孙子注》："势盛必衰，形露必败，故能因形变化，取胜若神。"意思是：势盛一定要转衰，形态暴露一定要失败。所以能够按照敌情变化，取胜就像神一样了。曹操的话有点夸张，但却值得深思。主力拉升的目的就是为了在高位把股票易手，虽然我们不知道主力会把股价拉多高，但是主力出货时肯定会在盘面上留下痕迹。比较典型的出货形态有【一枝独秀】【独上高楼】【狗急跳墙】等。当图表上出现这些形态时，无论盈亏，坚决出局。

● 形态特征

股价经过一波拉升之后，主力在高位利用【独上高楼】【一枝独秀】或【明修栈道】进行集中派发。为了减少抛盘压力，第二天，股价往往会低开低走，给人一种整理的错觉，其实，主力的本意就是先用这根低开阴线锁定套牢盘，然后再慢慢进行派发。我们把集中派发后的这根低开低走的阴线称为【落井下石】。见下图。

● 形成机理

股价在上涨末段，主力通常都会进行一次集中派发，由于主力持仓量

第7节 落井下石

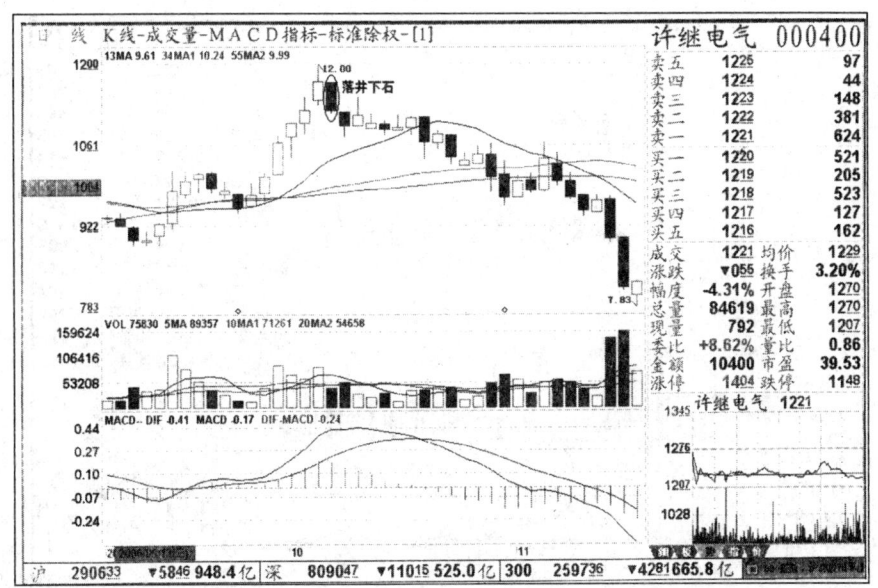

【落井下石】是股价暴跌的临界点

大，不可能几天内将筹码全部派发出去，为了不引起市场的集中抛压，主力会突然拉出一根低开阴线，旨在锁定场内筹码，然后再不慌不忙地派发。【落井下石】通常出现在集中派发之后，如果随后再出现【过河拆桥】，主力的出货意图即可进一步确认。【落井下石】是股价暴跌的临界点。

经典案例

（1）**实达集团**（600734） 股价的起涨点是【红杏出墙】，经过一波短促拉升以后，图表上出现了不规则的【一剑封喉】，这是主力派发时无意中留下的痕迹。这时候，有筹的应考虑择高出局，持币的暂不进场。第二天，股价低开，瞬间摸高，随即反转向下，然后顺势甩出3个跌停板。假如在【一剑封喉】出现时心存侥幸，在【落井下石】处又没有及时出逃，不盈反亏就会变成现实。尽管这不是我们的愿望，但由于没严格按指令操作，所以只能独自品尝自己酿成的苦果。【落井下石】是股价暴跌的临界点，在这个临界点上，每个人都应有一种本能的恐惧和逃生欲望。见图一。

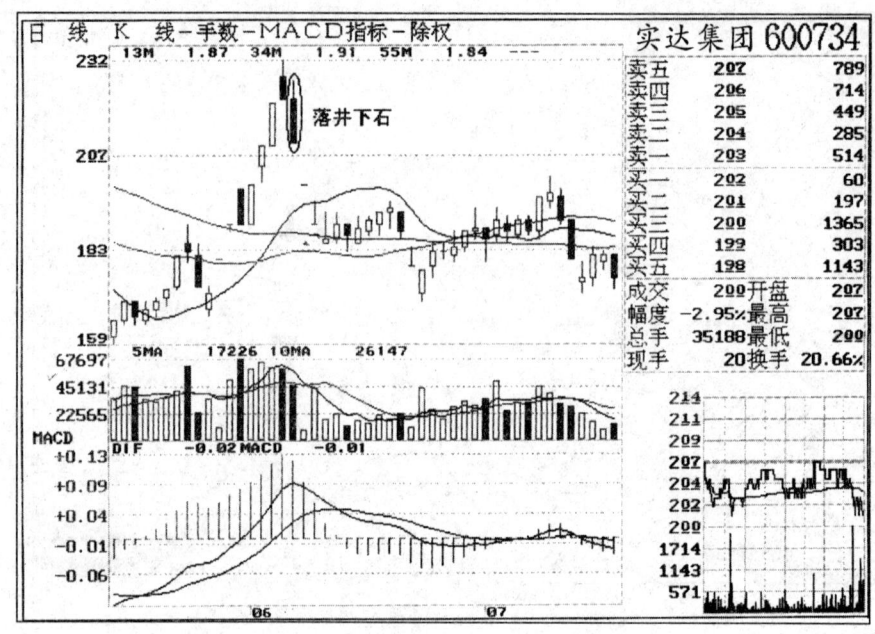

（图一）

看过一个故事：

从前有一个小偷窃技高超，他的儿子很想"子承父业"，父亲竟然答应了。

一天晚上，小偷带着儿子趁夜色悄悄潜入一户有钱人家。小偷很快找到藏珠宝的箱子，然后以娴熟的技术打开了它。当他叫儿子跳进箱里捡珠宝时，他却突然"啪嗒"一声把箱盖盖上，把儿子关在里面并上了锁，同时大叫一声"有贼"，然后独自出逃。

有钱人在睡梦中被惊醒后，立即命家丁和丫鬟捉拿小偷。

再说被锁在珠宝箱中的小偷的儿子，听到一片捉贼声，开始不知所措，但很快镇静下来。他灵机一动，一边用手叩箱子，一边发出唧唧的声音。有钱人听见箱里有老鼠声，命丫鬟掌灯打开箱子看看。当珠宝箱打开后，小偷的儿子一下跳出来，呼的一下吹灭了丫鬟手中的灯，飞速逃出。"追！"众家丁循着黑影追去。眼看就要被追上了，小偷的儿子急中生智，他见路边有一口井，便抱起一块大石头咕咚一声撂下去，一下把家丁吸引过去，然后顺利地逃回家中。

当他回到家，见到呼呼大睡的父亲时，生气地抱怨他为什么不教他偷技，反把他锁到箱子里，差点送了命。小偷问儿子怎么逃出来的，儿子讲述了自己逃跑的经过后，小偷高兴地说："儿子，你已经把我的技术学到手了！"他见儿子不解，又解释道："要学会偷，首先就要学会逃命。如果你不会逃命，即使你偷了再多的东西，却被家丁抓住了，不仅一无所获，恐怕连命也保不住！"

散户炒股从某种意义上说就是从主力的钱库里偷钱，135战法中的每一个见顶形态，都是主力的防盗警察，见到它们，不管自己得手没得手，当务之急是逃命。

实战中，发现卖出信号以后应立即出局，而不是过多地计较成本，如果连本金都保不住，增值就是一句空话。"卖出看成本，指令当儿戏"是亏损的根源。"只认指令，不管输赢"，才能够积小胜为大胜，才会从胜利走向胜利。

（2）**辅仁药业**（600781）　　这是一个不规则的【落井下石】，股价不是低开低走，而是高开低走，但市场含义是一样的。"宁可信其有，不可信其无"，卖错了，最多失去一段利润，而且卖错了当天还可以捡回来。如果被主力拴住了，解套需要付出很大的代价。因为，主力想套你，短期内就没打算让你再出来。指令是实战的最高原则，在指令面前优柔寡断、想入非非，是自讨没趣、自寻烦恼，结果是自投罗网。【落井下石】是股价暴跌的临界点，在思想上一定要引起高度重视。理念上的模糊不清，必然导致行为上的一塌糊涂。见图二。

泰坦尼克号在沉没时，有没有从容淡定、处变不惊的提琴手已无可考证，但逃生时并非电影上看到的那样"妇女儿童优先"，而是按舱位等级进行逃生的，舱位等级越高，幸存的可能性越大。根据保留下来的乘客记录，在1287名乘客中，798人死亡，489人幸存。一、二、三等舱乘客的幸存率分别是：63%、43%、25%。而舱位票价依次是：一等舱最低票价30英镑（最高870英镑，相当于当时一辆豪华轿车的价格），二等舱最低票价12英镑，三等舱最低票价3英镑。

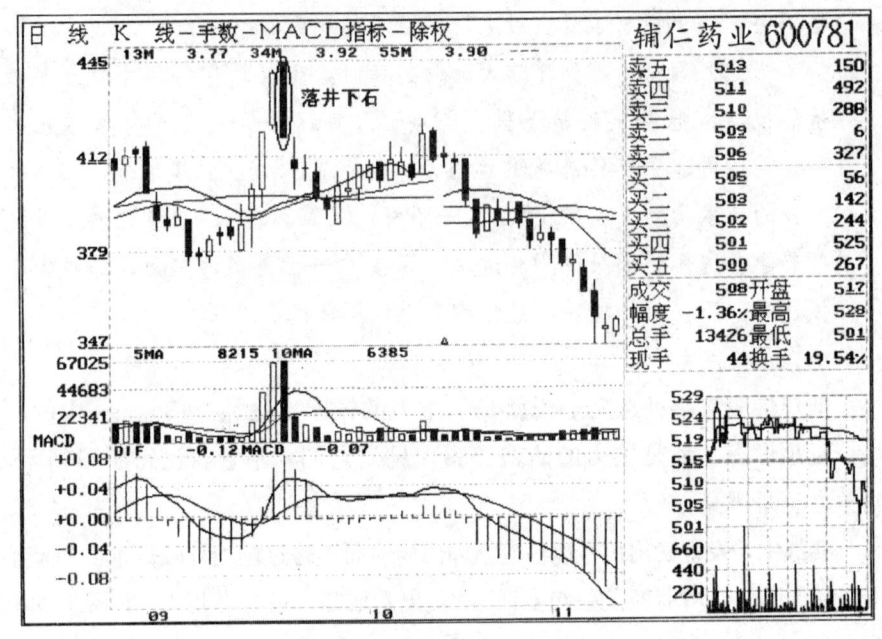

（图二）

根据股市现状，我把股民的操盘水准划分成九个段位，段位越高，抵御风险能力越强，受伤害程度越小；段位越低，抵御风险能力越弱，受伤害程度越大（详见四川人民出版社 2017 年版《巅峰对决》）。

（3）悦达投资（600805）　【落井下石】出现以后，股价就像得了瘟疫一样，变得奄奄一息。在所有的出货形态中，【落井下石】是最为恶劣的一种，意识不到这一点，吃亏就会成为必然。

实战中，谁也无法保证自己每战必胜，但每个指令都值得我们认真对待，只有一丝不苟地执行指令，才能把握股价的运行规律，找到操盘的直觉。见图三。

第7节 落井下石

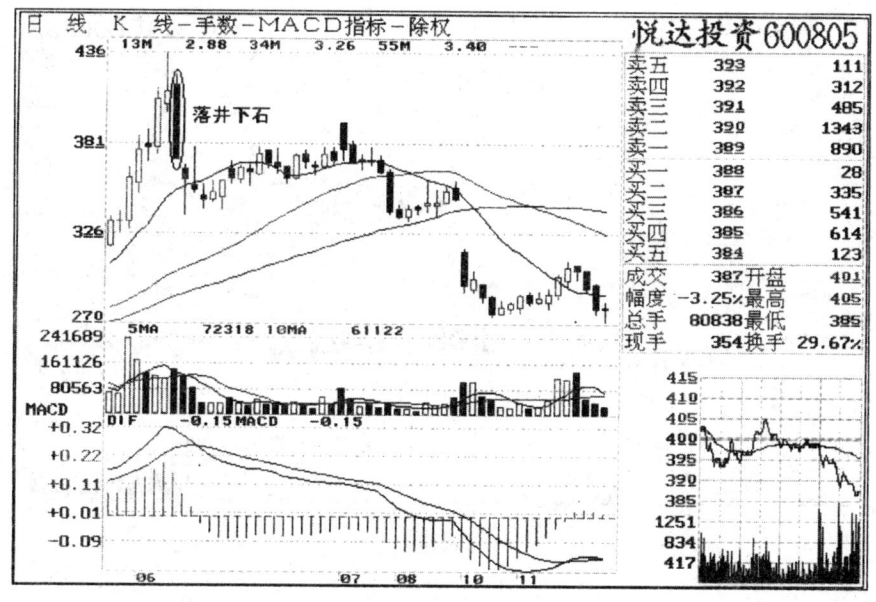

（图三）

（4）**第一医药**（600833） 股价的起涨点是【一阳穿三线】。【一阳穿三线】出现以后股价先是碎步攀升，然后是加速上扬。【拖泥带水】出现以后，量能开始减弱，暗示主力是在利用技巧进行虚浪拉升。那些已经掌握135战法的人，早就在【一枝独秀】或【笑里藏刀】处全身而退了。只有那些不明真相的人，才会傻乎乎地等着股价继续上涨，他们不知道自己已经站在了悬崖边上，若不立即悬崖勒马，就会坠入万丈深渊，被摔得粉身碎骨。如果你觉得这是危言耸听，后面的【落井下石】能使你清醒一些。主力利用【落井下石】锁定套牢盘，以后股价开始壁削式卜跌。见图四。

股市里有一种奇特的现象：股价越涨越不敢买，股价越跌越不敢卖。知道为什么吗？因为他们不了解股价的运行规律，不懂得什么叫"心随股走，及时跟变"，他们在别人的指挥棒下，天天对着影子开战，常年在阴线里面打转。炒股是一门专业性很强的职业，很多人没有经过任何培训就上岗了，所以亏损是必然的，下岗也在情理之中。

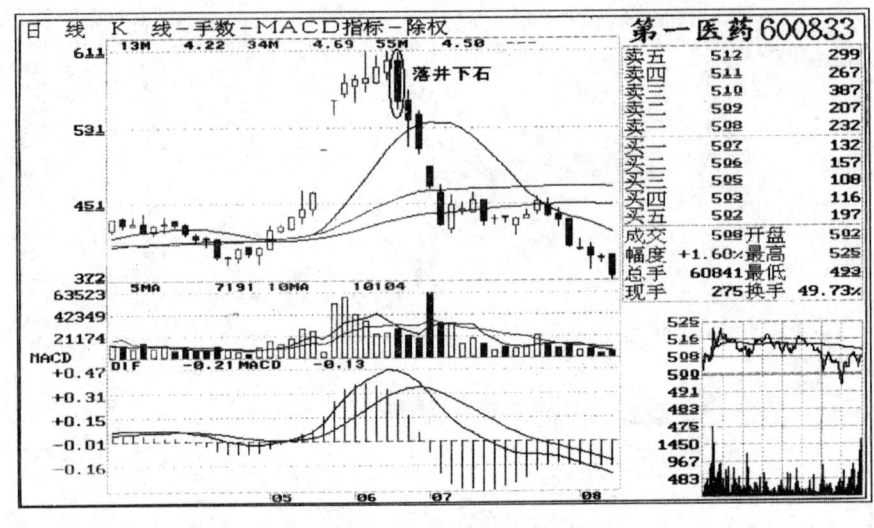

（图四）

（5）**同济科技**（600846）　　主力在 13 日均线上方画了一个阳线【走四方】，然后携量上攻，当天封停，紧接着【狗急跳墙】【一枝独秀】同时发出见顶信号。如果不立即采取措施，主力就会使用【落井下石】这种恶劣手段，把你扔在高高的山冈上。【落井下石】是股价暴跌的临界点，请不要漠视它。见图五。

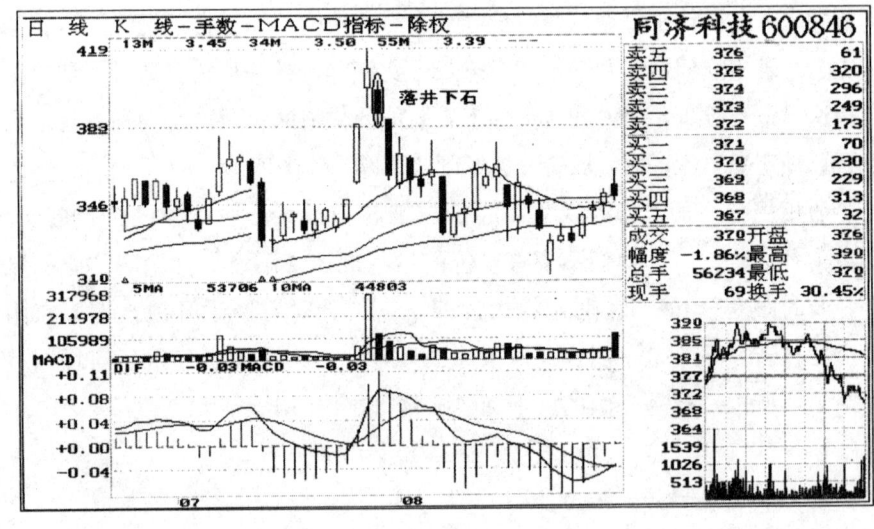

（图五）

135战法讲究的是"进退有据",无论买还是卖,一定要有充分的技术依据,决不能凭想象操作。我们不能说135战法的每一个买卖点都是千锤百炼的,但每一个买卖点都是经过笔者实战的。从某种意义上说,135战法揭示了股价的运行规律,只要能够正确地利用这个规律,就能收到大赢小亏的结果。只是很多时候,在很多情况下,人们把自己看得太重了,他们总认为股市是给自己设计的,总认为股价会按着自己的愿望运行,其实,股市不是这样的。

上帝和天使一起来到人间。人看到天使会飞,十分不满。

人:为什么你会飞,而我们不会呢?

天使笑而不答。

上帝说话了:人啊,你对世界的贡献有多少?你的价值又是多大呢?

人:世界是我装扮的,世界为我而生,我是世间万物之灵。

上帝问天使:你呢?

天使:我什么都不是,我也没有多少贡献。至于我的价值,我也不知道。

上帝:人啊,这就是答案,你明白吗?

人:不明白。

上帝:天使之所以会飞是因为他把自己看得很轻。你不会飞是因为你把自己凌驾于万物之上,背负的东西太多,就失去了飞翔的能力!

我们被套,我们亏损,是不是因为我们把自己的利益看得太重了呢?生活中,有的人不用教就会见风使舵,来到股市,这种"无师自通"的本领哪里去了?

(6)**苏州高新**(600736) 有的人之所以把股价的涨跌看得神秘莫测,那是因为他还不了解股价的涨跌规律。客观地说,股价能涨多高、能跌多低,谁也不知道,因为控盘权在主力手里。但股价哪一天要涨、哪一天要跌,我们基本上是能够知道的,因为图表上写得清清楚楚。就说该股吧,【红杏出墙】以后,股价从55日均线上【揭竿而起】,接着是【黑客点击】【一石二鸟】【梅开二度】【一枝独秀】【暗度陈仓】，调整以后，又出现了变形的【破镜重圆】【蚂蚁上树】【均线互换】【一枝独秀】【笑里藏刀】，然后是【落井下石】【一阴破三线】行情结束。见图六。

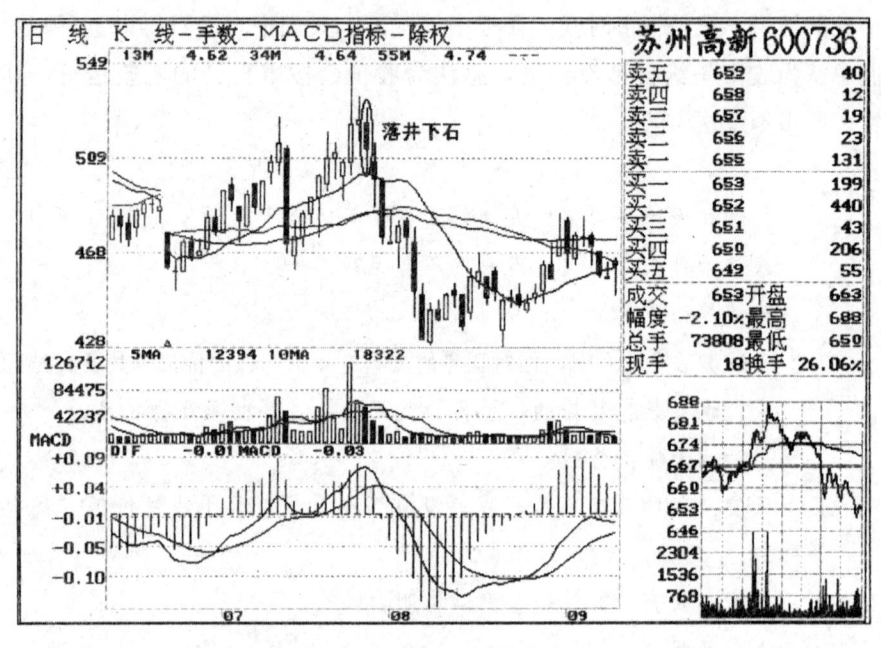

（图六）

　　运用135战法，首先要过好识图关，这一关过不去，它不仅不是美食，很可能还是毒药。一读者把广誉远（600771）2006年10月26日的【独上高楼】误认为【暗度陈仓】，然后重仓抄主力的后路，结果连吃6个跌停板。他问我怎么办？我说，没办法。主力大单封得死死的，谁也撬不开。他又问，我在夜里12点挂单，能不能排在主力前面？我说不能。他问为什么？我说在集合竞价没有出来以前，所有的挂单都是废单。一个连交易规则都没搞明白的人就敢向股市挑战，一个连最基本的识图关都没有过的人就敢向主力开战，勇气固然可嘉，可是你的钱呢？在没有把一套方法运用得得心应手之前，股市成不了摇钱树。记住吧，【落井下石】是股价暴跌的临界点，千万别再把它当成【暗度陈仓】喽！

　　在CCTV青歌赛综合素质考评中，来自陕西的"羊倌歌王"竟然把英国和澳大利亚国旗说成了中国和日本国旗。事后"羊倌"解释,因为当时自己压力太大才答错了。不知道是个人身体原因还是其他原因,"羊倌"退出了个人单项比赛。

那些连最基本的图形都不认识就把大量资金投入股市的人,我真替他们捏着一把汗。"羊倌"不认识国旗,明智地放弃了比赛,股民不认识技术形态,却依然在对着影子开战。

(7) **上实发展**(600748) 股价经过一波拉升之后,随着量能的减弱,预示行情已经走到了尽头。为了减轻派发压力,主力利用【落井下石】锁定场内筹码,然后在34日均线附近慢慢悠悠地派发,在派发尾段主力不计成本地清仓大甩卖。没有在【落井下石】出现时及时出局的,损失将非常严重。【落井下石】是股价暴跌的临界点,不可掉以轻心。见图七。

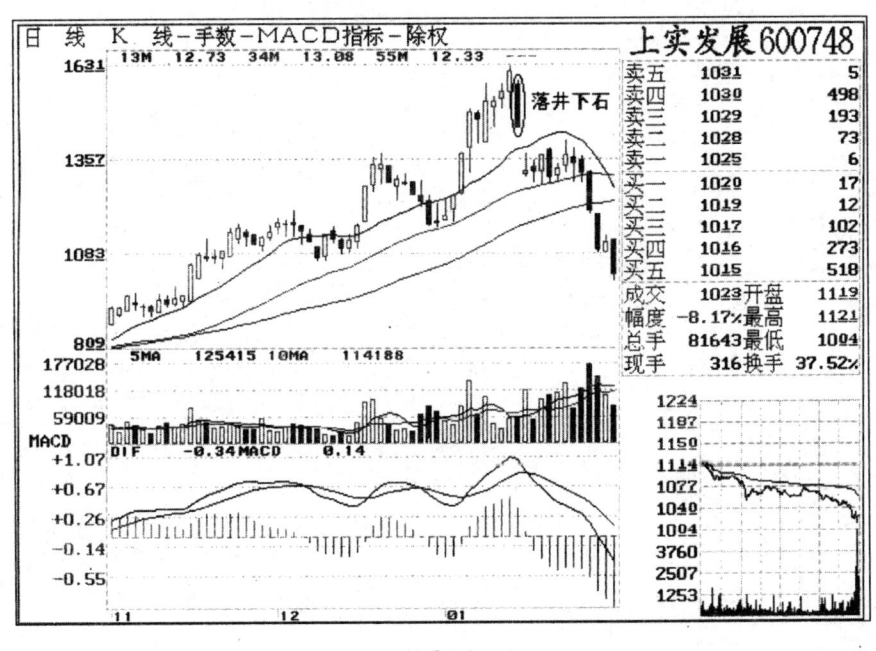

(图七)

没有主力的股票,股价会变成一潭死水。主力最大的特点就是具有不确定性,他想什么时候涨就什么时候涨,愿意什么时候跌就什么时候跌,而且根本不需要什么理由。正是这种不确定性,才使股市变得生机盎然、魅力无限。

◉ 卖出时机

（1）【落井下石】出现当天，清仓完毕；

（2）【落井下石】出现当天，坚决出局。

◉ 友情提示

　　主力集中派发以后，通常会利用【落井下石】锁定套牢盘，然后再慢慢进行派发。发现【落井下石】后不要再抱什么侥幸，明智的选择是不计成本地清仓出局。

> 何为邪鬼何为神，神鬼如何两不分；形态模糊不清时，捂紧钱袋手莫伸。

第8节 八仙过海

● 古为今用

诸葛亮《将苑·轻战》："螫虫之触，负其毒也？战士能勇，恃其备也。"意思是：蜂、蝎一类虫的螫针所以能够蜇人，是因为它们的触角带有毒液；士卒能够勇敢地去打仗，是依仗他们有了充分的准备。股市赢家之所以能够在股市里游刃有余，那是因为他们有着高超的技艺，这种高超技艺不是上天所赐，而是来自日复一日的刻苦训练。

● 形态特征

股价经过充分整理以后，伴随着温和的成交量，股价小幅推高并持续拉出 8 根小阳线含星阳线，表明主力依然在限价买入，预示主力收集进入尾声，股价随时都可能揭竿而起，是转势信号。我们把持续拉出的这 8 根阳线称为【八仙过海】。见下图。

● 形成机理

股价经过长期横盘整理以后，55 日均线开始走平，13 日均线开始翘头向上，这是增量资金进场吸纳的结果。为了不过早地引起人们的注意，股价在均线系统附近小幅推高，随着股价的回抽确认，上攻行情随时都可

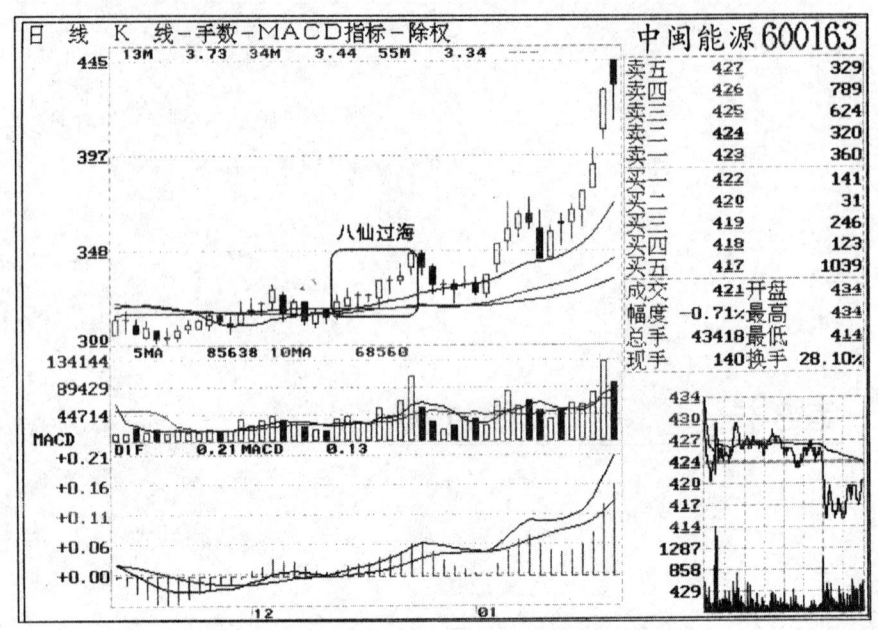

【八仙过海】是股价即将拉升的信号

能展开。【八仙过海】是一个不错的进场机会。

经典案例

（1）嘉化能源（600273） 【红杏出墙】以后，股价小幅推高并站在55日均线上。【八仙过海】的出现，表明有增量资金进场吸纳，为了不过早引起市场注意，股价在均线系统附近进行窄幅整理，而【黑客点击】的出现，表明拉升前的准备工作业已就绪。但在正式拉升以前，主力又用【浪子回头】对场内筹码进行最后一次清理。随着【均线互换】的完成，【蚂蚁上树】突破整理平台，回调确认后股价开始稳步攀升，然后加速上扬，这时候，市场情绪被调动起来了，跟风盘开始增多，但行情也走到了尽头，【独上高楼】及时发出了清仓离场信号。见图一。

股价行进的每个阶段，都会在盘面上留下不同的技术特征，根据这些技术特征，我们就能判断出股价目前所处的具体位置和主力意图。135战法的最大价值就是明白地告诉你：主力目前正在干什么，你该怎么办？

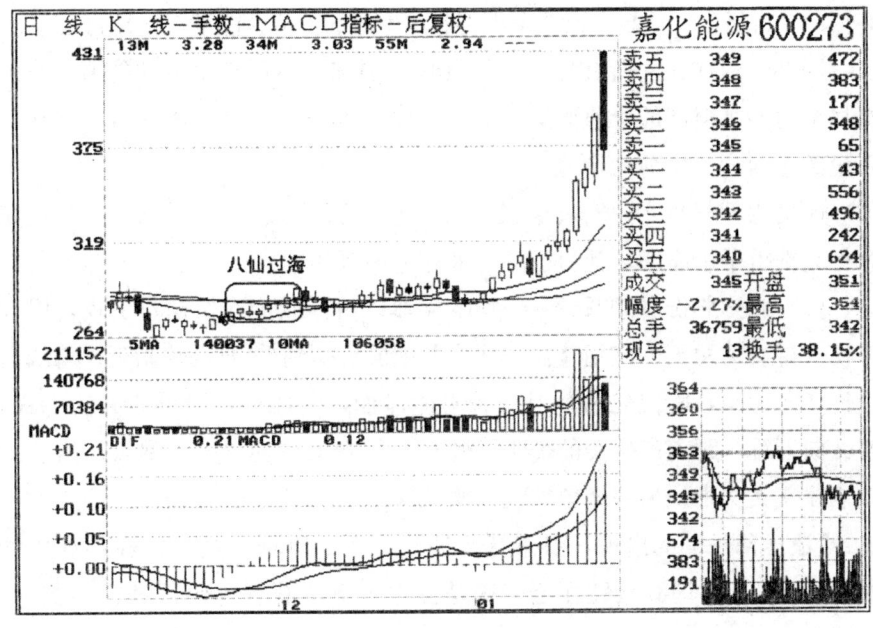

（图一）

  毕加索生前在一张报纸空白处画的速写，居然拍卖到十几万美金。"这速写根本没有什么艺术价值"，有评论家说，"有的话，也只是市场价值。"

  20世纪40年代的中国，社会混乱，通货膨胀，买个鸡蛋也要上万元，"这钱还有什么钱的价值？它还不如纸的价值。"

  什么是价值？一件古董，今天人人都想收藏，它可能是无价之宝，明天有人鉴定为赝品，它又可能不值几文；一家公司的股票，今天大家都想买，它可能大涨，明天财务报表出来，显示前景欠佳，又可能一落千丈；一国的货币，今天它的国力强，人人抢着持有，汇率可能一直攀升，明天出现泡沫经济，它又可能大幅贬值。

  价值是它在人们心里的分量，大家都看好它、欣赏它、希望持有它，它就有价值。

  这世间的东西，哪样东西能永远不变呢？流行会退潮，股市会崩盘，货币会贬值。也因此，许多投资人突然间一无所有、跳楼自杀，他们错了啊，他们忘了有一种价值，可以由他们自己拥有，那就是"生命的价值"。只要

125

有信心、肯努力，认定自己能东山再起，生命的价值就能维持在最高点。

因此，当你失去所有身外的价值时，别忘了你还有生命的价值；当你竭尽全力抬高财产的价值而遭失败的时候，别忘了还有一样绝对掌握在你手里的东西——生命的价值。

印度佛教复兴之父安贝卡说："即使你穷得只剩下一件衣服，你也应该把它洗得干干净净，让自己穿起来有一种尊严。"

（2）**北方股份**（600262） 均线反弹以后，股价开始携量上攻，但攻势仅仅持续了两天，就用【浪子回头】把股价砸到13日均线附近。均线与股价亲密无间，胜似兄弟，但二者不能碰面，一碰面，股价要么向上蹿，要么向下跳。距离产生美的美学原则在它们身上体现得淋漓尽致。格兰威尔均线八大法则从另一个角度也证明了这一点。

【浪子回头】的出现，引来【八仙过海】的露面。当人们驻足观望的时候，【一石二鸟】接踵而至，这是主力为清洗获利筹码而进行的震仓，也可以把它理解成下一波拉升的蓄势。【一石二鸟】后，股价在13日均线上方碎步攀升，横盘4天后，股价进入急拉阶段，但也预示着行情走到了尽头，【拖泥带水】连续两天发出离场信号。如果对卖出指令无动于衷，【落井下石】立马就会给你点颜色看看。见图二。

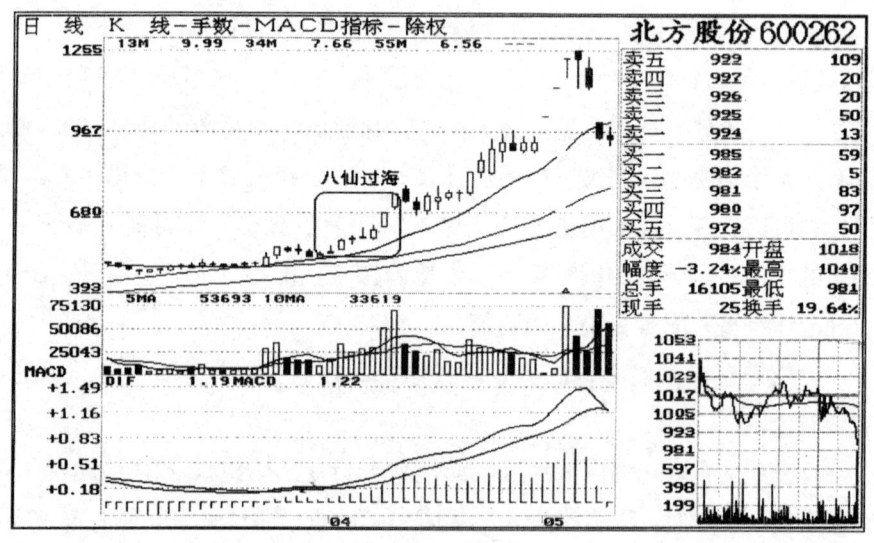

（图二）

衡量一个人的操盘水准，不是看他记住多少买卖点，而是看他在多大程度上灵活地运用了135战法的原则和理念，这种灵活性才是你的实战能力。135战法只是提出了一些理念和方法，是否适合你，需要你在实战中去验证，不问青红皂白地拿来就用，很可能会把自己弄伤。要知道，任何战法，无论它在多大程度上揭示了股价的运行规律，也总会与现实有着一定的距离，死搬教条，对于临盘实战并无多大好处。

那些潜在的成功者，宁愿在一件注定要成功的事情上屡遭挫折，也不愿在注定要失败的事情上侥幸成功。什么是注定要成功的事情？真心喜欢股票，并且愿意把它当作事业去做，只要能坚持下去，就一定能获得成功。什么是注定要失败的事情？按自己的预测买卖股票，把自己的想象当成操作依据是注定要失败的。

（3）**商赢环球**（600146） 很多股票的节奏感都是很强的，节奏就是股价规律在行进过程中的图化表现。就说商赢环球吧，【一阳穿三线】的出现，说明有增量资金进来，但主力现在不想拉，原因有两个：一是持仓量不够，二是整理不充分。于是就用【浪子回头】向下洗盘，而【蚂蚁上树】的任务就是向上推高股价。虽然它们分工不同，但目标是一致的，那就是不择手段地捞钱。我们不要总说主力心狠手辣，别管是谁只要想赚钱，就得动脑筋，若想挣到钱，必须进行一场你死我活的厮杀。否则的话，别人是不会乖乖地把钱放进你的口袋里的。135战法就是教给你如何与主力厮杀、怎样躲避主力暗箭，学会了这套方法，挣钱不挣钱且不管它，反正不用再受罪了。

【蚂蚁上树】解放了前面的套牢盘，于是，有人欢天喜地地走了，没走的，【暗度陈仓】会让你彻底绝望。主力的策略是：先踢你一脚，然后再给你揉揉屁股，这不【破镜重圆】出来了。上升途中，主力巧施【一石二鸟】【蜻蜓点水】连环计，于是，股价心安理得地走到了【一枝独秀】处。见图三。

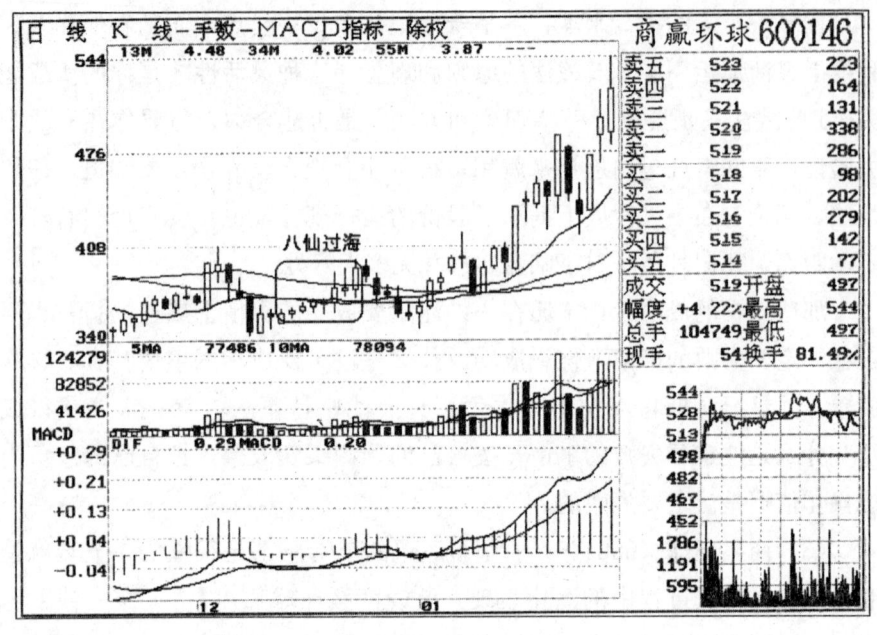

(图三)

在遭遇意外袭击的时候,重要的不是捶胸顿足埋怨自己时运不济,或者陷入沮丧境地不能自拔,而是认真检点自己在操作中有哪些细节没有注意到而功败垂成。股市里套牢的人还有很多,用物欲的眼光,我们看到了命运的不公,看到了难以置信的亏损。不过,我们只要换一种角度、换一种方式,就能够看到他们的富有……正如一棵树,它不是很高大,也不能够开出艳丽的花,它孤寂地站在荒原上,构成了别样的、耐人寻味的风景。

(4)中青旅(600138) 这个【八仙过海】促成了【海底捞月】的完成,预示一波上升行情正悄悄酝酿。【浪子回头】是拉升前的最后一洗,不少人都是在这里被清洗出局的。为什么早不走晚不走偏偏在【浪子回头】的最后一根阴线上才走,因为你不知道什么叫【浪子回头】。为什么不知道?因为你天天盯盘从没想过如何才能挣到钱,更没想过炒股还需要具备一定的条件,天天想着天上掉馅饼,可残酷的现实是,那些等天上掉馅饼的人十之八九都掉进了陷阱。

【均线互换】完成以后,股价沿着13日均线一路爬升,知道【八仙过海】的市场含义了吧？它是增量资金进场吸纳留下的痕迹，是股价起涨的临界点。学学八仙过海的技能，别再瞎猜哪个主力更行。见图四。

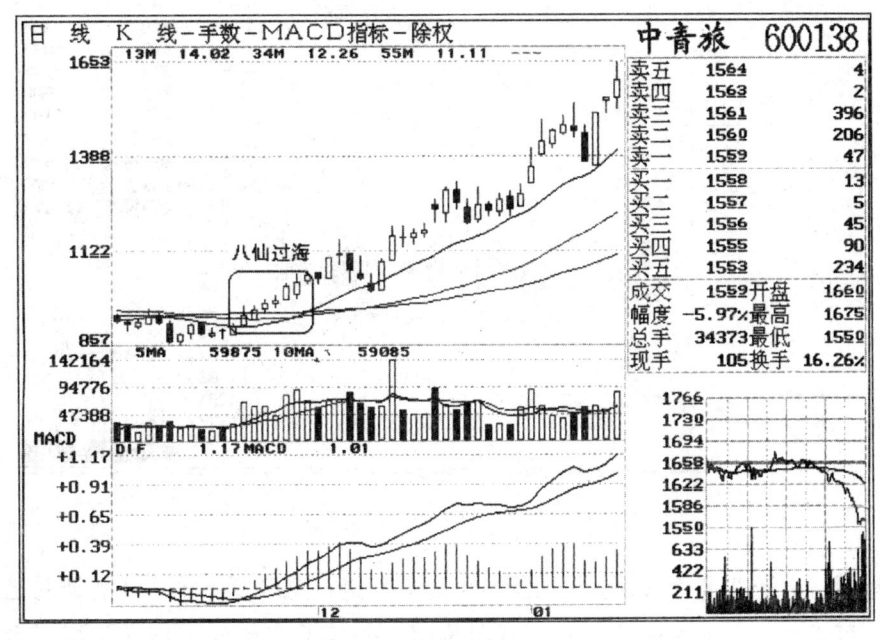

（图四）

看大势不等于看大盘，不能把战略高度降低为战术高度。股价的涨跌本是寻常之事，但处在利益漩涡中的人们有时候会身不由己。股市赢家表现出的是沉着冷静，正如《孙子·九地》中所说："静如处子"和"动如脱兔"。好的心态应该是多数时候"静"，少数时候"动"。听风是雨、频繁交易、心浮气躁既做不好股票，也很难获利。

（5）**宝钢股份**（600019）　　在均线系统之上主力画出一幅【八仙过海】图。【八仙过海】以后，股价沿着13日均线小步密走。实战中，要密切关注13日均线的方向和角度，因为13日均线的支撑或阻力作用十分明显，依托该线上攻的个股往往有着出色的表现，反之亦然。见图五。

对多数人来说，所谓看盘，就是盯着自己手里的股票看，如果你也是这样，说明你还不够专业，专业看盘应该包括三个方面的内容：

一是看集合竞价。看该股是高开还是低开，开盘价代表着当天的市场

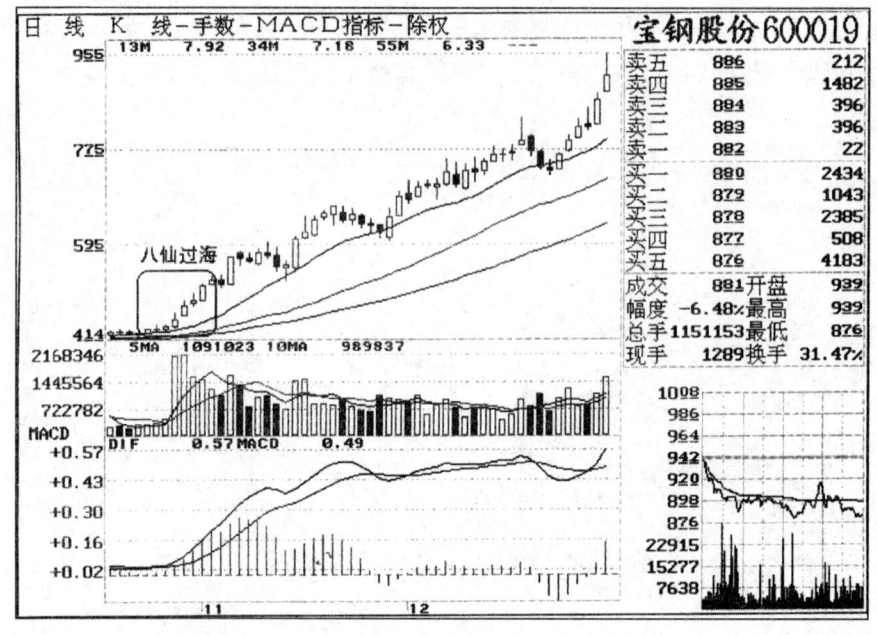

（图五）

意愿。高开高走意味着交投活跃，可适量跟进；低开低走则意味着调整已不可避免，多看少动是上策。看股价时，既要看当前的价格（包括开盘价、最高价、最低价、涨跌幅度等）也要看昨收盘价格，这样才能看出目前股价居于什么位置。先定位后买入，失误相对小一些。通常情况下，处于下降中的股票不要急于买，等它止跌企稳后再考虑；上升途中的股票可适量介入，但应注意防套。在一个交易日中，股价往往会有几次波动，如果在盘中择低点切入，被套的概率就小些。注意观察该股是否与大盘走势一致，若一致，就盯大盘，这样虽不能保证买卖完全正确，但起码能买到次低或卖到次高。

二是看成交量大小。成交量大小对当天交易程度有很大影响，如果开盘后能够持续放量，当天收阳线的概率就大，反之亦然。

三是看买卖手数。如果卖方力量远远大于买方力量，则不宜买入。现手说明计算机中刚刚成交的一次成交量的大小，若连续出现几笔大量，说明有增量资金介入，如半天没有成交一笔，说明交投清淡，更应观望。

（6）**中信证券**（600030） 该股的均线系统多么舒展流畅，知道为什么这样美吗？是股价的前期整理较为充分，这中间当然少不了【八仙过海】的鼎力相助，没有【八仙过海】的能量支持，13日均线就无法穿越55日均线。同样，没有【黑客点击】的出现就不能对【八仙过海】进行确认，这就是135战法形态间的相互衔接和转换，没有这种衔接和转换，135战法就会成为一潭无源之水。135战法不是孤立的、静止的，而是运动的、变化的。谁把握了这种运动与变化，谁就把握了股价的运行节奏，谁就能够成为主力的知心朋友。

任何时候都不要低估主力，随时收敛自己的狗脾气，经常保持内心的平静，冲动的魔鬼就不再纠缠你。见图六。

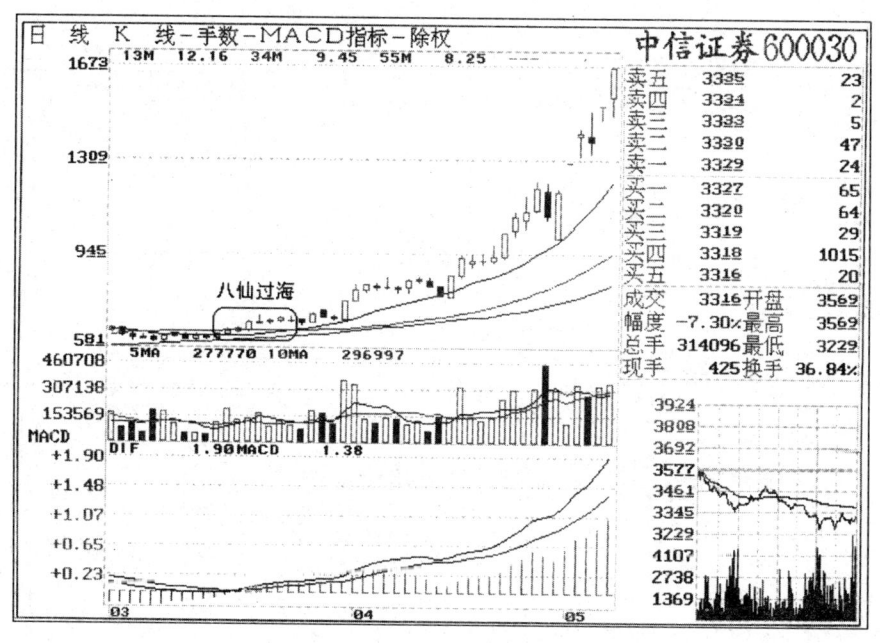

（图六）

当然，要把一套方法变成自己的实际技能，需要吸收与转化，需要努力和汗水。成功需要付出代价，不成功需要付出更大的代价。

韧性和勇气是成功的精神内核。有韧性，意味着面对困难时不服输，身处逆境时不放弃。炒股以来，我遇到的困难和坎坷不能算少，经历的风风雨雨数也数不清，但不管怎样，我从来没有打过退堂鼓，从来没有放弃的念头，而总是积极地寻找解决问题的方案，朝着既定的目标迈进，在逆境中表现出十足的耐心和韧性。有勇气，意味着敢于尝试，愿意承担探索带来的一切后果。面对瞬息万变的股市，表现出适应与改变的勇气，在适应中求生存，在改变中求发展。

（7）金发科技（600143）　这个【八仙过海】出现在【梅开二度】之后，这本身就已经说明了问题，因为【梅开二度】是行情的起涨点。从【梅开二度】到【八仙过海】属于形态的转换，每个形态都是股价行进过程中的接力棒，然后一棒一棒地传下去，一个股价的循环过程就完成了。股票就是在这个过程中不断地萌芽、成长、衰落和复苏的，只要这只股票不退市，这个过程就会不断地演绎下去。见图七。

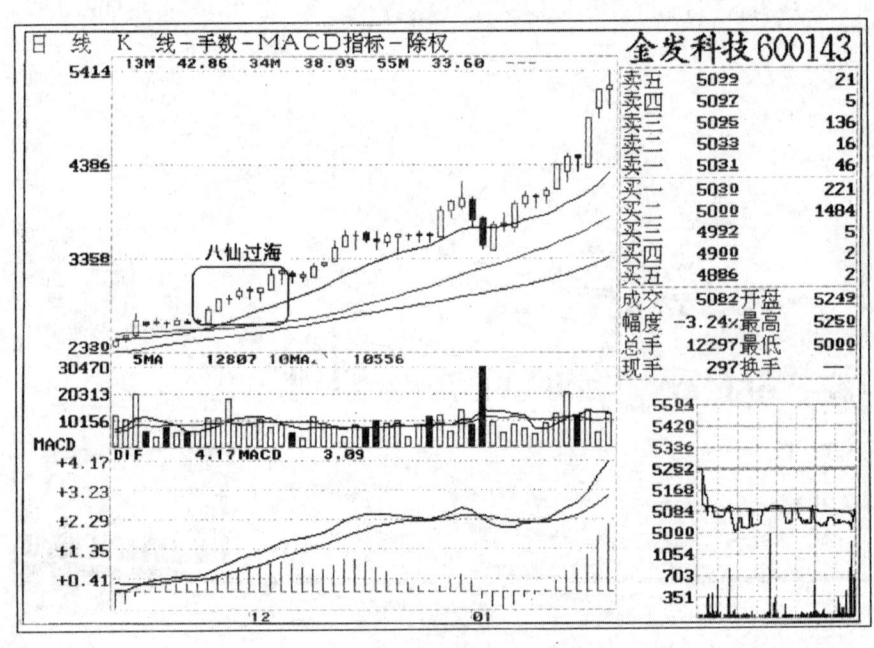

（图七）

有勇气改变可以改变的事情，有度量接受不可能改变的事情。什么是不可能改变的事情呢？股市的表情和主力的行为是不可能改变的，那就接受它、服从它；什么事情是可以改变的呢？自己的思维和行为模式是可以改变的。服从是一种品质，改变是一种能力，有了这种品质，就不愁没有能力。炒股不可能一帆风顺，触礁的事是经常发生的。面对不幸，会有两种态度：万念俱灰，一蹶不振；战胜它，继续前进。既然不愿屈服，那就只剩下拼了。

◉ 买入时机

(1) 密切关注【八仙过海】的最后一根阳线；
(2) 在【八仙过海】回抽确认时逢低吸纳；
(3) 在股价形成"阳克阴"时，半仓跟进；
(4) 股价突破整理平台，重仓出击。

◉ 友情提示

股价在均线系统附近小幅波动，回调一般不破 55 日均线。在主力逼空反转时大胆跟进。【八仙过海】比【九九艳阳天】略强，比【十全十美】激进。

135 战法就是告诉你股价运行过程的每个阶段以及每个阶段的形态是如何转换的。股价是运动的，一个人不会永远都处在倒霉的位置。把握股价运行节奏，找准自己在股市坐标上的位置，是走向成功的关键。

> 同是黑马，兔子娇小而骆驼高大；
>
> 同是猛牛，雄鹰高飞而紫燕低回。

第9节　串　阴

◉ 古为今用

曹操《孙子注》："兵无常势，盈缩随敌。"意思是：用兵没有固定不变的势，攻和守都随敌人的变化而变化。曹操一再强调要以变对变，"心随股走，及时跟变"，就是为了适应股价的变化。什么叫等死？等死就是当股价已经由升势转为跌势，依然持股不动，眼睁睁地看着股价往下跌。不战在我，战则必胜。前者指的是定力，后者说的是能力。有定力没能力不行，有能力没定力也不行。只有把它们巧妙地糅合在一起，才能形成实际的操盘能力。

◉ 形态特征

股价经过小幅拉升，然后在一个狭窄的股价平台上高开低走，持续拉出 5 根以上缩量阴线，这是主力为积累能量刻意使用的一种清洗手段，旨在让持仓者心神不安，叫持币者不敢贸然进入。我们把这个在狭小平台上持续拉出的一串阴线称为【串阴】。见下图。

◉ 形成机理

股价跃上 55 日均线，自然会产生一些获利筹码，这是主力所不能容忍的。于是就不择手段地对获利筹码进行清洗，如动作过大，不但增加成

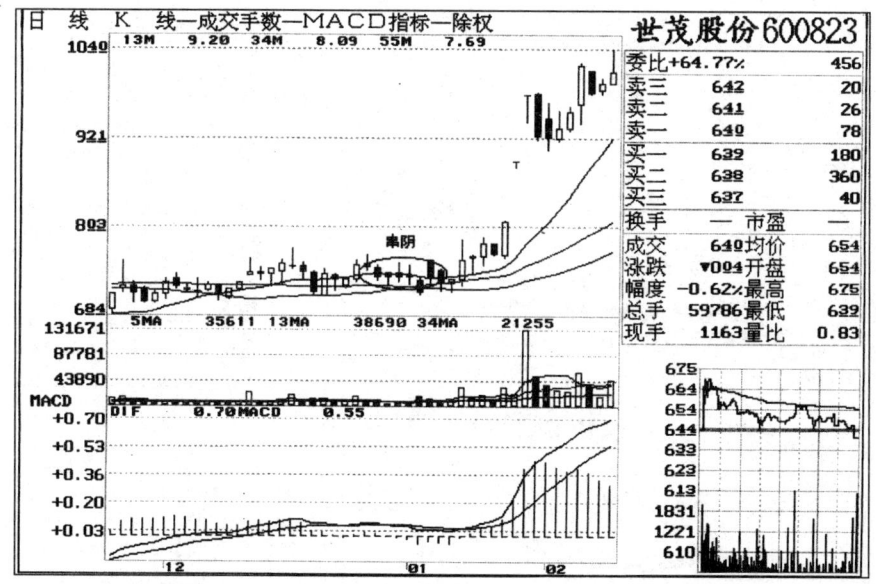

【串阴】是一种蓄势待发的信号

本，而且也担心抛出的筹码捡不回来，于是主力就控制着股价连续多天高开低走拉出一串阴线，诱使不明真相的人出局，同时让场外资金不敢贸然行动。仔细分析就会发现，股价上蹿下跳，其实并没有跌去多少。股价振幅虽然不大，但很磨人，也挺奏效。主力的目的就是施放烟幕弹，把局搅乱。这样一来，既能达到洗盘目的，又可以顺势捡一些廉价的筹码，为日后拉升积蓄充足的能量。

经典案例

（1）**西藏珠峰**（600338） 股价爬上均线系统以后的表现并不怎么出色，加上它以前是"T"类一族，看好它的人不会太多。其实，一只股票能不能涨起来、涨多少，与它的基本面没有必然联系，而与它的技术面却有着直接关系。没有无缘无故上涨的股票，也没有无缘无故下跌的股票。换言之，股价在上涨或下跌之前，都会在盘面上留下某种痕迹，根据这种痕迹，就能轻而易举地判断出主力的意图。知道了主力的意图，我们还会蛮干吗？见图一。

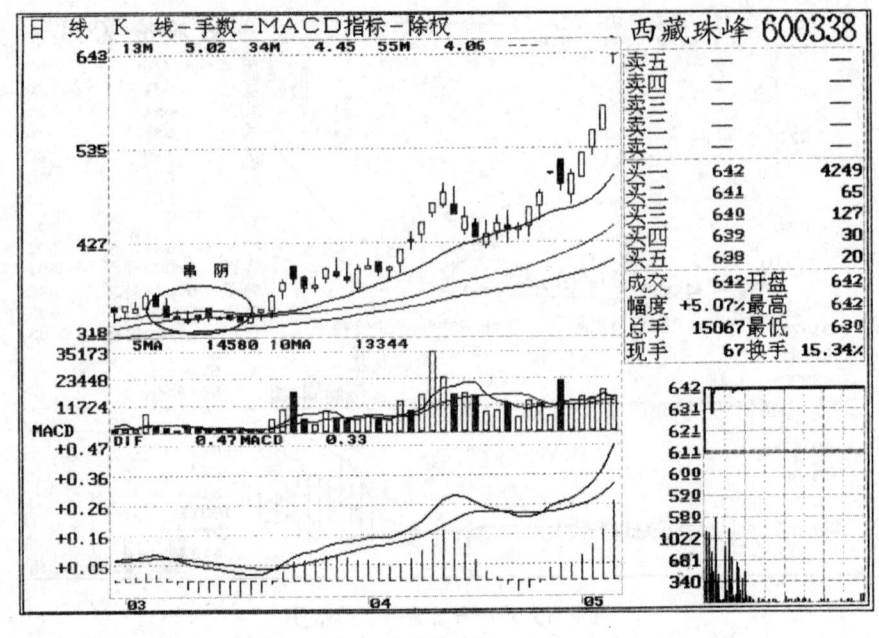

（图一）

　　西藏珠峰在均线系统附近的狭小平台上，高开低走持续拉出9根阴线，也许人们对它不屑一顾，也许人们会对它冷嘲热讽，主力要的就是这个效果。主力利用【串阴】完成了拉升前的准备以后，把股价小幅推高，当股价离13日均线稍远时，就返回头来接应一下，然后继续沿着13日均线向上攀升，而股价在不知不觉中翻了一倍。当市场对它关注时，西藏珠峰已经完成了自己的使命，就要打道回府了。【拖泥带水】发出了明确的离场信号。

　　走捷径是人的一种聪明，但不能把它看成一种智慧。从某种意义上讲，走捷径是人类的一种悲哀。生活中你会发现，总有一些人喜欢走捷径，做任何一件事情，他们不是首先看自己的能力和可行性，而是千方百计地寻找捷径。比如说，身体不适，去看医生就是了。可他偏要托熟人、找关系，治病救人是医生的天职，不管认识与否，多数医生都会尽职尽责的。然而，人总是抱着"熟人好办事"的心理，遇事总想抄近道。这种小聪明，也许眼前能占点小便宜，但却磁化了自己的潜能。考驾照找关系，轻松过了关，但因技术问题，结果上路出了事，麻烦反而更大。成功的路上没有捷径可走，股市里的许多事情都是需要自己亲身经历和跨越的。从失败到成功，究竟要经历多少磨难、越过多少坎坷，实际上都是有定数的。没有量变的积累，很难实现质变的飞跃。

（2）深南电A（000037）　该股的前期走势是【三线推进】，而且是空头推进。这就是说，在没有完成【均线互换】之前股价是涨不起来的。我们知道，凡是形成【三线推进】的股票，股价升幅起码在50％以上，但操作【三线推进】这样的股票，需要足够的耐心和功力，否则，骑上的黑马又会溜掉（详见四川人民出版社2015年版《黑客点击》"方法篇"）。

【一阳穿三线】出现以后，股价之所以小幅推高没有大涨起来，主要是股价还没有走出【动感地带】，均线系统尚未形成多头排列，但股价已出现明显走强迹象，为了不过早引起市场注意，主力利用【串阴】对场内浮筹进行了一次有节制的清洗，在清洗过程中，拉升前的技术准备业已完成，一旦股价开始携量上攻，就可以伺机介入。具体说，只要股价吃掉【串阴】的最后一根阴线，机会就来了。见图二。

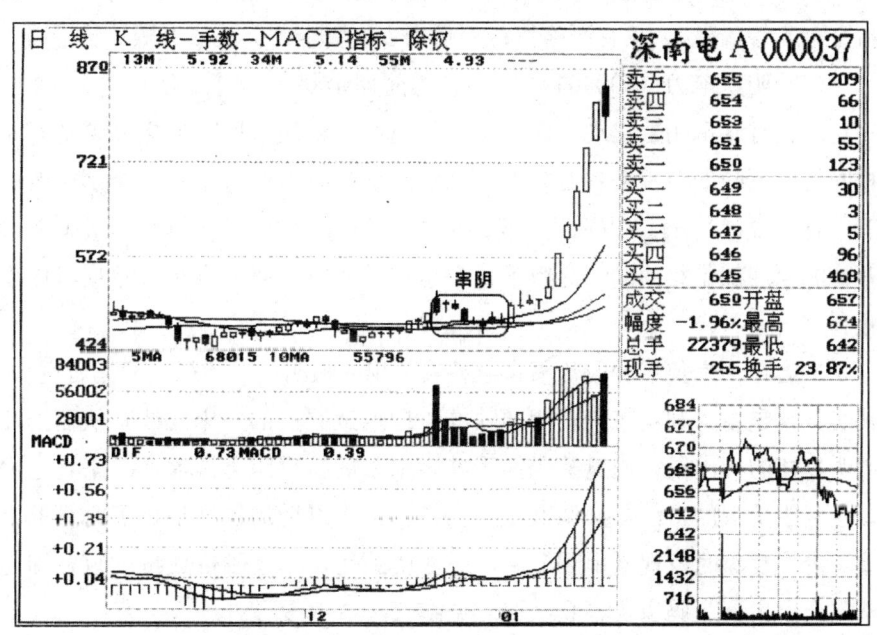

（图二）

图表上我们看到，股价吃掉【串阴】的最后一根阴线，从均线系统上【揭竿而起】后，股价并没有长驱直入，而是等到【均线互换】完成以后才开始快速上攻。主力的技术准备、拉升技巧、控盘能力无懈可击。我们在欣赏主力操盘技艺和分享主力拉抬成果的时候，是不是应该向主力学点什么。学什么呢？学习主力的耐性和果断。"能动则动于九天之上，不能动则藏于九天之下"。具体到实战中就是雷打不动地坚持每天复盘，把那些具备黑马相或准黑马相的个股挑出来，密切关注它们的行踪；在完美形态出现以前，一定要学会守株待兔。就炒股而言，如果说"按图索骥"是一种功力，那么"守株待兔"则是一种境界。没有功力，何来境界？

股市里有两种人很难富有：一种是频繁交易者，他们就像勤劳的小蜜蜂一样，在个股之间不停地飞来飞去，这种毫无章法、缺乏理性、图一时之快的人是不会富有的；一种是长年锁仓者，股价涨也不走，跌也不走，每年就靠上市公司的分红派息。在实战中如果有60%的时候严格按照135战法的提示去做了，那你就赢了。当你的行为像个股市赢家时，就会去做更多赢家该做的事。股市赢家在实战中都做些什么事呢？就一件："只认指令，不管输赢"，只有严格执行交易指令，资金才会百依百顺让你使唤。

（3）明星电力（600101）   该股的前期走势也是【三线推进】，在起涨之前也有【串阴】出现，而且两股同属一个板块。所有的黑马特征都是相同的，不同的黑马又各有各的不同。这就是一般中有个别，个别中有一般。有人说，"隔行如隔山"，但我还要告诉你"隔行不隔理"，世上万事万物的原理都是相通的。懂得了这个道理，外行可以变内行，亏损可以变赢利。

主力在一个狭窄的股价平台上持续拉出6根阴线，弄得人们无所适从。其实，这是主力利用人们收阴即跌的心理刻意制造的一串骗线，从而诱使不明真相的人出局，通过筹码换手减轻未来的拉升阻力。这样一来，主力既达到了洗盘的目的，又调低了技术指标，为以后的拉升积蓄了充足的上攻能量。复盘时发现【串阴】后，应密切关注，一旦股价放量上攻，即使不重仓出击，起码也要轻仓试探。见图三。

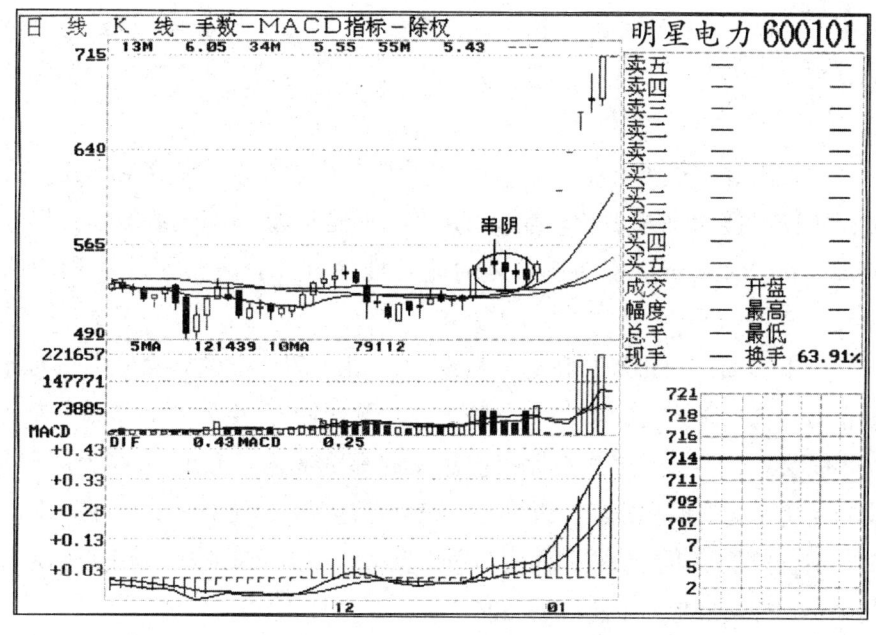

（图三）

　　一般情况下，个股在上涨之前都会出现程度不同的震荡，要么挖地三尺，要么旱地拔葱。上涨前没有任何迹象，开盘就封停的个股也有，但那属于另类。如果不是事先蒙进去的，根本没人能进得去。可也不必沮丧，骑不上黑马，就弄个猛牛牵着。明星电力在【揭竿而起】以后，主力利用【串阴】进行拉升前的最后清洗，只要能够坚持"进退有据"的原则，能不能成为股市赢家，我不敢保证，但亏钱的肯定不是你。有时候，牛并不比马跑得慢，怕就怕分不清楚什么是马、什么是牛，甚至骑上一头瘸驴还自以为找到了一匹黑马。

　　在掌握一套方法后，养成"进退有据"的操作习惯比寻到一匹黑马更重要。因为，良好的操作习惯可以把我们带入持续稳定的境地。赫拉斯·曼说："习惯是根线，我们每天织着网，到头来都无法打破这张网。"塞缪尔·约翰逊也说："习惯的锁链是那么渺小，我们甚至感觉不到，可当我们感觉到的时候，这锁链已经太过强大，怎么也突破不了。"养成一种好的操作习惯不易，但改掉一种坏的操作习惯似乎更难。比如说，要改掉拖延的坏习惯，先试着用 5 分钟时间做你想做的事，每次以自己只有 5 分钟的生命这样的紧迫感来作决定。现在就做，一刻也不要拖延。拖延的结果先是丧失良机，然后陷入危机。服从指令，立即行动，才能与主力保持步调一致。

（4）国金证券（600109）　这个【串阴】出现在近乎黏合的均线系统附近，【串阴】出现后股价丝毫没有起色，而是贴着13日均线继续整理了两周，萎缩的成交量说明股价随时都可能跳起来，应密切关注量能的变化。

8月18日，股价平开高走，携量上攻，【一阳穿三线】发出明确的进场信号，第二天，股价从55日均线上【揭竿而起】，主力又给我们一个进场的机会，其实，主力并不像我们想象的那么坏，主力出货时需要跟风盘，主力在拉升时同样需要跟风盘，跟风盘越多，主力越省力。主力上山时，我们要像举重运动员那样使劲向上挺举，主力下山时，我们要像跳水运动员那样勇敢地向下跳。见图四。

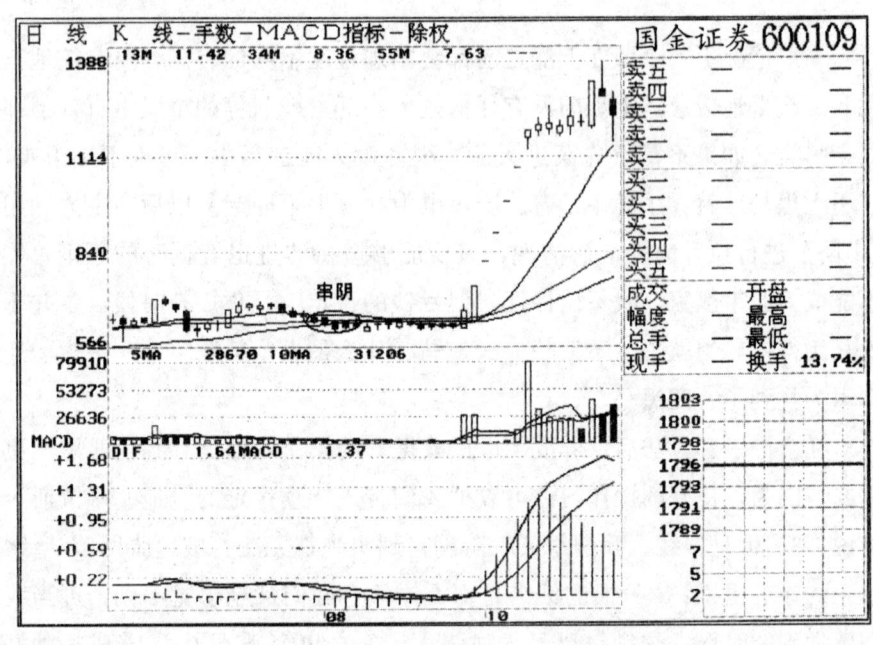

（图四）

方法孕育果实，纪律注定结果。排除自欺的成分，我们是不会被骗的，实战中总是担心自己会受骗，那是因为自己的技术功力还不够所致。熟练掌握 135 战法，进退就会变得易如反掌。

"财富并非历经灾难才能获得，也不必从贫穷开始积累。"只要对 135 战法的理念、方法、纪律和原则进行加工组合，然后巧妙地把它引入实战，财富就会接踵而来。

（5）**两面针**（600249）　　该股在起涨前上演了一出"欲擒故纵"的把戏，股价刚刚从 13 日均线上【揭竿而起】，第二天就开始凶狠打压，然后使用【串阴】进行压价逼仓，直到从人们的视线中消失，股价才再次从 13 日均线上【揭竿而起】。"出其不意，攻其不备"的兵家之道被主力运用得炉火纯青，出神入化。当它重新引起人们关注的时候，股价又磨磨蹭蹭地不动了。请回忆一下，我们是怎么亏损的？发现某股放量上攻，立即跟进，但从进入那天起，股价不涨了，等了几天没动静就斩掉手中的个股，杀进所谓的强势股中，谁知你的运气就那么差，买进后又不涨了。而先前抛出的那只正一路欢歌地向上蹿，但这时你已经没有了追涨的勇气。很多人就是在这种循环中开始买进，又在这种循环中卖出的。见图五。

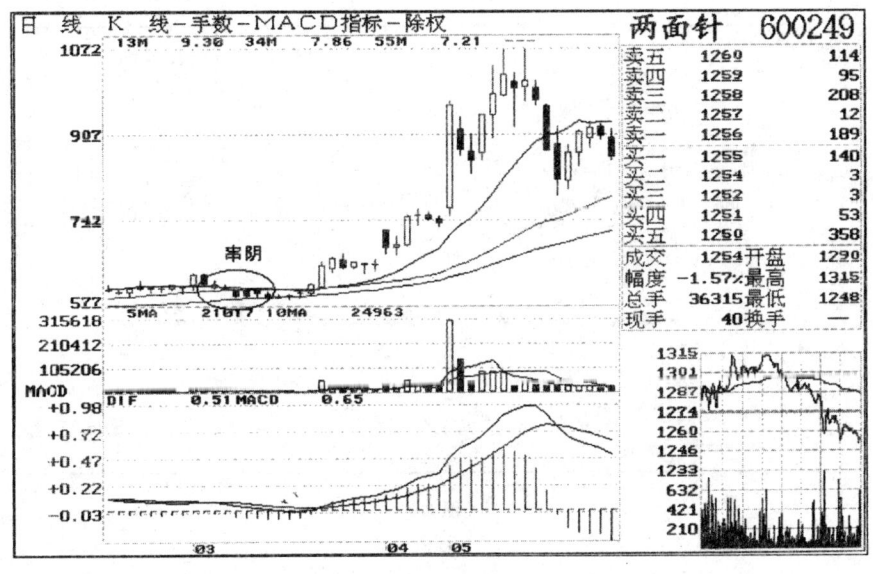

（图五）

陷入亏损的泥潭不能自拔，感觉不到自己在股市中的成长发展，成天被亏损压制着感觉不到投资的乐趣，遇到问题不是立即解决，而是一拖再拖，等待事情的自行改善。很多事情，"扫帚不到，灰尘照例不会自己跑掉"。炒股需要当机立断，最忌优柔寡断，别管什么事，只要你想做，总会挤出时间，而且能够把它做好，关键在于用不用心、用不用力。

(6) **世荣兆业**（002016） 【红杏出墙】以后，股价之所以没有上去，不是源于形态本身，而是13日均线没有走平，说明股价还会有反复。所以，在13日均线与34日均线之间，主力用【串阴】继续整理蓄势。

【串阴】的最后一根阴线开始缩量了，这是整理行将结束的信号，接下来的星阳线开始放量，预示着股价该涨了，由于形态不够明显，因此只能轻仓试探。接下来，股价开始携量上攻，并一举突破【串阴】的整理高点，昨日进场的，开始加仓；昨日未进的，不能再错过时机。股价后来的走势就像冲天炮一样高举高打。三天后，股价跳空高开，震荡加剧，这个不规范的【狗急跳墙】，同样说明股价已到了阶段性顶部，因为没有任何主力会在这个位置选择突破。135战法的最大特点是：从山前就能让你看到山后面的路。严格按指令行事，一般不会出现大的差错。见图六。

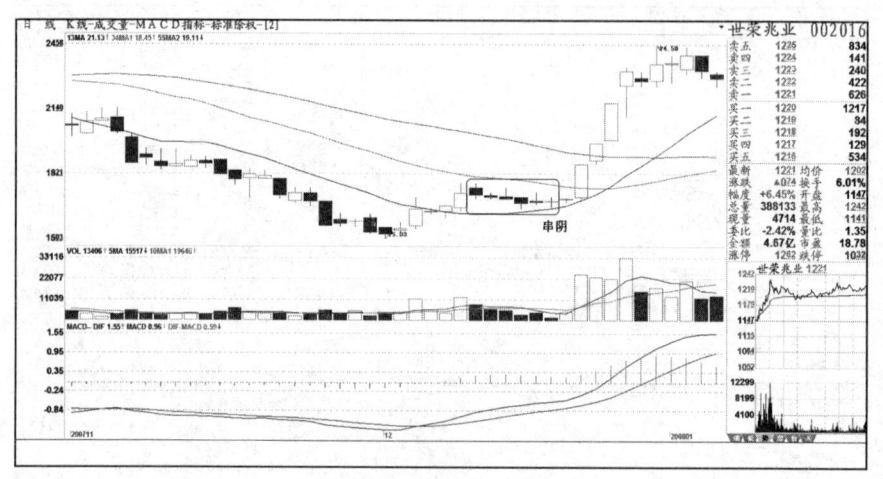

(图六)

一个人不怕跌倒，不怕认输，重要的是你要弄明白哪块石头绊倒了你。投资中的许多事情，只有亲自去经历，才能搞清楚到底是怎么回事。

有时，我常常对着地上的蚂蚁发愣，它们那种从不放弃的精神吸引了我。蚂蚁的第一个特点是锲而不舍。如果它们要奔向某个地方，而你想阻止它们，它们就会另辟蹊径，或向上爬，或往地下钻，或绕道而行，直到寻找到一条新路为止。蚂蚁的第二个特点是深谋远虑。蚂蚁认为夏天不会永远持续下去，所以即使在盛夏，它们也会积极地为自己储备冬天的食物。蚂蚁的第三个特点是积极进取。冬天时蚂蚁总在提醒自己，"冬天不会持续太久，我们很快就能到外面去"。在气温转暖的第一天，蚂蚁就会出去活动；如果气温变冷，它们再返回洞里。然而我们，在股市里的表现有时候还不如小小的蚂蚁。

（7）**海欣股份**（600851）　股价从55日均线上【揭竿而起】以后，仅仅拉升了一天主力就开始利用【串阴】进行洗盘，在洗盘过程中，股价走出了【动感地带】。这时候，我们才可以说该股引起关注了。之所以说关注，是因为【均线互换】尚未完成，我们知道，只有当【均线互换】完成以后，股价的上升空间才会真正被打开（详见四川人民出版社2015年版《黑客点击》）。请注意，关注不是立即买入，而是密切注意它的动向，直到符合我们的条件才大胆买入。见图七。

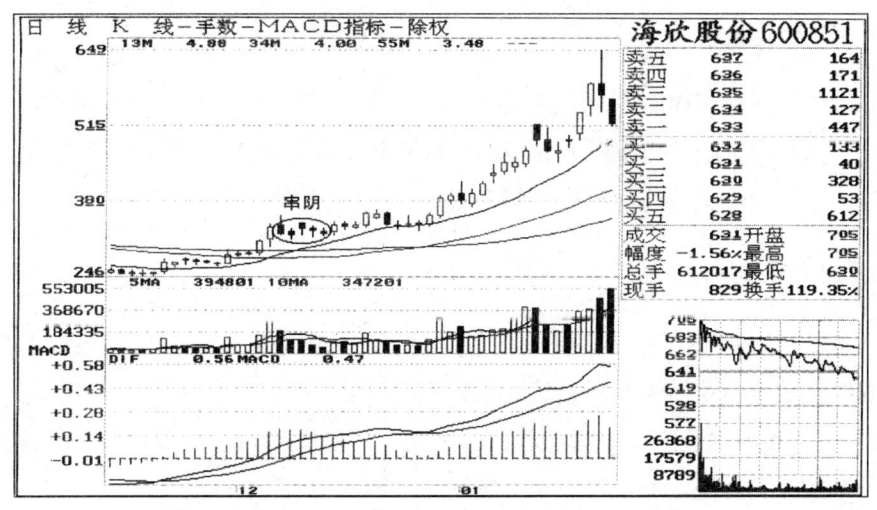

（图七）

【均线互换】完成以后，股价在 13 日均线上方稳步爬升，这一切都是因为有【串阴】的铺垫。【串阴】是主力清洗筹码和积蓄能量的一种手段。实战中，我们不是学习主力如何使用这种手段，而是学会充分利用主力的洗盘结果，然后分享主力的抬拉利润。主力是我们最大的合作伙伴，是我们的投资导师。我们的一切，包括命运的改变，都是主力决定的，操作中要学会尊重它、体谅它、维护它、顺从它。对新股民的忠告：

（1）危机四伏的股市，既不是下岗再就业的场所，更不是铺满财富的黄金海岸。"弱肉强食，优胜劣汰"是股市铁律，意识不到这一点，先是伤财，后是伤心。

（2）先学会保护自己，再学会发展自己。被套不动是等死，随意操作是找死。

（3）指令是进退依据，纪律是安全保障。

（4）不要人为地设定止损线，只要出现明确的卖出指令就立即出局。

（5）炒股不需要想象力和创造力，但却需要顽强的执行力和自控力。

（6）股市不是为哪个人设计的，主力也不是哪个人的提款机。学会尊重和服从股价的客观走势，是走向成功的第一步。

（7）股市铁率：5％的人成功，95％的人失败。如果你想成为股市赢家，一定要有一个迎接失败的心理准备。

◉ 买进时机

（1）发现【串阴】后，密切关注；

（2）股价吃掉【串阴】的最后一根阴线，轻仓试探；

（3）股价突破前期高点，半仓跟进。

◉ 友情提示

（1）【串阴】只在实力强悍、控盘精湛的庄股中出现。但要分辨清楚阴线是主力刻意而为，还是随大盘回落的结果。

（2）【串阴】的持续阴线落在一个狭窄的股价平台上，股价跌而有序。一旦发现股价携量上攻，应立即扬眉剑出鞘。

（3）【串阴】一般由 5 根以上阴线组成，股价波幅小于【走四方】和

【三剑客】，阴线实体、下跌斜率、股价波幅小于【浪子回头】，但比【浪子回头】强势。

（4）【串阴】出现的概率较低，但成功概率极高。充分利用主力的洗盘结果，既省时又省力。

> 当一件事情坚持到快要坚持不下去的时候，实际上离成功就不远了。

第10节 串阳

◉ 古为今用

《唐李问对》卷上："有制之兵，无能之将，不可败也；无制之兵，有能之将，不可胜也。"意思是：训练有素的军队，即使将帅没有才能，也不会被敌人打败；没有训练的军队，即使将帅有才能，也不会战胜敌人。

◉ 形态特征

在一个股价平台上，股价低开高走，持续拉出5根以上小阳线或星阳线，这是主力为驱逐获利盘和限价收集而采取的一种强势整理，是股价即将拉升的显著标志。我们把股价平台上拉出的持续阳线称之为【串阳】。见下图。

◉ 形成机理

股价经过一波拉升之后，盘中积累了一定数量的解套盘和获利盘，为了把这些筹码驱逐出去，主力会不择手段地诱使这部分人出局，凶狠打压，但又担心抛出的筹码捡不回来，于是主力就控制着股价低开高走，故意制造一种走势疲软的假象。其实，这是主力为混淆视听而精心设置的诱空骗线。

第 10 节 串 阳

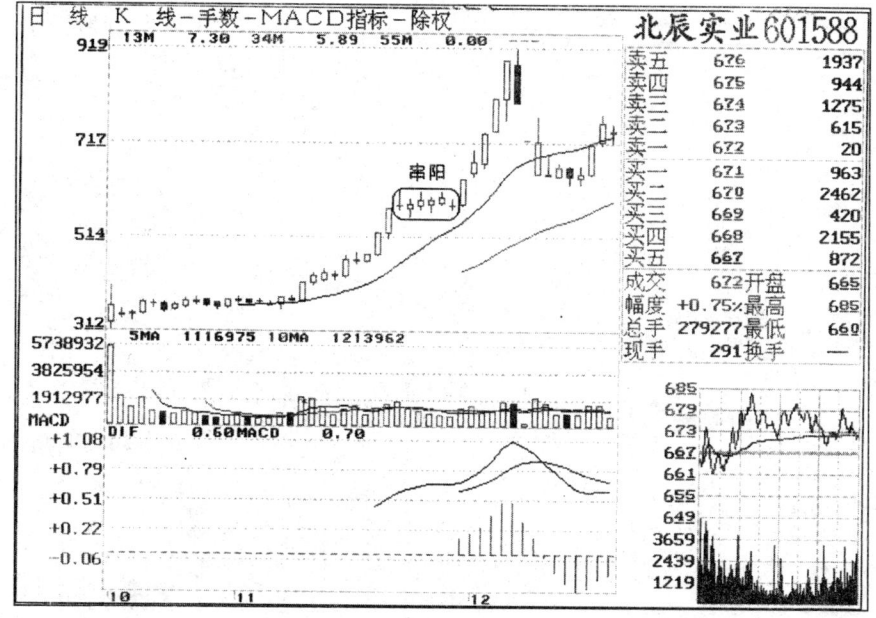

【串阳】是股价即将拉升的显著标志

📉 经典案例

（1）**科达洁能（600499）** 在均线系统上方出现的这组【串阳】，由于【步步高】的配合，说明有增量资金在限价买入，【揭竿而起】的出现暴露了主力的做多意图，这时候，不管主力是真拉升还是假突破，都应大胆跟进，因为 135 实战系统已经发出了明确的进场信号。4 天以后，13 日均线上穿 55 日均线，【红衣侠女】再次发出进场信号，随着【均线互换】的完成，股价的上升空间已经被彻底打开。见图一。

绝大多数个股在上涨或下跌之前，甚至在行进途中，都会向我们传递出某种信号，尽管这种信号不是主力情愿让我们看到的，但它在盘面上留下的痕迹却又是无法抹掉的。135 战法就是根据盘面上的种种痕迹，通过分类和归纳揭示了股价的运行规律。实战中按规律办事，成功的概率自然就会大一些。

无论是才华横溢还是善于算计，当你自以为看透一切，殊不知你的光芒越耀眼，摔得就越惨重。总想占主力便宜的人，股市会不定期向你索取。

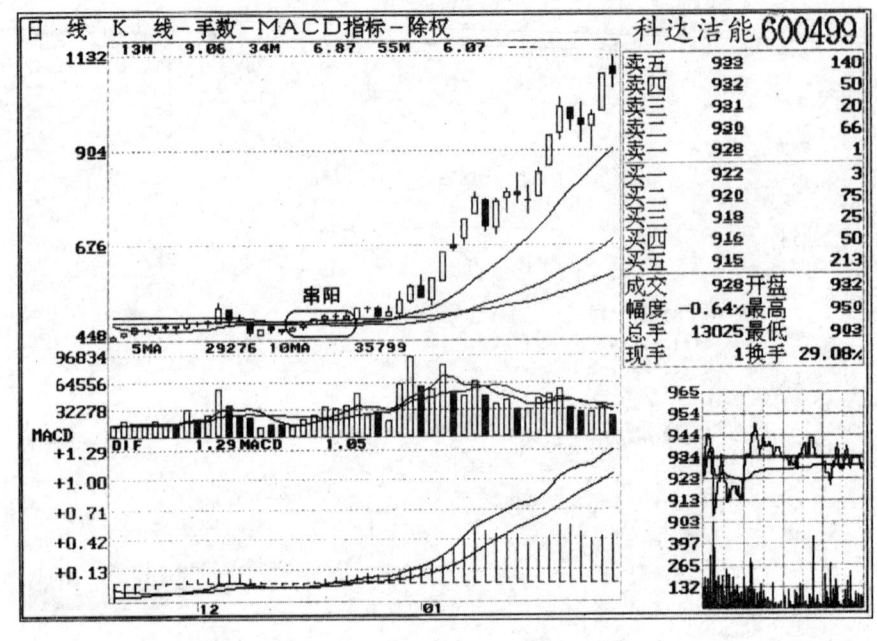

（图一）

亏损者的十大硬伤：不爱惜自己、不珍惜资金、迷信股评、想赢怕输、自以为是、自作聪明、自我宽容、没有理念、没有方法、没有纪律。

人是很难认识自己的，就像眼睛看不见眼睛一样，但认识自己、战胜自己、超越自己，是至关重要的。股市赢家不是万里挑一，而是每个人都具有成为股市赢家的潜能，关键在于能否把这种潜能挖出来并释放出去。遗憾的是，很多人亏也亏了、套也套了，愣是没有把自己的潜能挖掘出来，所以股市赢家总是少数。在实战中：

有三种东西必须捍卫：原则、纪律和指令。

有三种东西必须控制：情绪、资金和行为。

有三个问题必须思考：投资、投机和改变。

有三种行为必须摒弃：拼命、犹豫和拖延。

有三种东西必须坚持：执着、自信和坚定。

有三种品质必须具备：自尊、自强和自立。

有三种习惯必须培养：理性、服从和执行。

(2) 金发科技（600143） 股价在【动感地带】尾部【揭竿而起】后连拉两个涨停板，为了消化获利盘，完成市场的充分换手，主力利用【串阳】对股价进行强势整理，直到股价触摸 13 日均线后再次发力上攻。【过河拆桥】后，股价进行了有节制的调整。当【梅开二度】再次向我们发出进场信号时，已经没有多少人再记得它了。按照 135 战法，抛出的股票在适当的时候一定要把它捡回来，因为股价第一浪的拉升幅度远远没有第三浪的大。见图二。

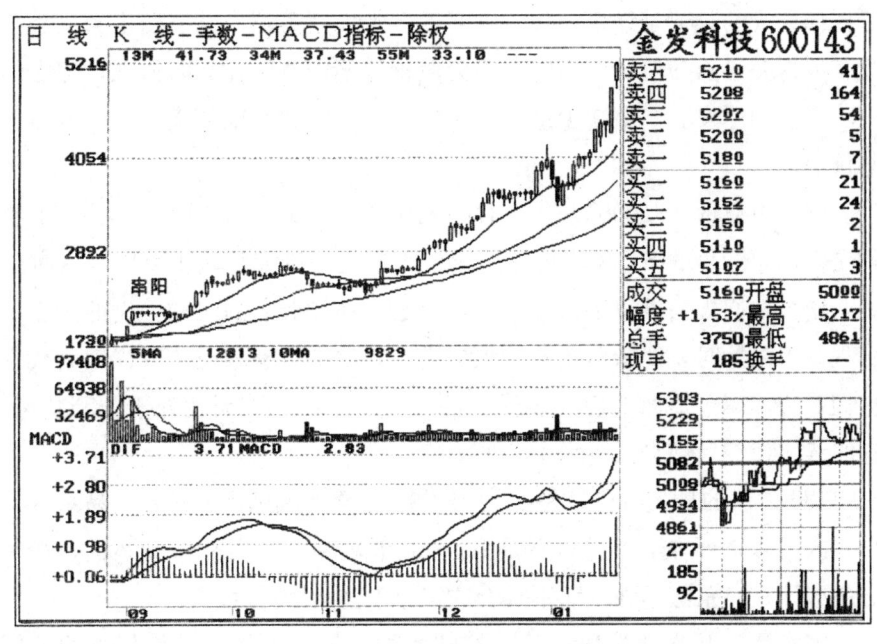

（图二）

避免追高被套、抄底不涨的最好办法，就是严格按指令进出。所有的股市赢家都是按交易系统的预设指令操作的，那些热衷于画线、看 5 分钟涨幅等所谓的操盘技巧，实在与投资的真谛风马牛不相及。如果不能紧随指令，就会沦为市场的奴隶。

股价的上涨阻力来自两个方面：一是上档套牢盘，一是获利盘。一只突破上档压力的股票却又面临着获利盘的回吐压力。如果一只个股创新高后长期在高位横盘整理，浮动筹码就会得到清理，获利回吐的压力自然也就小了。这种情况通常出现在【三线推进】的个股中,对于那些创新高就开始横盘的个股,只要出现【揭竿而起】的技术形态,同样可以积极参与。

从理论上讲,蓄之愈久,其发愈速,但很多人患恐高症,遇上高位突破的个股不敢跟。美国投资大师奥尼尔在《笑傲股海》中说:"超过90%的投资大众不敢买刚创新高的股票,他们觉得股价太高了,个人的感觉与看法在市场面前显然错得太离谱了。"

价升量增、价跌量缩是主力的控盘特征。比如说,一只长期横盘的个股,如果大的趋势是缩量整理,以致到后来极度萎缩,就表明主力已经控盘,但这并不意味着可以跟进,因为股价能不能涨、什么时候涨,完全取决于量能的爆发。一个缺少量能支持的个股,即使在底部横一年也没有参与价值。

(3)**中交地产**(000736) 有的人从来不敢碰ST,他们认为,ST特别是带"﹡"号的ST风险更大。我认为这是一种偏见,正是因为这种偏见,使得他们失去了很多机会。当中交地产还没改名的时候,它的图表上出现【串阳】时,我依然坚持大胆买进,开始学员有顾虑,或许因为我在他们身边,碍于情面他们或多或少都买了点,结果当天就处于获利状态,这时候,他们后悔自己买少了。见图三。

135战法的最大特色就是:"只认指令,不管输赢"。只要交易系统发出买入信号,根本不管它是不是ST、赢不赢利。我们是做股票的,最关心的应该是股票涨不涨,而不是看这家上市公司亏不亏。

究竟是按基本面选股,还是按技术面选股,这是一个见仁见智的问题。有的个股基本面很好,可股价就是不涨;有的个股基本面不怎么样,但股价却在顽强地上攻。从这个意义上说,按技术面选股似乎更稳当一些。很多时候,个股的涨跌与它的基本面并无多大关系,但与它的技术面有着非常密切的关系。有人说,技术不管用,那是因为他们还没有完全理解和掌握技术的缘故。

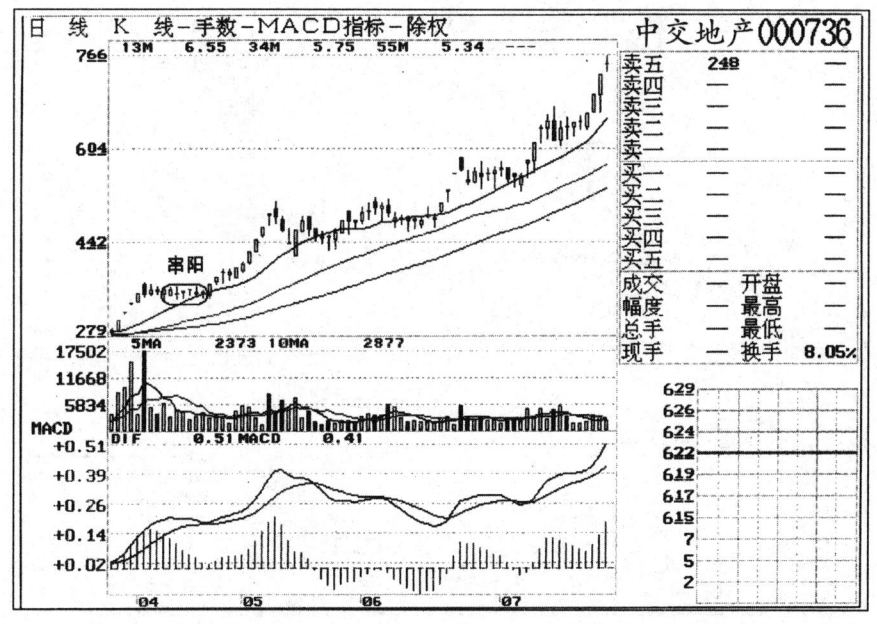

（图三）

（4）富奥股份（000030）　在未改名前，它也是T类股票，当图表上出现不规则的【串阳】时，股价究竟会不会涨呢？会。因为【串阳】是股价即将拉升的显著标志，所以，当股价突破【串阳】整理平台时，要敢于下手。随后的【一石二鸟】也许让你闪了一下腰，但后来的【海底捞月】和【红衣侠女】是不是重又给你带来希望？再后来狂涨是不是让你欣喜若狂？凡是按形态切入的，或多或少都能获利，这就是我们一直强调"进退有据"的原因。见图四。

千错万错都是买入时的错。切入点的好坏，直接影响着操作的成败。切入点正确，在随后的股价拉升中心情自然好，当卖出形态出现时自然会获利了结。切入点不正确，以后就很难找到合适的价位出局。尤其是买在高位，在随后的股价回调中容易短期被套，心态就易变坏，这时候往往会怀疑主力出货，在低位割肉，或者当股价再度上涨，自己刚刚解套就迫不及待地卖出，结果与一大段利润失之交臂。

在指令面前，崇拜死亡或许通向生存，选择残酷或许财运亨通，寻找歪理更能获得真理。"心随股走，及时跟变"不仅仅是理念，重要的是行

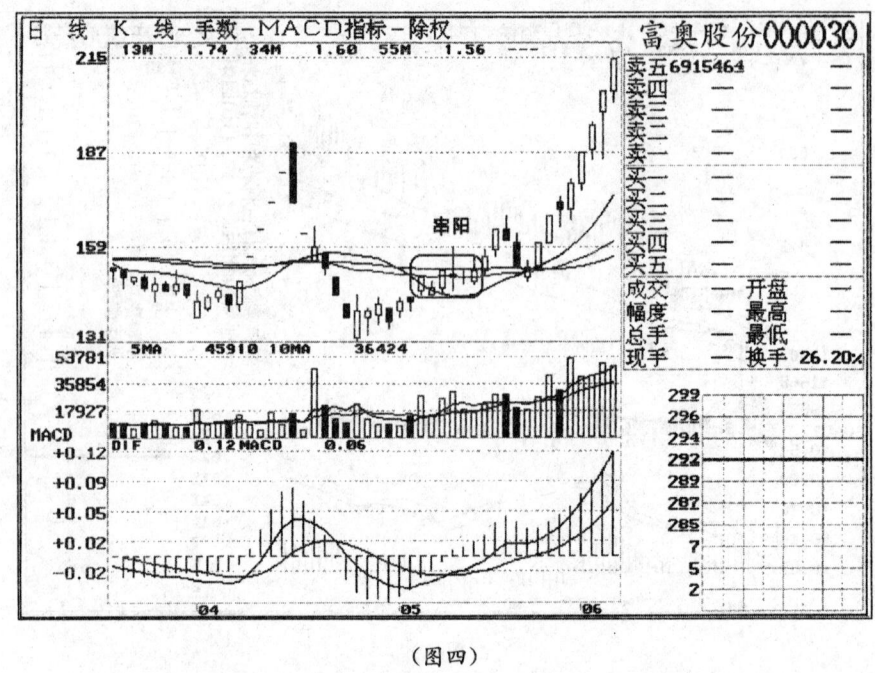

（图四）

为准则。对它理解得越深刻，就越容易找到股价的波动原理，就越容易突破制约成功的瓶颈。

（5）**中迪投资**（000609）　【红杏出墙】的出现，表明股价的底部已被探明，由于这个【红杏出墙】离55日均线的位置较近，不会出现太大的获利空间，所以不参与也罢。【串阳】的出现，加速了【海底捞月】完成，预示一波行情即将展开。主力的每一个意图，图表上都写得清清楚楚，只要闯过了识图关，谁也骗不了你。遗憾的是，有的人宁愿一次又一次地受骗，也不愿沉下心来苦练。见图五。

股市本身并不创造价值，那么，在股市我们究竟赚谁的钱？开始我一直以为是买入好的股票，然后耐心等着分享企业业绩增长带来的收益，其实根本不是这么回事，上市公司把钱一赚就完事了，至于股票在市场上是个什么形象、怎么对投资者进行回报，它实在没工夫去管。后来我终于明白，所有的赢利都是建立在股价波动的基础之上，这也是短线盛行的现实基础。这在成熟市场是不可思议的，但却符合中国股市的实际，投机取巧似乎更能迎合人们的心理，但投机取巧凭的是高超的技术功力。

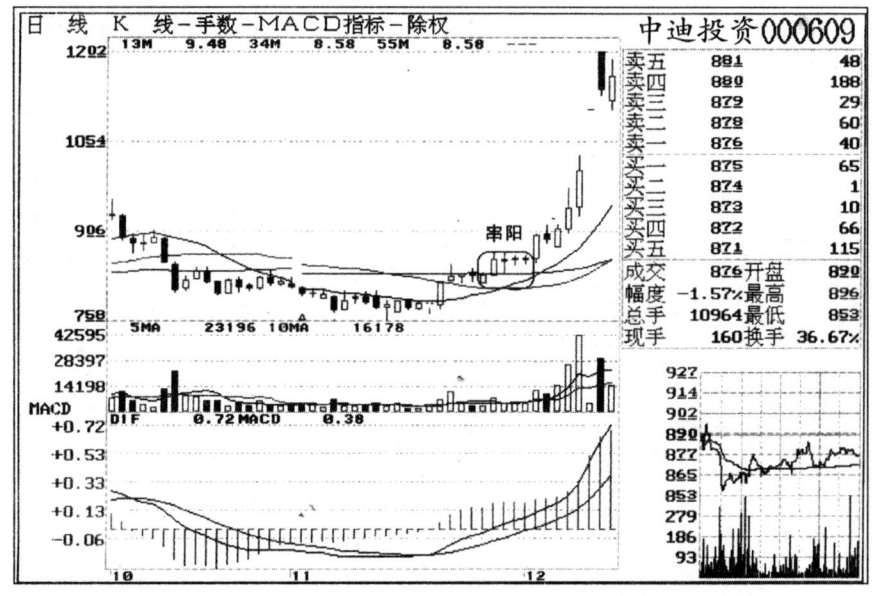

(图五)

理念应当符合实际,方法需要符合规律。再好的理念如果没有相应的方法相匹配,就很难变成实实在在的利润,再好的方法如果没有正确理念去指引,同样赚不到财富。

(6)*ST厦工(600815) 这个【串阳】出现在股价的相对底部,所以没有什么获利盘可清洗,因此,我们把这个【串阳】定性为增量资金进场。这时候有两种选择:资金量大的可逢低吸纳,不必等突破时再介入;资金量小的严格按点位进场,这样可缩短持股时间,提高资金的利用率。

【串阳】出现以后,在股价走势上依次出现了7个买卖点,它们是【投石问路】【揭竿而起】【红衣侠女】【节外生枝】【一石二鸟】【均线互换】【一枝独秀】。学会了识图,心里就会变得亮堂起来。知道了主力的意图,你还会七猜八想、听别人的胡言乱语么?见图六。

熟悉的上市公司没有风景,不熟悉的上市公司有陷阱。为了领略风景,避免陷阱,最好的方法就是聚精会神地研究"量、价、线、形",然后坚定不移地执行交易指令。135战法的最大特点就是,避开繁杂的理论知识,直接引你进入实战,这样一来大大缩短了知识与能力的距离,大大缩短了从亏损到赢利的距离。

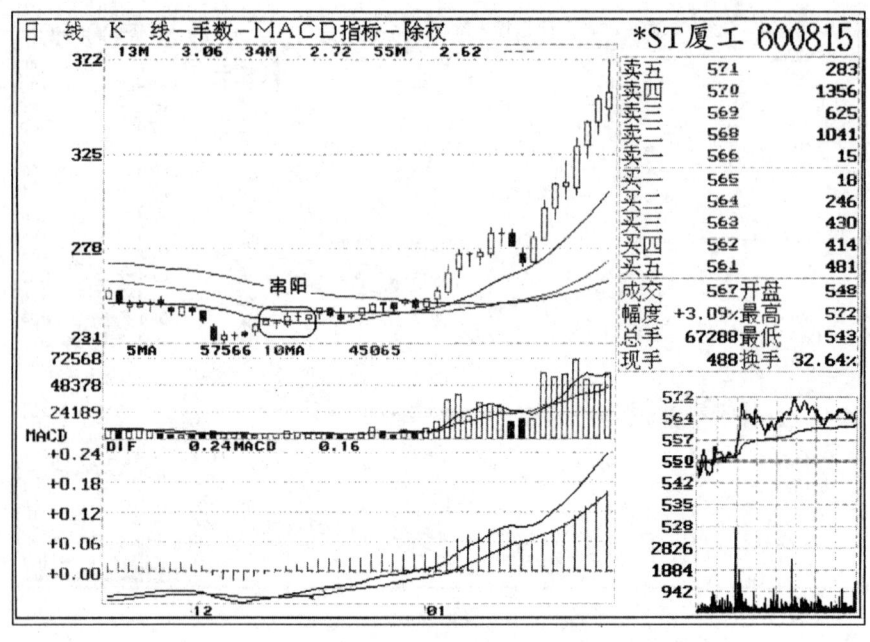

（图六）

（7）**华谊集团**（600623） 这个【串阳】也出现在股价的相对底部，量区里的【步步高】表明增量资金在源源不断地涌入，伺机跟进是最佳选择。【揭竿而起】给了我们这个机会，随后股价连续封停。掌握了 135 战法，股市在你眼里就会变成"满城尽带黄金甲"。没有掌握一套可以重复获利的方法，再好的黑马也会变成乌鸦。见图七。

常在股市打拼没有不带伤的，而且都是内伤。与主力同行，总要经历一些挫折，难言之隐也很多，时间长了，就不在娇性，当你越来越沉默时，就越来越不想说。事到万难须放胆，人处逆境须从容。

在交易大厅经常看到三五成群的人在讨论股票，还美其名曰：三个臭皮匠，赛过诸葛亮。其实，炒股是一个非常孤独寂寞的事业，需要静思默想，需要独自决断并承担后果。集思广益是对的，但买卖的决策权绝对不可随意交出去。

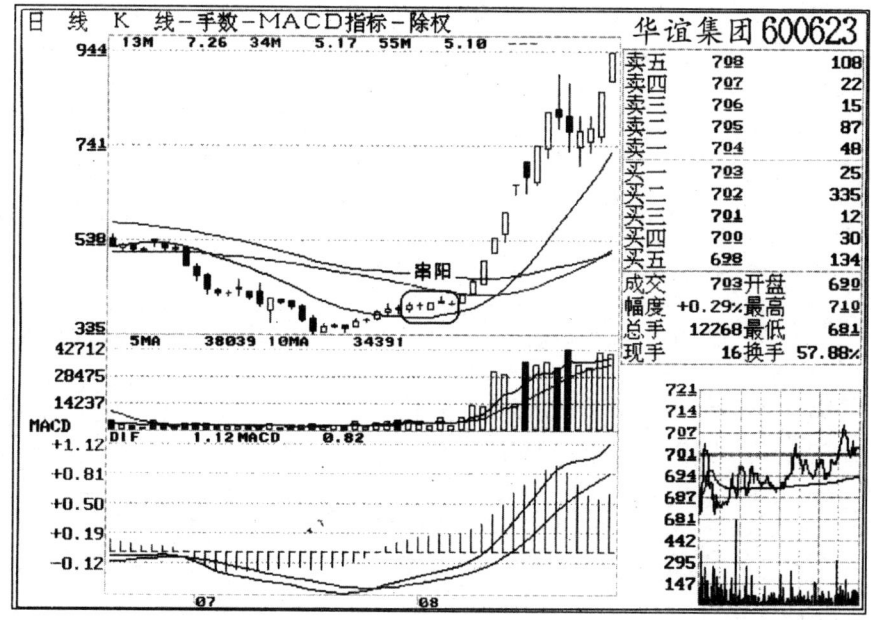

(图七)

◉ 买入时机

(1) 发现【串阳】一定要盯死,千万别让它跑了;

(2) 一旦股价开始放量上攻,立即半仓跟进;

(3) 股价突破【串阳】整理平台,重仓出击。

◉ 友情提示

　　【串阳】和【串阴】都是整理蓄势的一种手段,但有区别:(1) 一个是高开低走收阴线,一个是低开高走收阳线;阴线收集力度小,阳线收集力度大。(2)【串阳】爆发力强,上涨速度快;【串阴】爆发力稍弱,容易形成慢牛走势,但它们的市场含义都是一样的,切不可厚此薄彼。

> 凡事一旦过于完美就显得不真实了，君不见，股市里那么多优秀的人天天干着蠢事。

第 11 节　晨钟暮鼓

◉ 古为今用

曹操《孙子注》："临敌变化，不可先传，料敌在心，察机在目。"意思是：临敌时的变化，是不可能先传的，估量敌人只在心里，观察机会只在眼前。按某种形态买进的股票，应密切关注股价的变化，一旦发现股价没有朝着预期发展，应主动撤离，而不是硬拖。股价未来的走势可以设想无数方案，但不能苛求主力按着我们圈定的线路走。相反，我们必须围着主力的指挥棒转，不然的话，轻则黄牌警告，重则红牌罚下。"朝钟暮鼓不到耳，明月孤云长挂情"。【晨钟暮鼓】是股价转势的前奏，不可不察。

◉ 形态特征

股价经过一波拉升以后，量能开始减弱，但股价依然创出了新高，表面上给人一种加速上扬的假象。其实，这是主力刻意制造的一根诱多骗线，股价一般会在第二天反转向下。我们把巨量阳柱后面的这根缩量阳柱称为【晨钟暮鼓】。见下图。

◉ 形成机理

在拉升途中，主力面临着获利盘和解套盘的双重抛压，为了稳住场内

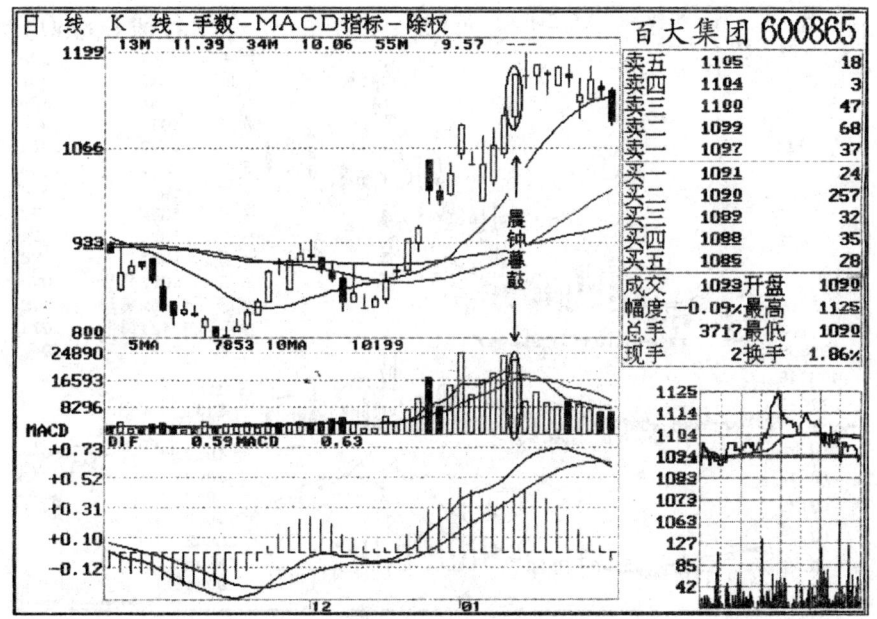

【晨钟暮鼓】是股价即将转势的信号

筹码，掩盖派发意图，精明的主力都会采用技巧进行虚浪拉升，表面上极力制造一种做多氛围，暗地里却悄悄地将筹码易手，由于主力是真减仓假拉升，所以成交量就会开始锐减，量区里的这根缩量阳柱就是主力悄悄派发时留下的痕迹。

经典案例

（1）海虹控股（000503）　【梅开二度】出现以后，由于股价离节点稍远，为了调整股价与均线的距离，主力采用【一石二鸟】震仓，然后用一个不规范的【一阳穿三线】重新把股价拉到均线系统以上，在量能的配合下，股价节节推高，然后在相对高位拉出一个带量的涨停板，主力在这里【明修栈道】，本身就已经说明了问题。第二天，股价虽然创出了新高，但成交量没有跟上来，暗示行情已悄悄走到了尽头，这时候，多数人都还蒙在鼓里，但主力已开始悄悄地撤离，【晨钟暮鼓】是主力玩弄的一个"偷梁换柱"。见图一。

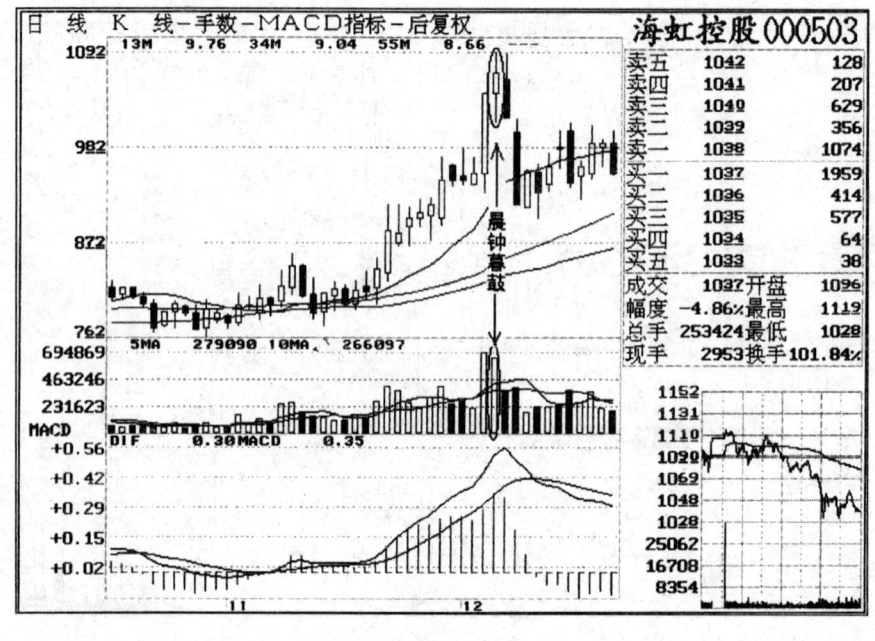

（图一）

【晨钟暮鼓】出现以后，主力就开始【落井下石】了，逃得慢的，即使不被砸死，也会被砸断一条腿。【晨钟暮鼓】的技术特征是股价创出新高，成交量反而缩减。

有一天，一个农夫的一头驴不小心掉进一口枯井里，农夫绞尽脑汁想办法救驴，但几个小时过去了，驴还在井里痛苦地哀号着。

最后，这位农夫决定放弃，他想这头驴年纪大了，不值得大费周折去把它救出来，不过无论如何，这口井还是得填起来。于是农夫便请来左邻右舍帮忙一起将井中的驴埋了，以免除它的痛苦。

邻居们人手一把铲子，开始将泥土铲进枯井中。当这头驴了解到自己的处境时，刚开始哭得很凄惨。但出人意料的是，一会儿之后这头驴就安静下来了。农夫好奇地探头往井底一看，出现在眼前的景象令他大吃一惊：当铲进井里的泥土落在驴背部时，驴的反应令人称奇——它将泥土抖落在一旁，然后站到铲进的泥土堆上面！

就这样，驴将大家倾倒在它身上的泥土全数抖落在井底，然后再站上去。很快地，这只驴便得意地上升到井口，然后在众人惊讶的表情中快步地跑开了！

就如上述情况，在实战过程中，我们难免有时候会陷入"枯井"里，会有各式各样的"泥沙"倾倒在我们身上，而想要从这些"枯井"里脱困的秘诀就是：将"泥沙"抖落掉，然后站到上面去！

（2）**明星电力**（600101） 从【日月合璧】到【晨钟暮鼓】，只用了9个交易日，股价升幅超过20%。把握股价涨跌的临界点是成为股市赢家的先决条件。见图二。

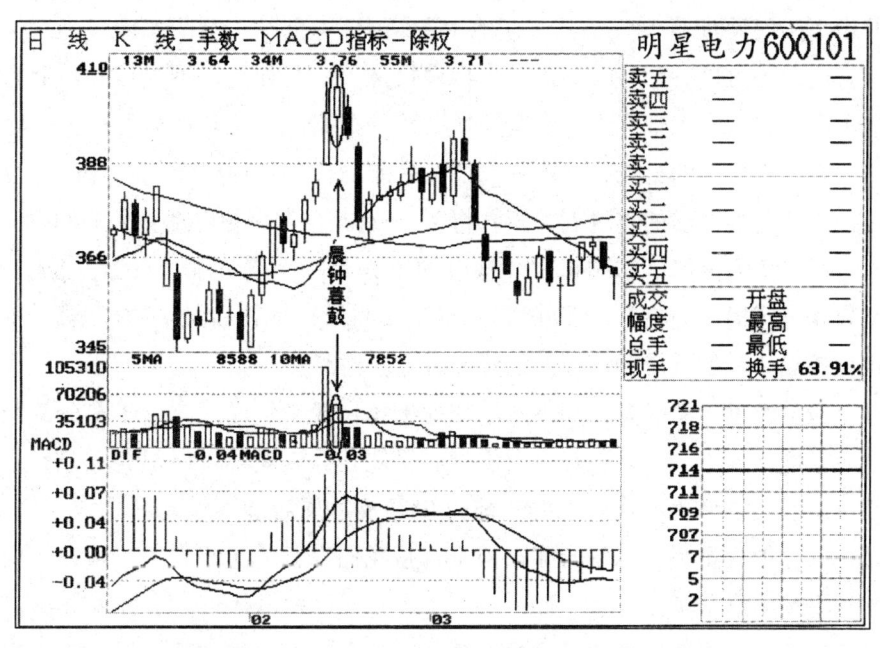

（图二）

【晨钟暮鼓】的第二天，主力就开始【落井下石】了。如果在【晨钟暮鼓】出现时没有及时清仓出局，以后就很难找到合适的出局价位，找不到合适的出局价位就拖，拖的结果就是不盈反亏。

"屠刀不离手，做多不离口，当面说好话，背后下毒手"，这就是主力的真实写照，这就是我们与之相处的主力。与这样的主力打交道，没有高超的技术功力行吗？没有铁的纪律和灵活机动的战略战术行吗？陕西的一位学员说他有一只股票，从30多元拿到1元多，持股时间比一个抗日战争所用的时间还要长。他说，我以前把自己当成了战略投资者，可战略投资者的同义词就是股票消费者。炒股犹如跳舞，重在把握行进节奏。通过培训他终于领悟到了炒股的真谛。

20世纪90年代初，股市的突飞猛进所带来的财富效应曾使很多人为之疯狂，慷慨的股市给人们提供的财富在很多人还没有做好准备时就迅速地来了，随后，金钱又迅速地将他们击垮。有一个姓曹的大户，曾经日进斗金，但今天几乎赤贫，昔日的风光已荡然无存。天有不测风云，股市不但追缴了他以前的全部所得，还使他债台高筑。职工下岗还有个低保，在股市下岗就没有那么幸运了。别管以前你给证券公司、给国家作过多大贡献，当你无力进行交易时，没有人会来扶贫。一贫如洗，不再年轻，上有老下有小，是曹大户今天的真实写照。他的财富、体质和命运显得极为脆弱，显露出呆滞的目光、呆滞的表情、呆滞的忧郁。他曾经拥有过、辉煌过，当说起他以前的"过五关斩六将"，还有几丝神采掠过那张呆滞的脸。

（3）**泛海控股**（000046）　该股的走势是一个【三线推进】，起涨的临界点是【揭竿而起】，下跌的临界点是【明修栈道】和【晨钟暮鼓】。雷声大雨点小，是【晨钟暮鼓】的鲜明特点。见图三。

股价经过一波拉升，如果开始加速上扬，成交量又没有给予充分的配合，就应格外小心了。别管主力出货时采取什么新花样，但都会在盘面上留下蛛丝马迹，关键在于你能不能发现以及发现后能不能立即采取措施。其实，主力没有我们想象的那么神奇，是我们自己的想象力太丰富，人为地把事情搞复杂了。

美国内阁大臣斯坦顿经常挑剔林肯的缺点，有时候在公开场合也这样做，而林肯却一直对他忍让有加，有人不解地问总统，为什么要把这样的人留在身边。林肯却答非所问地说他有一次去拜访一位老农，谈话的时候发现一只大马蝇正在咬老农的那匹马，当他伸手去撵那只马蝇时，老农阻止了他，并警告说："别撵它，那只马蝇是唯一能让这匹老马运动的东西。"

股市里很多不合理的事都有它存在的必要，就连亏损这种令人感到疼

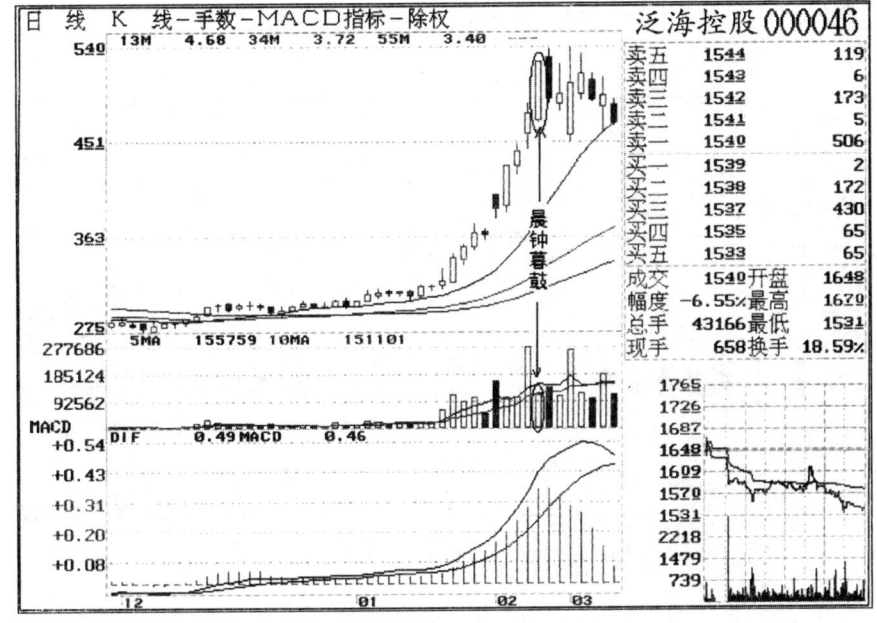

（图三）

痛的事情对于今后的成功都是有益的。它们或许会让我们调整心态，改变理念和行为；或许会刺激我们发奋努力；或许在我们沾沾自喜的时候给我们醒脑剂。注意，越是在困难的时候，越是要保持头脑的冷静和行为的克制。

（4）振华重工（600320）　且不管股价是怎么涨上来的，但【晨钟暮鼓】出现以后，股价就开始下跌。【晨钟暮鼓】是主力派发时进行的虚浪拉升，是诱多陷阱和出局信号。场内的立即清仓，场外的死活不进。

从理论上讲，买卖股票重要的是看形态，与持仓成本没有太大关系。可是，人们在卖股票时，不是依据卖出信号，而是根据自己是否赢利来决定。如果不能保本，即使股价跌得再狠，他们也会无动于衷，结果越套越深，最后实在吃不住劲就挥刀开斩，结果把股票卖在了地板价上。我们很多亏损就是这样造成的。买在第一根阳线、卖在第一根阴线是最起码的操作准则。

【晨钟暮鼓】的第二天，股价高开低走，开始时是慢慢跑，最后向下砸，锁定套牢盘。这就是我们朝夕相处的主力，与这样的主力打交道，没有铁的纪律是锁不定利润的。见图四。

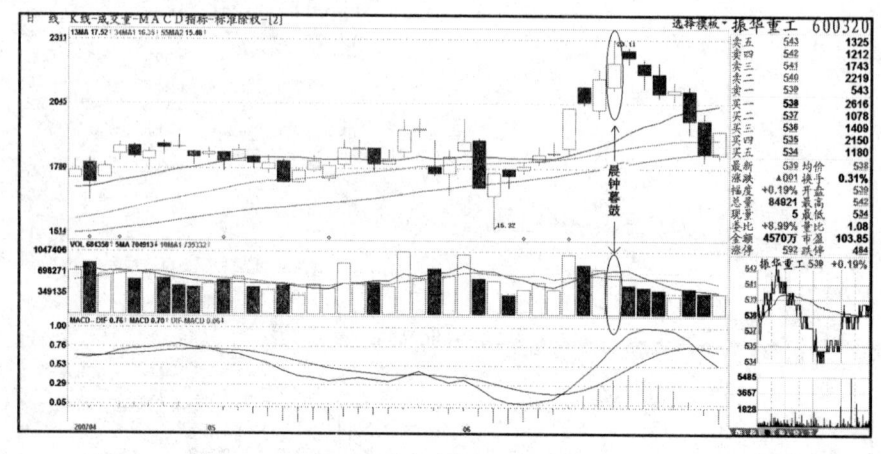

（图四）

最近，德国农学家苏贝克发现：在黑夜翻耕的土壤中，仅有 2% 的野草种子日后发芽；但如果在白天翻耕，野草种子发芽率达 80%，约为前者的 40 倍。

苏贝克说，绝大多数野草种子在被翻出土后数小时内如果没有受到光线的刺激，便难以发芽。这个研究给我们的启示是：别在人多的地方显摆，要在无人处用功。

在危机四伏的股市里行走，谁也无法保证自己永不失足，当遭遇不幸时，处于人生的黑夜时，别忘了给自己一缕希望之光。潺潺的流水声之所以那么动听，是因为溪流遇到了阻碍；枫叶之所以红得那样透彻，是因为历经了秋天的风霜。投资只有战胜困难和挫折，才会走向成功。

（5）康达尔A（000048）　该股起涨的临界点是【揭竿而起】，从快速拉升到震荡攀升，从加速上扬到反转直下，135战法都给出了具体的技术形态和明确的切入点位。在技术形态面前我们用不着胡思乱想，因为技术形态就是主力意图的真实体现，要知道主力的意图，必须先学会识图。见图五。

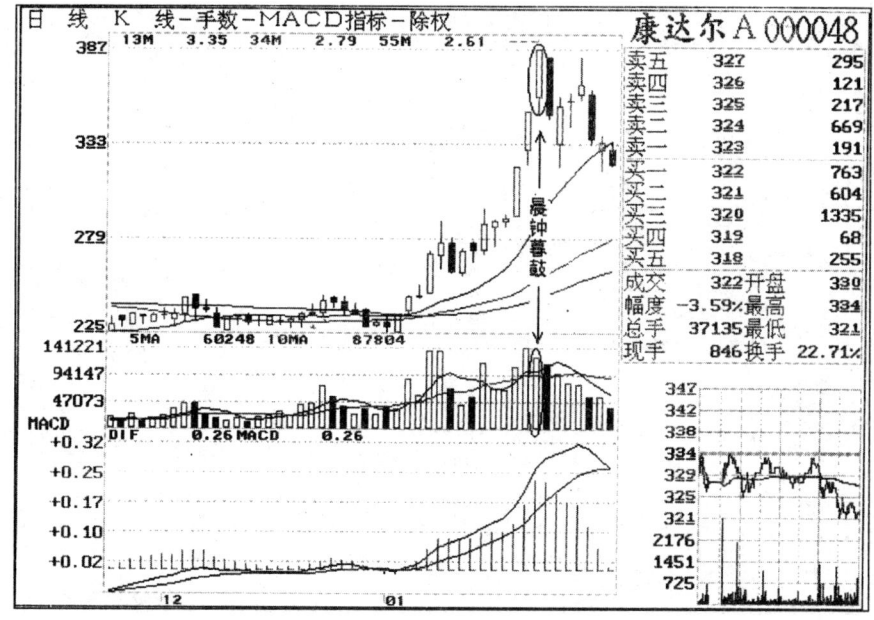

(图五)

【晨钟暮鼓】之后就是【落井下石】，主力根本不留思考的余地。【落井下石】后的反弹，是主力的再出货，应择高出局，不要有侥幸心理。

若想在股市生存和发展，首先要做到"进退有据，速战急归"，其次还要做到"心随股走，及时跟变"。主力控盘的过程，实际上就是一个筹码由分散到集中、再由集中到分散的过程。135战法的最大价值就是运用不同技术形态准确地揭示了主力控盘过程中不同阶段的盘面特征。

（6）**洛阳玻璃**（600876） 【晨钟暮鼓】出现以后，股价又创出一个新高，这是一个特例，并不具有普遍意义。通常情况下，【晨钟暮鼓】就是股价的阶段性高点，在这里清仓离场，一般都能把股票抛在次高点上。见图六。

从理论上讲，买卖股票要看股价是否会涨或是否会跌，与持仓成本没有太大的关系。然而，很多人在卖出股票时，往往根据自己是否赢利或者是否保本来决定。如果不能保本，即使股价继续下跌，他们依然会持仓不动，结果越套越深，最后实在顶不住了就挥刀开斩，结果又斩在了地板价上，很多亏损就是这样造成的。买在第一根阳线，卖在第一根阴线，是最

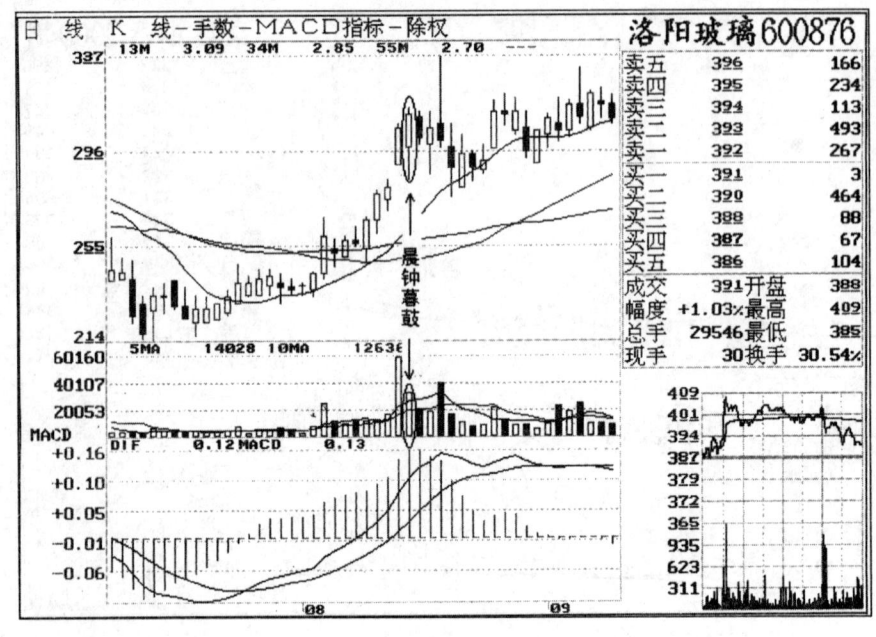

(图六)

起码的操作准则。

买进要严格，卖出要宽松。被套容易解套难，量价线形严把关。买进需要形态具备"量、价、线、形、位"5个条件，卖出只要形态具备就立即处置。宁肯错卖，决不错买。实战中，发现完美形态大胆出击，一旦出现卖出指令，要不计盈亏地果断清仓。

按照135战法给出的这种提示进行适当操作，肯定告别亏损，走向赢利。看一个人有无智慧，不是看他知道些什么，而是看他在多大程度上能够节制自我。在股市要和光同尘，不要标新立异。操作上的自以为是、违纪后的自我宽容是炒股的两大硬伤。亏损者常常是那些做梦都想赢的人，赢利者总是那些不怕亏的人。亏钱的最大原因：看盘不仔细，经常犯纪律，卖出看成本，指令当儿戏。

（7）金杯汽车（600609） 这个【晨钟暮鼓】同时还是【一枝独秀】，在股价的相对高位同时发出两个卖出信号，股价见顶的概率更大。在卖出指令面前有一种本能的恐惧，不是懦夫，而是一种能力的展示。见图七。

第11节 晨钟暮鼓

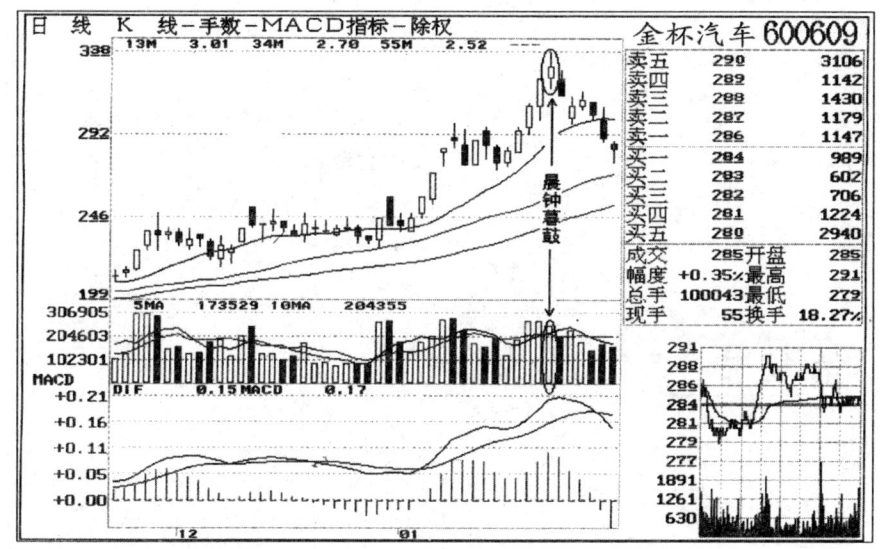

（图七）

【晨钟暮鼓】是指寺庙中早晚报时的钟鼓声。杜甫诗云："欲觉闻晨钟，令人发深省。"欧阳修诗曰："但见丹霞翠壁远近映楼阁，晨钟暮鼓杳霭罗幡幢。"寺庙里用【晨钟暮鼓】报时，我们用【晨钟暮鼓】逃命。报时的晚一点没关系，逃命的晚一点就真的没命了。

◉ 卖出时机

（1）【晨钟暮鼓】出现当天，立即出脱持股；
（2）翌日趁股价惯性冲高时，择高出局。

◉ 友情提示

一般情况下，人们都会把注意力集中在股价的涨幅上，对成交量的变化则不很留意，所以经常在这方面吃亏。实际上，股价的转势通常都是先从成交量的变化开始的。"量、价、线、形、位"是吉祥如意的一家，哪一个环节出了问题，都会导致家庭的解体。眼力不过关，吃亏就会成为家常便饭。【晨钟暮鼓】是主力精心设置的诱多陷阱，但人们依然陶醉在股价上涨的喜悦里，对悄然而至的风险并未引起高度的警惕，这才是得而复失的关键所在。

> 一个人赚钱多少，取决于对规律
> 的把握程度，而并非他的独门绝技。

第 12 节　十全十美

◉ **古为今用**

《孙子兵法·九变篇》："无恃其不来，恃吾有以待。无恃其不攻，恃吾有所不可攻也。"意思是：不要寄希望于敌人不会来，而要依靠我们的严阵以待。不要寄希望于敌人不会进攻，而要依靠我们牢不可破的防守。在没有完美形态出现以前，一定要耐心等待。抢攻不抢点，低吸有条件；买卖看形态，指令是关键。

◉ **形态特征**

股价经过长期下跌和充分整理以后，13 日均线由跌趋平，随着成交量的温和放大，股价依次向上推高，这是增量资金进场吸纳时留下的痕迹，是股价大涨的前兆。我们把持续拉出的 10 根阳线称为【十全十美】。见下图。

◉ **形成机理**

股价经过下跌以后，该走的都走了，没走的早已失去了走的勇气。底部筹码，价值凸现。于是增量资金悄悄进场，由于买入量大，股价连续拉出 10 根中小阳线，这是股价大涨前的热身，是行情即将爆发的临界点。

第12节 十全十美

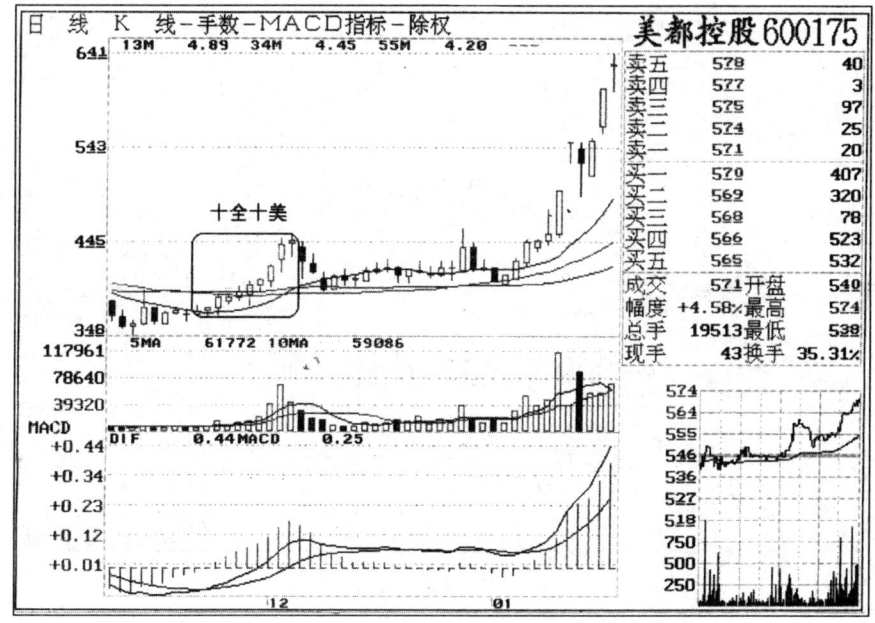

【十全十美】是行情即将爆发的临界点

经典案例

（1）**西藏矿业（000762）**　【红杏出墙】以后，股价连续拉出10根小阳线，这是主力拉高建仓时留下的痕迹。在这里和主力一道建仓，一般都会收到【十全十美】的效果。

10根小阳之后，股价进行回踩，【十全十美】形态成立。然后，主力利用【一石二鸟】震仓，股价小幅推高后，主力又用【浪子回头】把它打下来，然后控制股价在34日均线上方进行震荡整理。通过充分换手，垫高市场平均持股成本。一个变形的阳线【走四方】，重新把股价托上13日均线，然后股价从13日均线上方【揭竿而起】，直奔涨停。见图一。

拉高建仓意味着风险，既然主力不怕风险，实力肯定不一般。和实力强大的主力站在一起，也许沾不了多少光，但吃亏的时候少。锁定这样的主力，就能够使自己梦想成真。生活里【十全十美】的事情并不多见，股市里找到几个【十全十美】的技术形态不是太难。

167

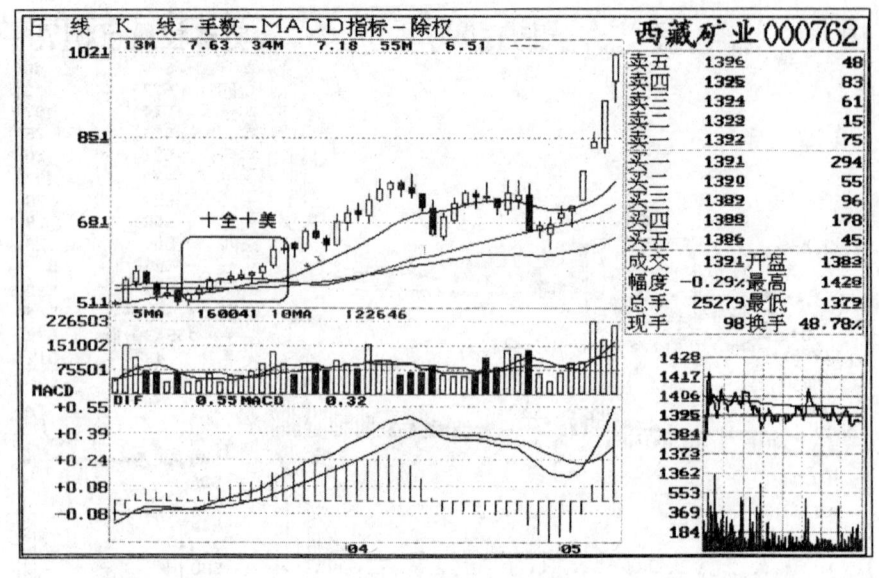

（图一）

　　一次同学聚会，谈得最多的是事业上的成功和失败。让人想不到的是，当初班上一位聪明伶俐的绝对才子，如今在一个小单位里默默无闻；而一位不谙世事、反应总是慢半拍的被讥为"呆子"的同学，拿到了博士学位，现在已从海外学成归来。仅仅十多年光景，才华与成就的此消彼长为何如此巨大？原来"才子"兴趣广泛，喜欢追逐时尚，涉猎领域众多，却都是蜻蜓点水，仅够谈资之用；而"呆子"自谓才气不足，琴棋书画、诗词歌赋一概不懂，唯爱读书钻研，用心专一，宛如檐水滴石，水滴石穿，故才有学业上的精深。

　　"呆子"的成功不禁让人想起数学大师陈省身先生的一番话，他说："我一生当中只做一件事情，这件事情就是数学。"年轻时陈省身面临很多选择，他发现自己搞体育不行，因为连女同学也跑不过；搞音乐也不行，因为没有乐感，听不懂哪个曲子美哪个曲子不美。最后，他选择了自己热爱的数学。为了搞数学研究，他几乎不参加别的什么活动。在南开大学，他给自己住的房子起名叫"宁园"，意在安静地做自己喜欢的事情。他之所以如此专注，是因为他觉得一个人一生中的时间是一个常数，应该集中精力做好一件事。

很多人做股票都是兼职的、业余的,根本没有把它当成事业去做,所以赔点小钱是正常的。那些把它当成职业去做的,由于没有一个正确的理念和方法,股市也让他们吃点苦头,也属情理之中。其实,炒股是一门专业性很强的职业,很多人没有经过任何培训就上岗了,结果不是被主力打得鼻青脸肿,就是被股市炒了鱿鱼。

(2) **中国船舶**(600150) 在均线系统附近,股价持续拉出10根阳线,增量资金进场明显,【十全十美】发出买进信号,这时候已经没有多少人敢跟了,因为股价升幅已超过40%。

【十全十美】以后股价没有创出新高,而是沿着13日均线窄幅波动,然后演变为【三线推进】走势。对于那些横盘拉升类的个股来说,在股价的拉升过程中一般不会持续放量,因为筹码已被主力高度锁定。在运用【三线推进】这个形态时,应注意两点:一是拉升末段,股价携量上攻,技术形态出现【狗急跳墙】时应出脱持股;二是借除权后的巨大缺口放量出货。量价关系只对主力高度控盘的个股管用,抛开主力控盘这一核心内容去分析量价关系没有任何实际意义。

凡是形成【十全十美】技术形态的个股,未来的升幅都较大,如果能演绎成【三线推进】,预期还可提高。见图二。

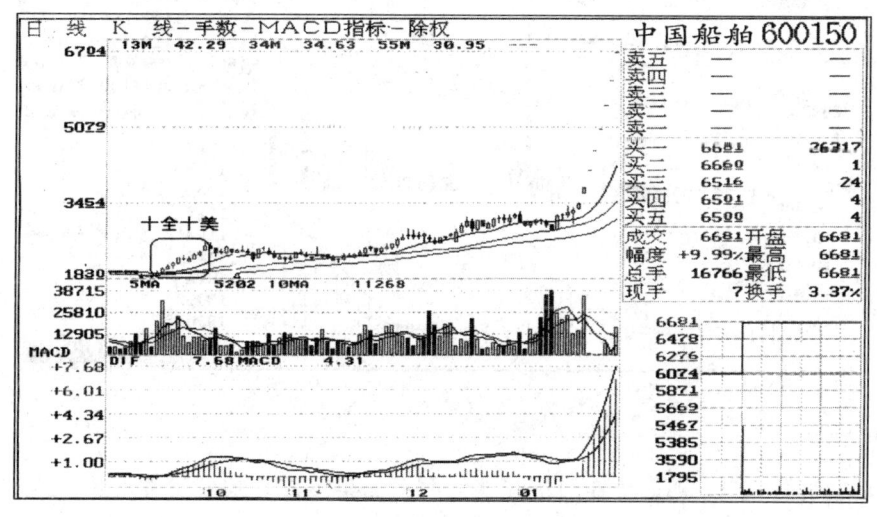

(图二)

(3) **通化东宝**(600867) 【十全十美】和【海底捞月】在同一时间发出进场指令。第二天,股价无量封停,说明大部分筹码已被主力控制。但股价并没有长驱直入,而是横盘整理。然后借除权缺口放量下跌。这根巨量阴线是不是主力在出货?不是。为什么?因为股价位置太低,主力出货无利可图,所以只有一个解释:主力利用压价逼仓收集筹码。相同的形态出现在不同的位置,其市场意义是不一样的。从某种意义上说,股价位置比技术形态更重要。但人们注意更多的是形态,对股价目前所处的位置并不怎么留意,这就是相同的形态有的涨有的不涨的原因。形态、位置、周期关系的和谐共振,是股价能否上涨的决定因素。除权后的那根缩量阴线说明只是散户在抛,于是,股价在13日均线处止跌企稳,伴随着成交量的温和放大,除权缺口被填满,随后又突破除权前的整理平台,一路跃马扬鞭。见图三。

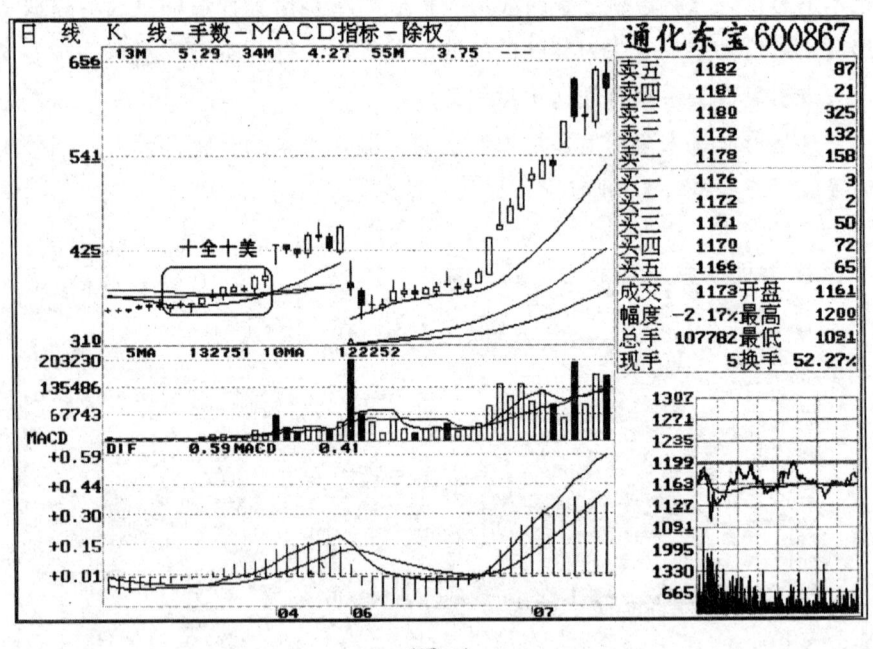

(图三)

如果可能,那就买在股价起涨之前;如果不能,那就买在股价起涨以后。学习135战法,应以提高操盘能力为中心,而不是以记住某些技术形态为根本。因为技术形态是死的，只有把它灵活地运用到实战中，才能变成实实在在的财富。重视技术形态是对的，但仅仅停留在记忆上则是十分浅薄的，在具体操作中，重要的不是看你记住了多少买卖点，而是看你如何去运用这些买卖点。实战中的每一次胜利，都是良好竞技状态和意志品质的体现。

每当有人问我某只股票的流通盘是多大、每股赢利是多少、未分配利润是多少的时候，我总尴尬地说不知道。看到他惊愕的样子，我说："这些只要敲一下F10（基本面资料）就会知道了。"坦率地说，每年我做的股票不能算少，但它们到底是做什么的，我确实不知道，我只关心股票的技术形态和位置。因为，决定股价上涨或下跌的是技术形态，并非股票的业绩。实战中，我会根据该股形态的不同性质，作出进场、退场、减仓或加仓的决定，从不问它是否盈亏。

股市的性质决定了我们必须"心随股走，及时跟变"。如果你的思维方式不能适应股市的变化，就很难踏准股价的节奏。有人说股市太复杂太黑暗，我不这样认为，你用复杂的眼睛去看，看到的只是复杂，你戴着墨镜去看，看到的只能是一片昏暗。

股市的舞台很大，它没有顶，只要你的营养跟得上，你想长多高就长多高。在神奇的135战法的指引下，让我们唱响同一首歌。

(4) **氯碱化工**（600618） 这个【十全十美】出现在55日均线以下，主力收集筹码的意图更加明显，随后出现的【九九艳阳天】更加暴露了主力的勃勃雄心，细心的读者可以认真地分析一下该股后来的走势，看看能否从中悟出点东西来。见图四。

成为股市赢家需要很多条件，最重要的一条是，当他被股市击倒100次时，他能101次地站起来。成功有时候只是因为"坚持"，当成功与失败的比例是三七开时，坚持的时间越长，成功的概率就越大。凡事坚持，不屈不挠，就是赢的姿态。南非前总统曼德拉说："生命中最伟大的光辉不在于永不坠落，而是坠落后总能再度升起。"我欣赏这种有弹性的生命状态，勇敢地面对股市，快乐地经历风雨。

有人说，炒股就是冒险。但是股市给我的答案是：炒股不过是一场可怕的经历而已。当决心从事证券投资时，不论你之前学历有多高，也不管

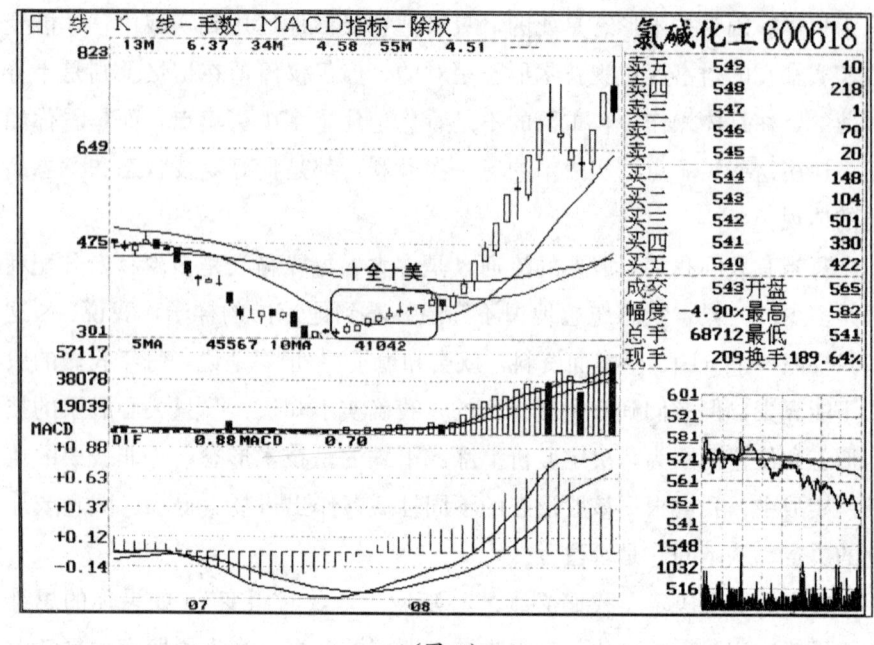

（图四）

你过去社会地位和职业怎样，都是从零起步。每个人都必须也只能依靠自身的努力，通过脚踏实地的学习与实战，通过对知识的理解和经验的积累逐步靠近成功。在股市，只要你肯努力、愿付出，每个人都可以拥有成长的舞台和成功的机会。

（5）**太极实业**（600667）　量区里的【步步高】，促成了【十全十美】的形成。然后，主力用【暗度陈仓】对形态进行确认。第二天，股价平开高走，连续拉出4阳后，主力为清洗获利筹码，用【一石二鸟】进行震仓，随后，股价延续原来升势顽强上攻，6天之后，股价创出近期新高，但【一枝独秀】告诉我们：股价不涨了，你快走吧。接着【晨钟暮鼓】再次发出离场信号。见图五。

在指令面前反应迟钝、行动失调，不仅仅丧失机会，还有劈头而来的灾难。指令不是金钱，但比金钱更有价值。成熟与幼稚的界限是妥协，一个人只要知道什么时候该坚持、什么时候该放弃，他就开始赢了。

选择了股市，就意味着选择了风险，选择了风险，就要使自己变得勇敢。什么叫勇敢？柏拉图在《理想国》中是这样定义的："怕应该怕的，

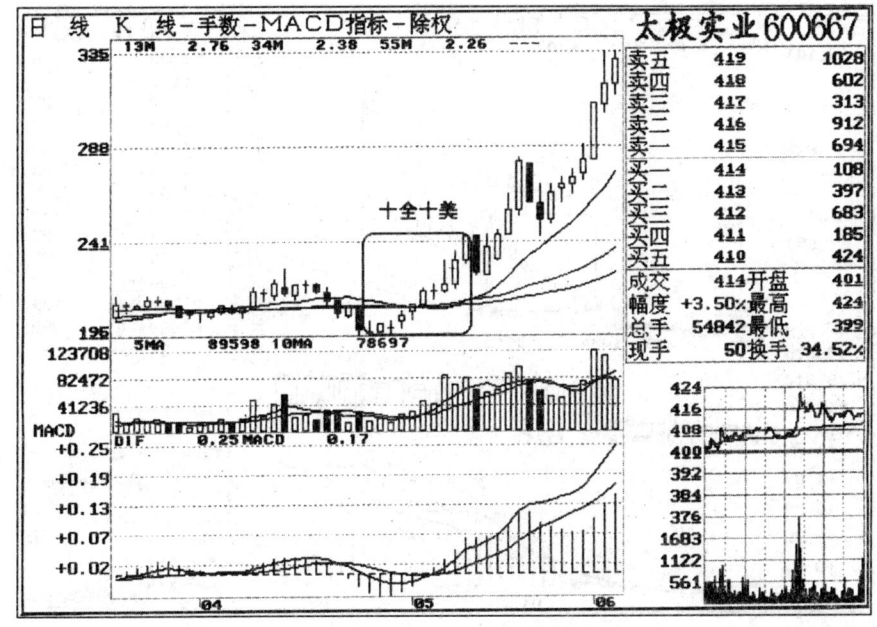

(图五)

而不怕不应该怕的。"在实战中,什么是应该怕的?135战法中的每个卖出指令都是应该怕的,如果在卖出指令发出后不立即出脱持股,轻则退回利润,重则造成亏损。135战法中的每个买进指令都是不应该怕的,如果在买进指令发出后犹豫不决,机会就会消失,利润就会跑掉。在进攻指令面前,只有不怕死的人才配活着;在撤退指令面前,只有贪生怕死的人才有资格当赢家。股市机会多多,风险也多多。一个人只有做他能做的和该做的事,才会不受伤害或少受伤害。什么是能做的?交易系统发出的每一个指令都是能做的,知道自己能做什么,说明你在不断成长;什么是该做的?交易系统发出的每一个指令都是该做的,知道自己该做什么,说明你在不断成熟。

(6)株冶集团(600961)　该股的起涨点是【红衣侠女】,我们知道【红衣侠女】是135战法中的"拼命三郎"之一,是135战法中的首选形态。【红衣侠女】出现以后,股价持续拉出10根阳线,非常自然地演变成了【十全十美】的技术形态,表明股价的这一段拉升尚属收集性质,股价还会走得更远。见图六。

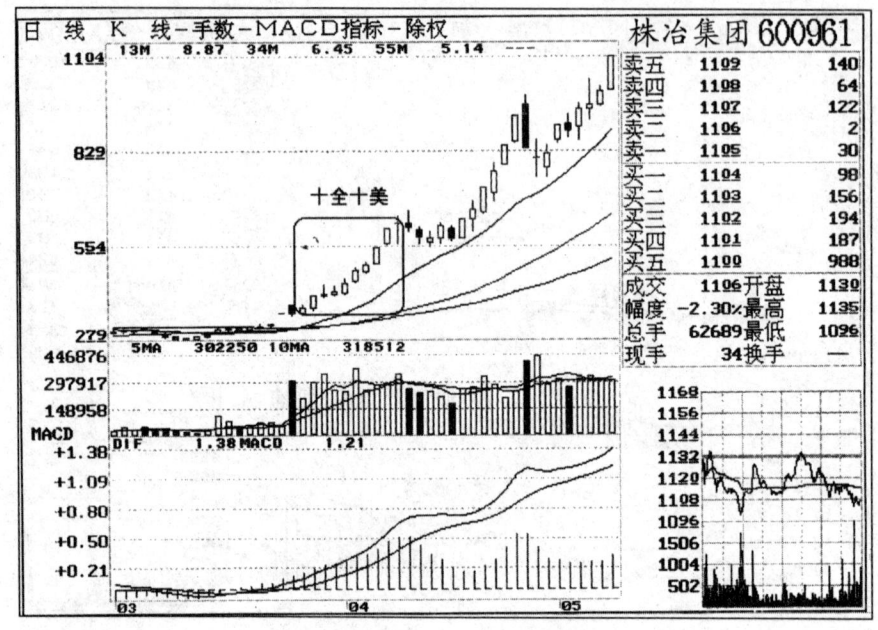

（图六）

【十全十美】之后，主力用【一石二鸟】轻度震仓，充分反映了主力的惜售心理。股价横盘几天后重拾升势，然后走出一波轰轰烈烈的行情。

做股票光有精深的专业知识是不够的，因为在复杂多变的股市里面，关键在于应变和处置问题的能力。因此，更应从哲学、军事、美学、文学特别是行为学等学科中汲取营养。

交易指令是股价运行规律的客观反映，是买卖股票的重要依据。在交易指令面前，既不要太相信自己的看法，也不要太迷信自己的经验，一切让指令说了算，一切按指令办，这样就会少一些沮丧和懊悔。但是，人类是唯一不需要缰绳就可以被牵着走的动物，股市里的任何诱惑都可能使他们轻举妄动。如果没有一套方法和纪律来节制，投资就会变得毫无头绪。

一个公司要招聘一名财务总监，各路精英跃跃欲试，但公司的考试别出心裁，招聘主官发给每个应聘者一个苹果、一些指甲大的商标和一把水果刀，要求10分钟后交出答案。

10分钟以后，招聘官拿起一个溃烂处被贴上商标的苹果说：公司的缺点就像苹果上的斑点,用商标把它遮住是对的,但维护了形象却没有改正缺点。应聘者由于没有把改正公司的错误当己任,被淘汰。

招聘官拿起一个被剜去斑点后贴上商标的苹果说:这种做法是正确的,但这样一剜,公司的形象却被破坏了。应聘者由于没有考虑公司形象也被淘汰了。

这时候,招聘官手里只剩下一个苹果。这个苹果又红又圆,竟然完好无缺,上面也没有什么商标。他大声问道:"这是谁的答卷?"

一个考生站起来说:"是我的。"

"它是从哪儿来的?"

考生说:"我刚才进来时,注意到公司门前有一个水果摊,当大家都在专心致志地修理手上的烂苹果时,我计算了一下时间,然后就出去买了一个新苹果,我认为,当一些事情无法挽救时,我选择重新开始。"

结果这个考生被录取了。

当我们手中的股票被套时,很多人不是想方设法立即出局,而是通过不断补仓去解套,这和在溃烂的苹果上贴商标没有什么两样。135战法中有一个重要原则叫"死不补仓"。想想看,为什么要补仓?因为被套;为什么被套?肯定是没有严格按指令进场,或者当股价发生变化时没有及时跟变。说到底还是一个理念问题,理念问题不解决,操作水准难以提升。

(7)**恒瑞医药**(600276) 这个【十全十美】出现的位置较低,说明主力收集筹码时很有节制,越是这样的形态,未来的升幅就越大。要想把股票做好,需要找准两个位置:一是运用135战法找准股价所在的位置,二是在股市坐标上找到自己的位置。找准股价的位置,就不容易吃骗线,找准自己的位置,就不会再蛮干。

【十全十美】在牛市行情里较为多见,这样的主力实力较强,发现这样的技术形态,就等于找到了强势股,要敢于大胆参与,而且在持股上要有足够的耐性,只要没有明确的出货形态,就不妨陪主力多待一会儿。见图七。

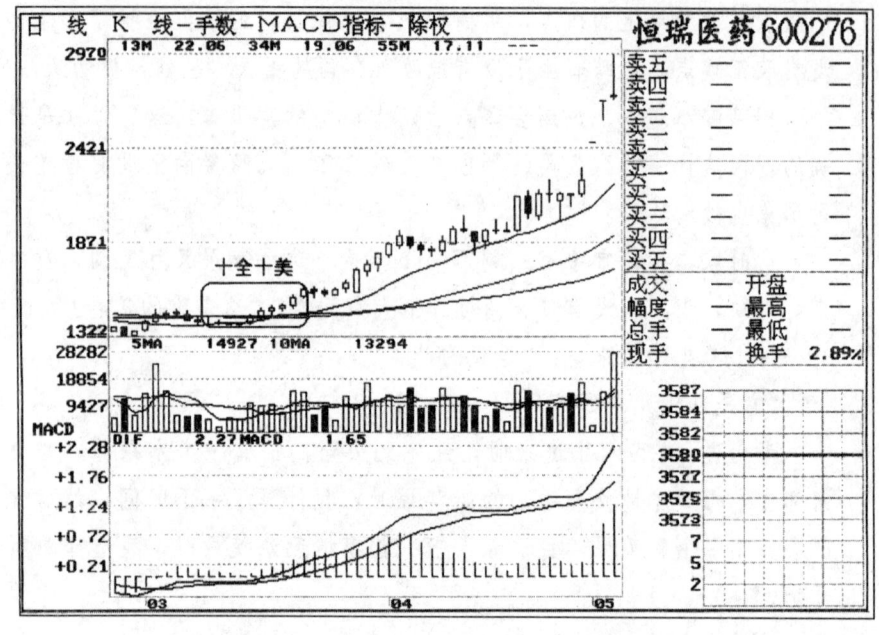

(图七)

一次去镜湖山旅游，先乘索道至山顶，饱览风光后，准备去下一个景点——谷口。告示牌上给游客提供了两种选择：一是直接乘索道前行，票价10元；二是先入另一个通道，参加一种翻番奖励游戏，每人一次，共七关，然后再乘索道，票价15元。我想，既然到了山顶，还差这5元钱？

入第一关，电子屏幕上写着：现在，您已经获得了5元钱的奖励，如满足可结束游戏，从侧边出去领取奖金。我想，多花了5元钱就这结果呀，继续。第二关屏幕上写着：现在您已经获得10元钱的奖励，如满意可结束游戏。我继续向前走。第三关，奖金成了20元。我又想，下一个肯定是40元了，继续……到了第六关，屏幕上写着：现在，您可获得320元钱的奖励。我琢磨着，下一关也许是640元，一咬牙，再闯最后一关！

可是，当我进入第七关时，只见工作人员手中举着一个"欢迎下次光临"的牌子，在惊呼上当的同时，多少带着一些遗憾空手离去……

我猜想这个游戏的策划者肯定汲取了股市的某些游戏规则。先给你一点甜头，让你觉得有利可图。然后引诱你不断追加资金，等你把家底全部投进去的时候，股市先让你退回原来的利润，然后再向你追缴高额股票消费税。

据说论证这个游戏规则时,很多董事提出质疑,旅费昂贵,回头客肯定不多,但是如果上当者告诉后来人,都在第六关结束游程,那可赔惨了……策划者说,不可能。这一关过的其实是欲望关,一般人很难超脱。而且上当者希望更多的人上当,以保持心理的平衡,怎么可能告诉别人呢。万一真有那天,停止游戏就可以了。这个创意让旅游区获得了相当丰厚的利润,而且至今仍在继续……

◉ 买进时机

(1) 在【十全十美】进行回踩时,轻仓试探;
(2) 股价形成"阳克阴",半仓跟进;
(3) 股价突破前期整理高点,重仓出击。

◉ 友情提示

【十全十美】比【八仙过海】【九九艳阳天】的收集量更大,行情走得更远,但出现的频率比后两者低。

下篇：实战与指令

在指令面前，像猛虎一样勇往直前；在资金管理上，像狮子一样统率一切；在看盘时，像黄牛一样勤勤恳恳；在选股上，像猫一样不受他人左右；在实战中，像猴子一样灵活机智；在执行纪律上，像狗一样忠诚。

第1节　进退有据不逞强

——点击视觉中国（000681）

任何时候，股市中都会有一些不甘寂寞的个股跳出来表现一番，这虽然增加了获利的机会，但也增加了选择的难度。于是有人不停地换股，耐心变得越来越差，注意力更是不集中。频繁换股，是缺乏自信、急功近利的表现。今天截一只股的头，明天取一只股的尾，忙活半天，仅获一点蝇头小利，在股市处于单边行情时是很不划算的。短线不聚财，波段挣钱快。有人坚持自己的理念，只赚自己交易系统提供的利润，在指令没有出现以前，就耐心地等待，挨过枯燥沉闷的日子，最终迎来投资的精彩回报。

记得那是一个非常平常的日子，收盘后，我对学员当天操作情况进行简单点评以后，就开始带着学员复盘，复盘是学员每天必须完成的作业。复盘旨在训练学员的耐力、眼力和选择能力。如何从具备技术形态的几十只股票里面再选出3至5只，然后再从这3至5只股票里面选出1至2只第二天要操作的股票，这需要专业的眼光，需要专业的手法。通过这种强化训练，着力培养学员们的搜索能力和选择能力。有时学员们选出的股票竟然惊人的一致，说明他们的识图关已经闯过去了。接下来就要过选择关了，这一关至关重要，成败就在此一举。有时候，为什么我们千挑万选的股票愣是不涨，而那些作为预备队的股票却一个比一个涨得厉害？问题就出在选择上面，这个问题不解决，操盘质量难以提升。

复盘汇总时，我把学员选的视觉中国和汉商集团作为第二天的操作重点，并把视觉中国作为首选，把汉商集团作为次选。大家一定会问，在数千只股票里面为什么要选这两只股票？因为它们都出现了【揭竿而起】的技术形态，符合 135 战法的选股条件。那为什么把视觉中国作为主要攻击目标，而把汉商集团放在其次呢？因为视觉中国比汉商集团的技术形态更完美，走势更强劲，"两利相衡取其重"嘛。目标确定后，学员们分头准备去了。见图一。

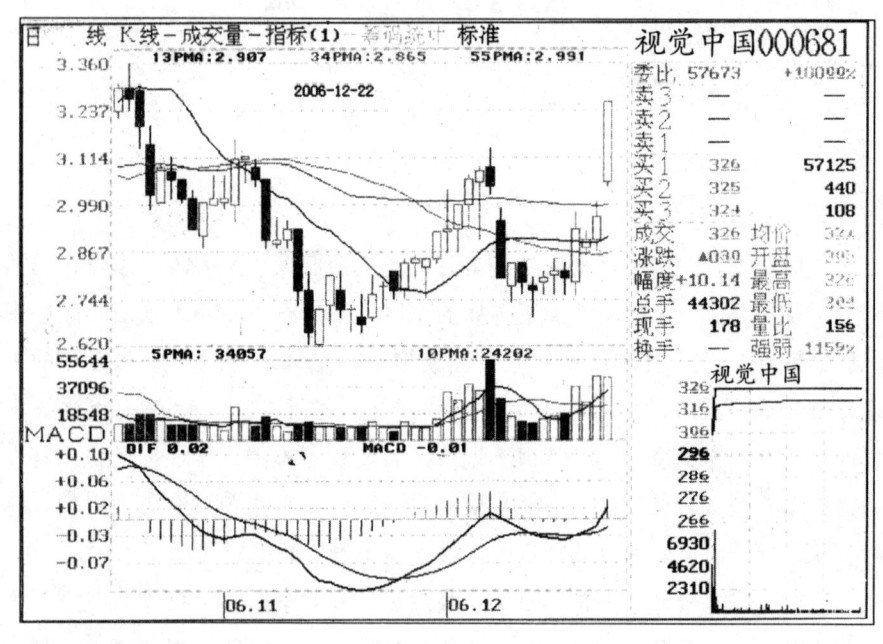

（图一）

回复完函授的作业已是子夜，最后又加一条信息：明天重点关注视觉中国和汉商集团。为什么要关注这两只？旨在考察和培养函授学员的选择能力。但我已经料到，多数人会选择汉商集团，少数人会选择视觉中国。因为视觉中国涨势凶猛，汉商集团相对温和一些。反馈回来的信息，不幸被我言中，却没有一点得意，心底反而生出一丝忧虑，这种忧虑源于函授学员还没有从本质上把握 135 战法。135 战法的本质是什么呢？第一点"只认指令，不管输赢"，这一点多数人都做到了；第二点"追强驱弱"，这一点只有面授学员做到了。由此看来，函授学员与面授学员还存在着很大差距。如何缩短这个差距，尽快跟上面授学员的思维方式和行为模式呢？最终还需从理念入手，从基本功抓起。目前我为函授学员们编写的

《训练大纲》业已完成。从识图训练到实战训练,从计划制订到盘中调控,从资金布局到进出场步骤,从操盘标准到自我评判,都有着具体的训练内容和明确的操盘标准。这样一来,学员们就知道该练什么、练到什么程度、达到什么标准,只要按照训练大纲的要求去做,同样能达到与面授学员一样的效果。虽然时间上稍长了一点,但不至于再走弯路。

　　视觉中国在集合竞价时跳空高开,机会来了。于是,就带着学员开始下单。开盘后,股价稍作下探便发力上攻,在成交量的配合下,股价很快封住涨停板。对着静穆的涨停,学员们笑了。有什么能够遏制生命的力量呢?有谁能够阻挡春天的到来呢?又有谁能够扼灭永恒的希望,封闭梦想的湖,按住他们的头,不许他们仰望成功,不许他们的心去追逐梦想,去追逐勇猛的黑马和金灿灿的大阳线呢?因此,炒股变得深邃而静穆。我和学员一起分享着135战法带来的快乐。这时候,部分函授学员纷纷电话告知他们买进了汉商集团。买就买了,大不了就是少赚一段利润。其实,做一波视觉中国再来做汉商集团都赶趟。但他们现在还不知道什么叫强势、什么叫节奏、什么叫选择、什么叫勇敢,那就在今后的实战中慢慢领悟和磨炼吧。见图二。

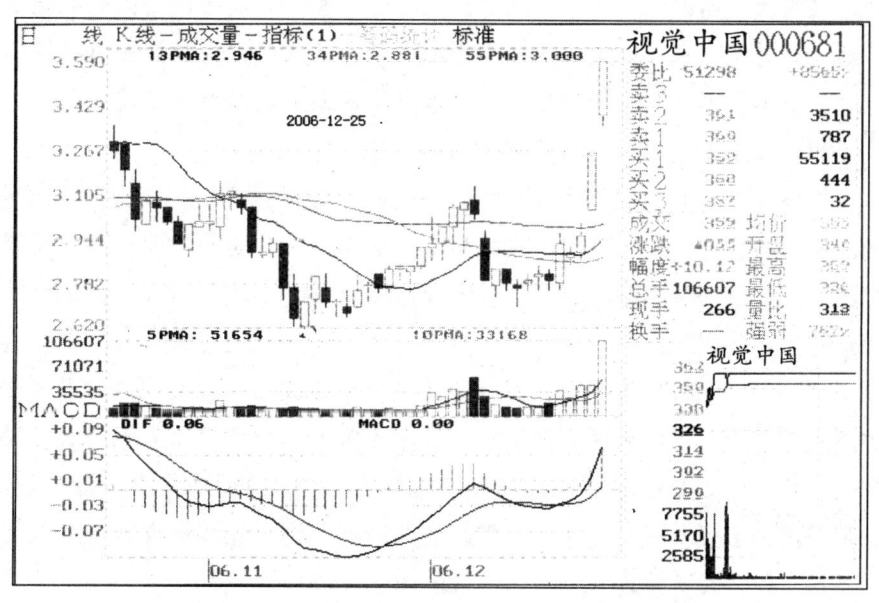

(图二)

世界上最成功的投资大师——沃伦·巴菲特，同时又是一个非常平凡的人，他在美国内布拉斯加州的奥马哈出生、长大。40多年来他一直居住在法纳姆大街那栋自己以3.15万美元购置的灰色水泥墙的房子。他穿皱巴巴的普通西装，亲自开车，常喝"樱桃可乐"，多数情况下是光顾"戴瑞王后"这样的小饭馆，而不是五星级的豪华酒店。

这位土生土长的奥马哈人却有着不平凡的生活经历。回顾他的童年时代，就可以很好地了解这个机敏的投资者的成长过程。巴菲特生于1930年8月30日，在家里3个孩子中排行老二。他的父亲霍华德·巴菲特成长于一个杂货商的家庭中，但后来却成了一名股票经纪人，之后又成为美国国会议员。

在很小的时候，巴菲特就对赚钱很用心。那时他常常挨家挨户地推销果味汽水。他和一个朋友利用数学知识开发了一个在赛马比赛中选拔冠军的识别系统，然后开始推销他们的"马童筛选器"的内部消息传单，但因为没有经营许可证被迫关掉。后来，他还在祖父的杂货店干过一段时间。在11岁的时候，已近成熟的巴菲特买进了自己的第一只股票。

在巴菲特全家搬至华盛顿特区后，他开始为《华盛顿邮报》和该报的对手《时代先驱报》送报纸。巴菲特把自己送报的5条线路安排得就像生产线一样有条不紊，后来他甚至还添加了杂志的递送，这样他提供的订阅品种就更丰富了。在校读书期间，他每月的收入就已经有175美元了，相当于当时成年人全职工作的月收入。

14岁那年，巴菲特花了1200美元在内布拉斯加州购置了一片40公顷的农田，然后开始从佃户那里收取租金。他还和一个朋友为理发店安装弹球游戏机，从而每周赚得50美元，他们把自己的"企业"称作"威尔森钱币运作机器公司"。

这时的巴菲特尽管不起眼，但已是一个小获成功的商人。他对上大学并不感兴趣，不过后来还是在父亲的敦促下去了宾夕法尼亚大学的沃顿学院。两年后，巴菲特转学到其父母的母校——内布拉斯加大学林肯分校，在那儿修完了大学最后一年的课程。这期间巴菲特还在《林肯日报》谋得了一份工作，负责管理6个乡村地区的50个报童。

巴菲特曾申请哈佛商学院被拒绝，这后来成为哈佛历史上最糟糕的录取决定之一。这个结果对巴菲特的一生产生了深远的影响，他因此进入哥伦比亚商学院，并师从著名的证券分析之父——本杰明·格雷厄姆，巴菲特从导师身上学到的东西为日后形成自己的投资风格奠定了基础。

一开始，巴菲特凭借投资来赚钱。他最初的资本来自卖果味汽水、送报纸、安装弹球游戏机而攒下的积蓄。在1950年到1956年期间，他的原始资本积累由9800美元升至14万美元。此后，巴菲特开始与家人和朋友结成投资伙伴关系，后来凭借口头游说和一些优惠条件拉拢其他投资者。

巴菲特的目的是以每年平均10%的比率超出道琼斯工业指数。在巴菲特倡导的"合伙投资"模式下，在1959~1965年间，巴菲特的投资以每年29.5%的综合速度增长，大大挫败了道琼斯在同一时期7.4%的回报率。

巴菲特的投资策略可映射出他的生活方式和人生哲学。他没有囤积居奇，诸如收集汽车和艺术品的嗜好，他厌恶把钱花在高级轿车、私人餐厅和豪华地产这类奢侈品上。他是个善于遵循习惯的人——住同一栋房屋，在同一间办公室办公，在同一个城市生活，喝同一牌子汽水——他不喜欢变化。用在他的投资理念上，就是紧紧抓住投资"核心"不变，如美国捷运公司、可口可乐公司、华盛顿邮报公司，而且是"永远不变"。

巴菲特对待遗产的态度也与众不同。他对"超级富人"自我放纵的生活方式非常反感，他把遗产看作"私人资助"的饭票，这让有钱人家的孩子们无法过上正常而独立的生活。对自己的3个孩子，巴菲特在每年圣诞节时给他们每人1万美元作为一年的花销——免征所得税收的最低限度。若是给他们贷款，则需签订书面协议。有一次，他女儿苏茜在机场需要20美元的停车费，巴菲特虽然把钱借给了她，但却要求女儿给自己写一张支票当作偿还。

巴菲特严格的处事标准使他即使是面对慈善事业也很难慷慨解囊。他对待慈善事业的态度犹如对待股票，认真评估投入资本的有价回报。他建立了巴菲特基金会，意在积累资金，在自己和妻子死后发放。不过巴菲特基金会至今已为许多组织捐集数百万美元，资助的项目包括人口控制、计划生育、堕胎和避孕等。

对于巴菲特来说，有一点可以肯定：他非常热爱自己的工作。"一年中的每一天我都在做自己喜欢做的事，我与自己喜欢的人在一起工作。我用不着与自己讨厌的人打交道。我欣欣然扑向工作,到了公司我会觉得工作就好像是让自己仰面躺下,用手中的笔绘制天花板一般轻松。工作让我快乐无比。"巴菲特说。

第二天,视觉中国股价依然跳空高开,急速下探后又急速拉起,盘中震荡加剧,有学员问走不走?我说再等等。任何一根阳线的形成,盘中一般都会经历几次大震荡,从目前的位置看不算太高,不出意外的话,今天还应以涨停板报收。

力量来源于抵抗。森林中最结实的树,不是远离暴风摧残和阳光暴晒的那一棵,而是在风雨中和烈日下为生存而抗争的那一棵。

不少人拿过强势股,但最后都没有捂住,主要是防震仓能力不够。盘中稍有风吹草动,就立马撒丫子走人,结果捡了芝麻,丢了西瓜。若想获得大段利润,必须死死地盯住一只股票,建立主仓位,然后根据股价的波动频率不断地高抛低吸。注意,抛出的筹码一定要及时捡回来,不然的话,很快就会被别的股票抢走眼球。定了主仓位,就有了牵挂,黑马就不易脱缰了。

主力火箭发射似的把股价送上了涨停板,但长长的下影线也埋下了隐患,说明主力趁乱派发了一些,【拖泥带水】就是见证。暗示股价行将调整,仓位大的应主动抛出一些,仓位小的明天再抢它3~5个百分点,因为【拖泥带水】之后,股价一般还会有新高。见图三。

股市本身并不创造价值,它之所以能够生存和发展,除了政策的扶持,还有场外资金源源不断的涌入。人只要有过一次赚钱的经历,这辈子就很难再与股市脱离干系,挣钱的希望再多挣一些,亏钱的希望把本捞回来。正是那些死不服输的人的无私奉献,正是那些怀揣梦想的人流血流汗,才使得股市保持生态平衡。但是,任何一个行业,只要挣钱的多于亏钱的,这个行业就要开始走下坡路了。

第三天很快就到了,股价依然高开,集合竞价时有的学员已高打5个百分点挂单了,开盘后股价依然高开,但冲高回落的第二波攻击显得有气无力,这是股价见顶的信号,股价随后的下跌速度飞快,恕不奉陪了,走。见图四。

股价很快跌破了昨收盘,说明强势已去。我给强势股下的定义是:回

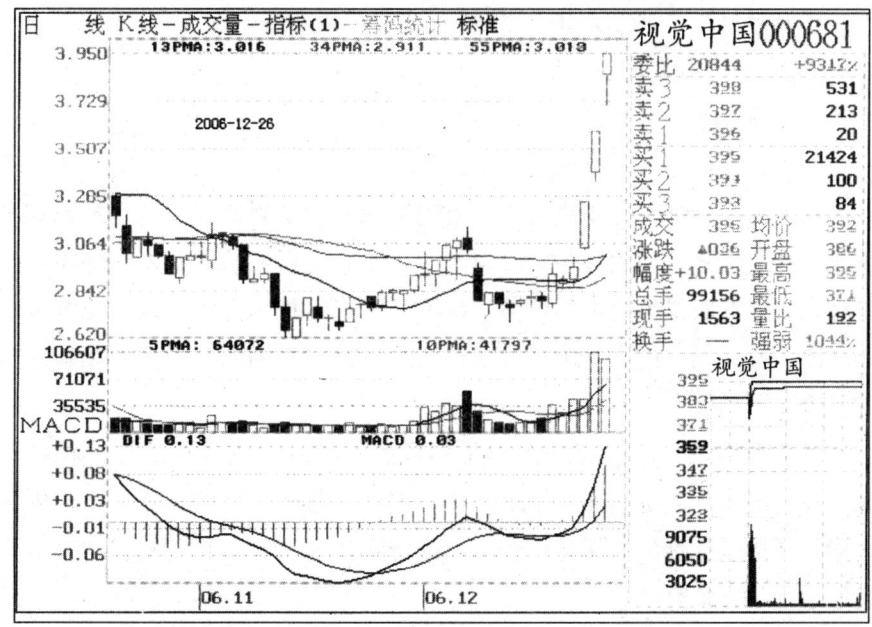

（图三）

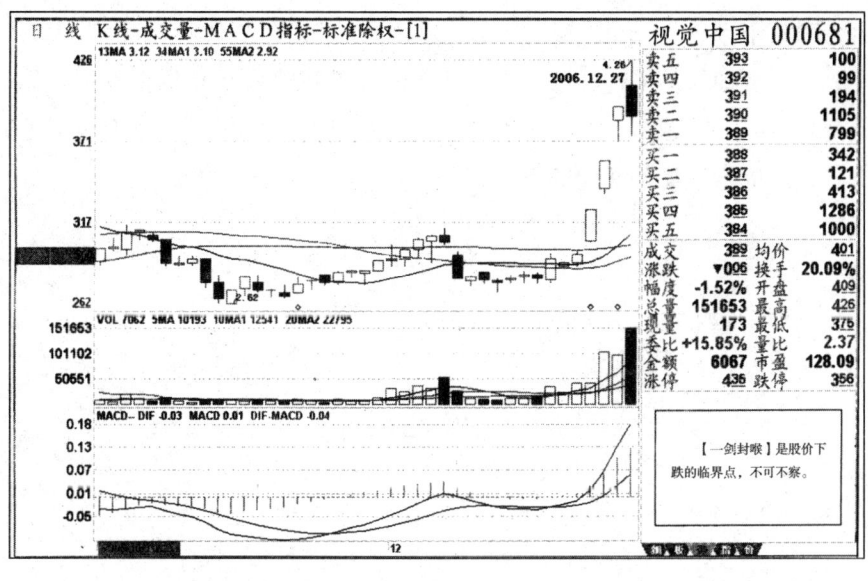

（图四）

调不破昨收盘，回调不破均价线。目前，这两个禁区都被打破了，所以就不能再按强势股对待了，起码今天是这样。

任何一只股票第二天都会出现九种走势，它们是：

(1) 高开高走、平开高走、低开高走；

(2) 高开平走、平开平走、低开平走；

(3) 高开低走、平开低走、低开低走。

出现第一种情况要坚决捂住，出现第二种情况暂时观望，出现第三种情况要坚决走人。当天卖不卖股票，取决于昨天对股价的分析，绝不是临时动议。所有股票第二天的走势，都不外乎这九种情况，如果对这九种走势烂熟于心，根本用不着现场判断，第二天根据不同的走势采取相应的措施就可以了。

不能否认，股市里有些东西是不可战胜的，像堂吉诃德那样横冲直撞，除了鲜血，就是伤痕。不要和股市硬碰，要同自己的弱点死拼，因为和股市硬碰会让你失去很多，和自己的弱点拼命会让你得到很多。在股市我们必须学会计算成本。

不知从何时起人们总是觉得认真的人太蠢，退让的人太屄。每个人都急切地想用最少的力气去换取最大的利益。稍稍有所退让就觉得自己仿佛丢失了整个世界。

每一次烦恼的出现，都是一个改正缺点的机会，而且你会发现，你越是计较，痛苦就越多。这些人类的弱点，都是心灵的折射，就像镜子里面有什么，决定于镜子面前的事物。

第2节　从容不迫有主张
——点击汉商集团（600774）

出于本性，人往往醉心于自己不了解的东西，把希望经常寄托在别人身上。越是陌生的东西就愈加神往，而对自己眼前发生的一切却视而不见。越是复杂的、虚假的东西，越是令人信服；而越是简单的、真实的东西，越是让人觉得不可理解。

汉商集团的【揭竿而起】由于量线不符合条件，因而形态失败了。遇到这种情况如何处置？两种方式：一是持仓不动。因为股价的位置并不高，股价之所以没涨起来，是量能不足和均线错位。随着量能的增大和34日均线的上穿，股价将会重新走强；二是小亏出局。待形态重新出现后再把原来抛出的筹码如数捡回来。选择第一种方式，说明已具备相当的析盘功力；选择第二种方式，说明已具备专业操盘技能，开始理解了"心随股走，及时跟变"的含义。

从反馈的情况看，多数人是这样做的：形态失败的第二天，他们认为是股价的正常回调，第三天硬着头皮坚持了一天，到了第四天，看到股价继续下探，就有点沉不住气了。于是，有人止损出局，并且抱怨说，为何不明确让我们买视觉中国？我的真实用意，就是为了考察和培养函授学员的选择能力，加深他们对135战法的理解，教会他们钓鱼的技巧，尽快地形成自己的实战能力，而不仅仅是送给他们一条鱼。

为了促进交流，提高操盘技艺，我在135网站上为大家提供一个学习交流园地，除了教授一些搏击技巧、指导学员操作外，同时把面授学员当天选出的股票和第二天准备操作的股票放上去，让大家共同分享135战法的研究成果。

这几天,汉商集团(600774)经过缩量整理,股价终于在34日均线附近止跌企稳了,不规范的【破镜重圆】重新发出进场信号,这是股价重拾升势的标志。先前出局的应迅速进场,持币观望的不要再当局外人了。见图一。

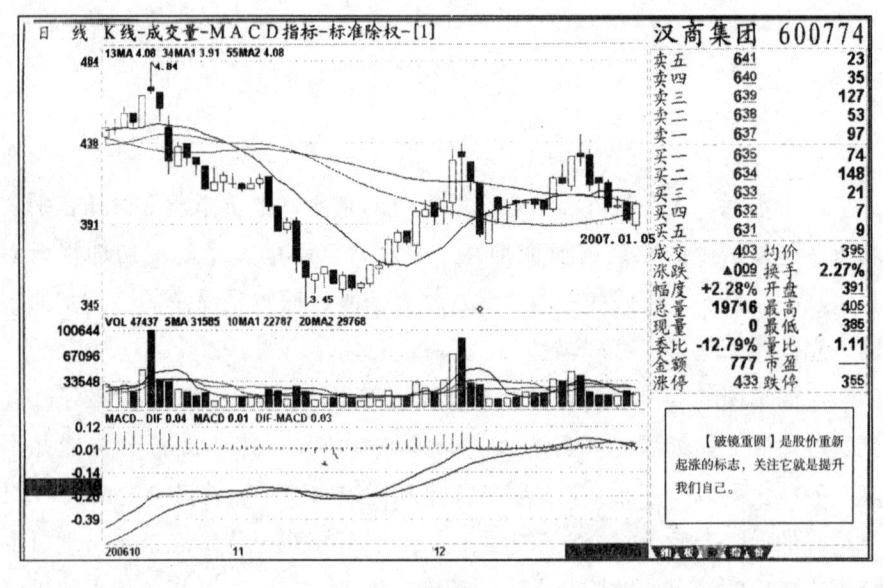

(图一)

1月8日,股价重新站在13日均线上,原先狙击过视觉中国的学员开始把资金转移到汉商集团上。有的学员简直成精了,他们的市场敏感性、动作的协调性和实战中的灵活性使我备感欣慰。他们在这样短的时间内就跨越从阵地战到游击战的转变,毫无疑问,下一个百万富翁就是他们。我真的无法想象他们的未来会有多么的辉煌!

但是,有人已被其他个股抢走了眼球,他们把汉商集团早已忘得一干二净,这是人的一种通病,这种通病死死地把他们挡在了成功的大门之外。没有忘记的,看到它重新开始起涨,由于曾经吃过一点小亏,不相信这是真的,结果眼睁睁地看着利润与自己擦肩而过。其实,正确的做法是:卖出的股票一定要在适当的时候捡回来,对操作失利的股票更是如此。这并非是要报一箭之仇,而是为了把失败的记忆从心里驱逐出去,轻装前进。见图二。

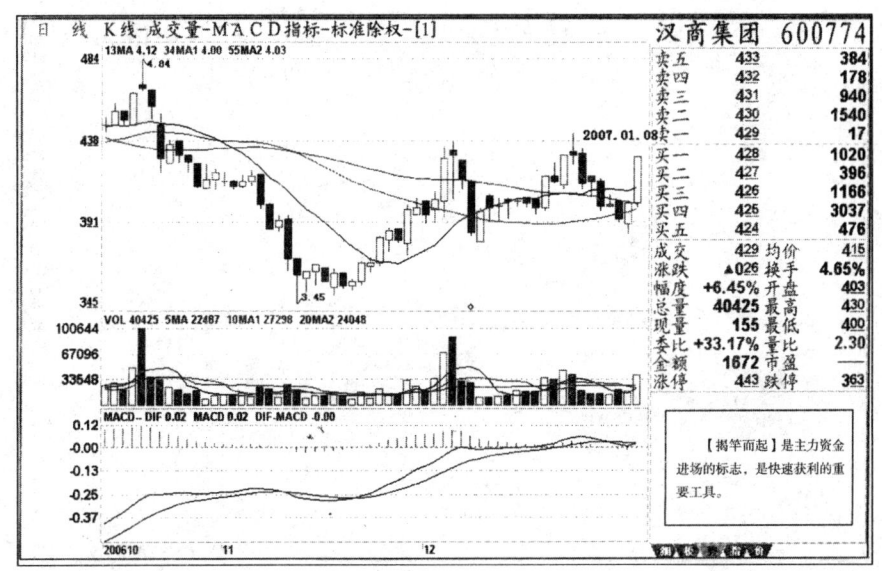

(图二)

伴随着温和的成交量,股价持续拉出 5 根阳线,主力用【蚂蚁上树】突破前面两个制高点,量区里的【步步高】功不可没,市场情绪被调动起来了。但"创新高必回调"几乎成了大部分主力的一个习惯动作。而且,走完【蚂蚁上树】形态的股价,客观上也需要阴线的回抽确认。因此,在股价回抽之前,每个人都应有一个相应的减仓动作,然后再把抛出的筹码悉数捡回。这不仅仅是为了做差价,重要的是训练自己与股价波动的协调性,培养"心随股走,及时跟变"的操盘意识。专业与业余的区别就在于此。

1月12日,阴线如期而至。【蚂蚁上树】是增量资金进场时留下的痕迹,是股价开始走强的标志,在《黑客点击》里我们是这样表述的:在回抽【蚂蚁上树】的第一或第二根阴线处轻仓试探,形成"阳克阴"半仓跟进;股价突破前期高点重仓出击(详见四川人民出版社 2017 年版《实战大典》)。这根低开低走、上蹿下跳的缩量星阴线是对【蚂蚁上树】的确认,并非形态失败。如果有人卖在这根星阴线上,说明他还没有真正理解【蚂蚁上树】的市场含义。见图三。

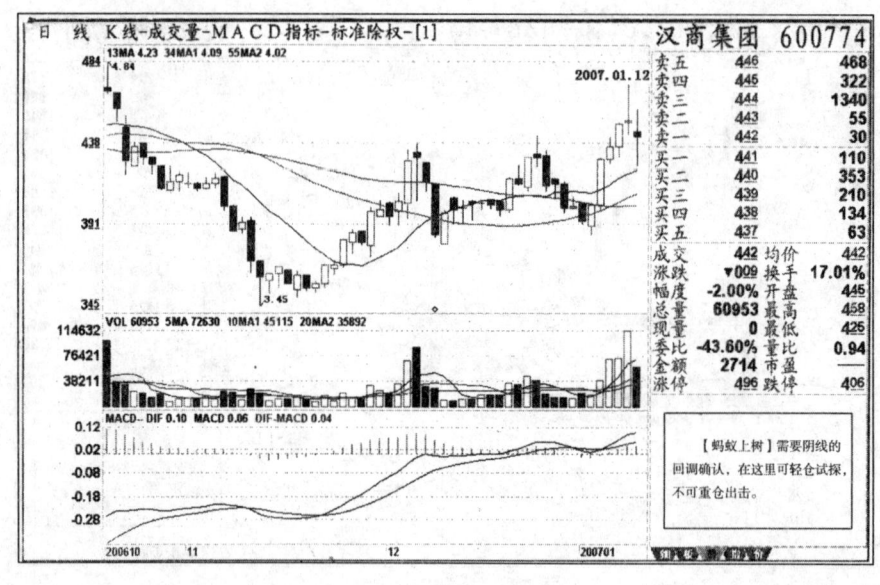

(图三)

1月15日,股价无量突破近期所有高点,然后直奔涨停。盘面轻,说明大部分筹码都集中在主力手里。这时候,应主动进场为主力扶住轿杆。135战法讲究"进退有据",哪怕你分析得再有道理,如果没有相应的技术形态出现也绝不进场。相反,买进指令发出了,哪怕第二天被套甚至亏损,今天也要坚决执行,即使亏,也让它亏得其所;即使套,也让它套得舒坦。

实战中,我们不仅仅要强制自己"心随股走",还要强制自己"及时跟变"。如果买进的个股第二天没有朝着预期的方向发展,小亏出局就是了。按135战法操作,没有一种死心塌地捍卫指令的傻劲是不行的。在给函授学员编写的《训练大纲》中,专门有一节是说指令的,在135战法中令比天大。人的行为,投资计划的执行,如果不用指令去节制,就可能给自己带来毁灭性的灾难。

在实战中,一旦失去规则的约束,就会被主力打得落花流水。做股票和选择职业不同，择业肯定要慎重，但做股票关键看行动。不能停留在研究、观察和犹豫不决上。萨特说："行动吧，在行动的过程中就形成了自身，人是自己行动的结果，此外什么都不是。"炒股需要技巧和智慧，但最不能缺少的是原则和纪律。西方一位哲学家说："生命从自己的哭声中开始，又在别人的泪水中结束，这中间的过程就是幸福。"投资又何尝不是如此呢？见图四。

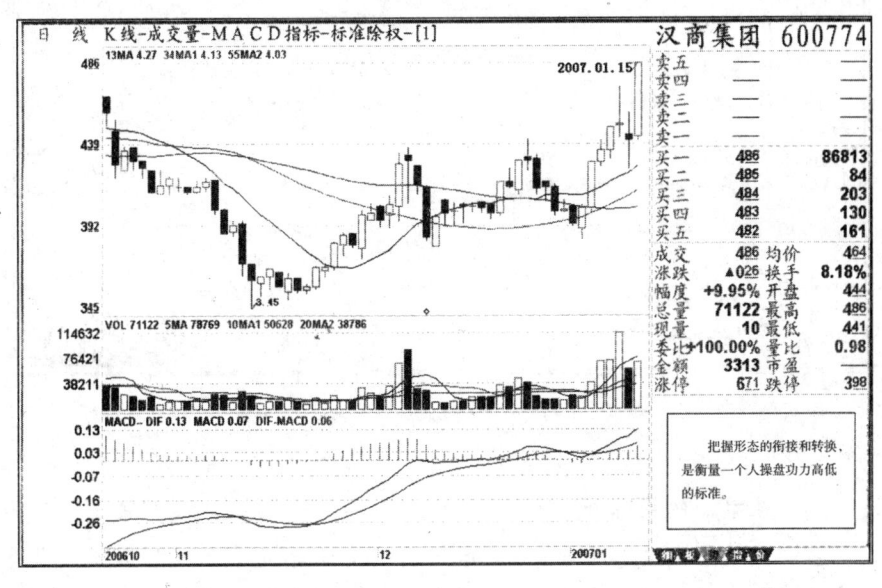

（图四）

1月16日，股价跳空高开，稍作回抽，即开始携量上攻，股价呈75度角向上穿刺，大有涨停之势。但顺势回落后，第二波的攻击力度明显减弱，不应该啊，刚刚突破的股价，凭着惯性也应向上再推一段啊。股价在均价线上获得支撑后，开始强势横盘，在适当的位置横盘整理，也是一种强势。

股价在均价线上方悠闲地迈着四方步，量价关系显得非常健康。下午两点以后，股价开始带量上攻，然后封住涨停，一刻钟后被打开。虽然回落得很有节制，最后也以涨停板报收，但底气明显不足。暗示股价明天会有调整，只是现在还不能确定主力会以什么方式进行。提前采取行动，又可能弄巧成拙，还是暂时捂住，明日视情况而定吧。见图五。

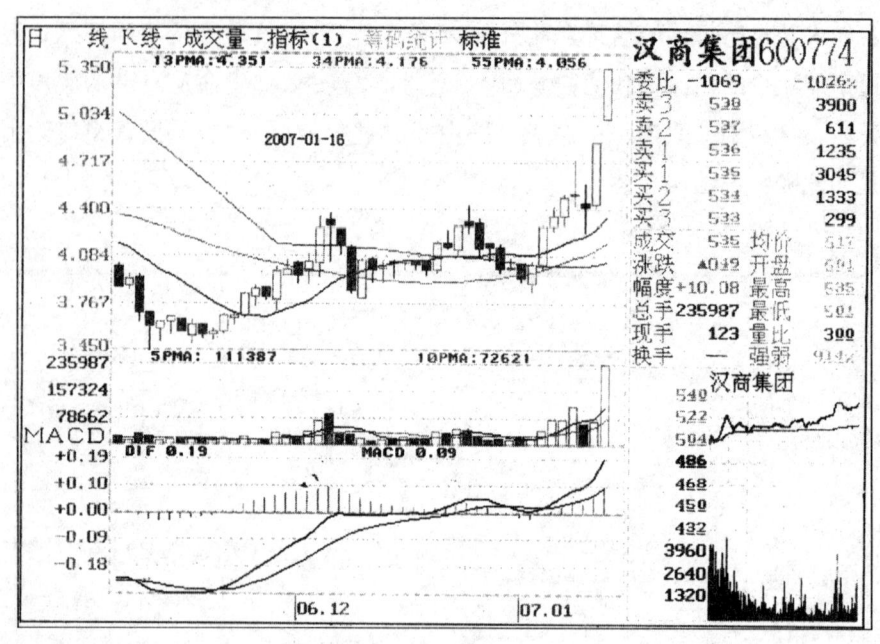

（图五）

在蛾子的世界里，有一种蛾子名叫"帝王蛾"。以"帝王"来命名一只蛾子，这未免太夸张了吧？不错，如若它仅仅是以其长达几十厘米的双翼赢得了这样的名号，那的确是有夸张之嫌，但是，当你知道了它是怎样冲破命运的苛刻设定，艰难地走出恒久的死寂，从而拥有飞翔的快乐时，你就一定会觉得那一顶"帝王"的冠冕真的是非他莫属。帝王蛾的幼虫期是在一个洞口极其狭小的茧中度过的，当它的生命要发生质的飞跃时，这天定的狭小通道对它来讲无疑成了鬼门关，那娇嫩的身躯必须拼尽全力才可以破茧而出。直到它的翅膀锻炼得足够强壮，依靠自己的力量来破茧而出。这不是残酷，而是磨炼，是生命之中一个不可缺少的过程。缺少了这个过程，它便丧失了生命力，永远也飞不起来。太多太多的幼虫在往外冲杀的时候力竭身亡，不幸成了"飞翔"这个词的悲壮祭品。

有人怀了悲悯恻隐之心，企图将那幼虫的生命通道修得宽阔一些。他们拿来剪刀，把茧子的洞口剪大，这样一来，茧中的幼虫不必费多大的力气，轻易就从那个洞里钻了出来。但是，所有因得到了帮助而见到天日的蛾子都不是真正的"帝王蛾"——它们无论如何也飞不起来，只能拖着丧失了飞翔功能的累赘的双翅在地上笨拙地爬行！原来，那"鬼门关"般的狭小茧洞恰是帮助帝王蛾幼虫两翼生长的关键所在，穿越的时刻，通过用力挤压，血液才能送到蛾翼的组织中去，唯有两翼充血，帝王蛾才能振翅飞翔。人为地将茧洞剪大，蛾子的翼翅就失去充血的机会，这样的帝王蛾便永远与飞翔绝缘。

没有谁能够施舍给帝王蛾一双奋飞的翅膀。因此在投资过程中，我们应该正视套牢与割肉，正视痛苦、虚幻，甚至颓废、迷茫、忏悔、荒谬。所有这一切都需要我们亲自去跨越，因为对股市的许多感悟也往往源自它们。从某种意义上说，缺乏股市磨难和坎坷，缺乏对焦灼、挣扎、绝望等身临其境体验的人，既成不了股市高手，也很难成为真正意义上的股市赢家。

无论我们怎么努力，也不可能成为统辖股市的帝王，但是我们可以做自己的帝王！不惧怕独自穿越狭小漆黑的隧道，不指望一双怜悯的手送来廉价的黑马，将血肉之躯铸成一支英勇无畏的箭镞，伴着呼啸的风声，带着永不坠落的梦想，拼力穿透命运设置的重重险阻，义无反顾地射向那寥廓的美丽长空……

1月17日，股价平开低走，低走不可怕，可怕的是低走后的股价迟迟拉不上来。根据经验，凡是前一天涨停的股票，第二天的回调一般不破昨收盘，凡是破了昨收盘的，预示股价行将调整，如果又有相应的技术形态出现，调整信号则更可认定。

盘中股价一度强攻，只是成交量没有给予充分的配合，因此，股价冲高回落后再也没有东山再起，K线图上，长长的上影线是冲高受阻的见证。量区里缩量阳柱似乎也证明了这一点，上有【一枝独秀】，下有【晨钟暮鼓】，表明调整不可避免。我常对学员们讲，买进时，技术形态一定要满足"量、价、线、形、位"5个条件；卖出时，只要一个形态具备就可以了。现在，两个形态同时发出一个卖出信号，那又该怎样呢？走。见图六。

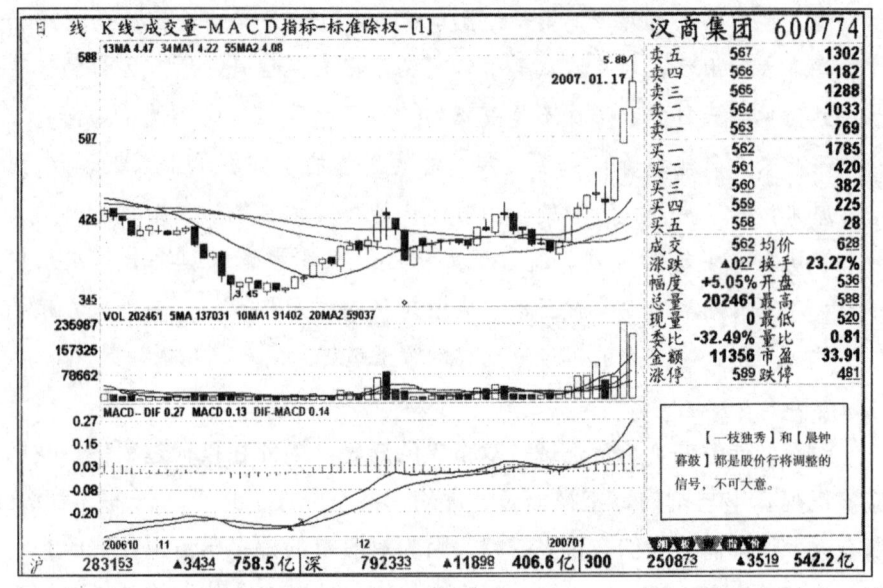

（图六）

"沉浮了这么多年，操作无数，总的感觉这10年就像一场梦，但也留下一些思考和观感。宁老师，愿不愿意听听我对技术分析的一些看法？"一个深资股民这样对我说，我冲他点点头。

"技术分析对我来说一点用都没有，太深奥的东西我说不太清，只是觉得沉迷于技术分析的人难成大器。我刚入市的时候，觉得技术分析神奇有效，值得好好学习，而且也乐此不疲。有一次，我分析一只股票，从A点要拉到B点股价会怎么个走法，我在纸上画了许多种可能性，画着画着，我发现无论我怎么画，最后一笔都要画到B点。我看着画好的几幅图，什么旗形突破、楔形突破、三角形突破、箱形突破，或者挖个空头陷阱，做个双底再突破，无论出现哪一种走势，都是教科书上的经典形态，但股价却走出了另外的形态。我突然明白一个道理，凡是上涨的股票都会走出其中的某一种形态，但哪个是本、哪个是标呢？由此我得出一个结论，不是因为走出这样的形态才使股价从A点到B点，而是因为股价必然会从A点到B点，然后其运动轨迹出现经典形态。形态是必要条件而不是充分条件，想通过形态分析得出股价会从A点到B点，逻辑上就是错误的，实际上效果也不好，效果好的时候是因为你正好碰上了"。

这种先入为主使得他的思维出现了紊乱，他认为股价只有按着自己事先画好的线路行进，技术才算有效，如果不是这样，技术分析就毫无用处。他把做股票当成了解方程，说明他还没有真正了解技术分析的意义。任何股票的上涨或下跌都会在图表上留下痕迹，技术解决的只是具体的进出点位，不是用来规划、控制股价的行进路线和行进速度。这位股民的迷惑，不是技术上的问题，而是思维上的误区。我知道，这时候和他探讨理念是毫无意义的，于是就冲他笑笑，示意他继续说下去。

"我承认，经过严格的技术分析训练，操作上会变得敏感，对细节的把握上也会很准，但无论你怎么去缩小K线，或者换成周线、月线、年线，你都无法跳出其中的起起伏伏，以更大的气魄和眼光去看市场。而且你对技术分析运用得越熟，对投资本身的局限性就越大，你可以成为一个'匠'，但永远成不了'师'。更糟糕的是，几年以后，你的脑袋会越来越迷糊，最终被市场淘汰，然后得出我不适合做股票的结论。"

"照你这么说，这股票该怎么做？"我问他。

"买股票就是买企业，股票的价值就是企业的价值。长期稳定赢利的基础必定是企业价值的增长。寻找好的股票就是寻找好的企业。"

"你的意思是进行价值投资？"

"是的。但我不明白，这样简单的道理为什么会引来那么多的争议。"股民显得有些激动。

"我不否认价值投资，但它只是投资的一种，并非投资的全部。看来你把目的和方法混淆了。我们不能说做房地产有价值，做IT的就不赚钱，也不能说开美容院的赚钱，开饭店的就不赚钱。如果说世界上任何一只股票都没有长期投资价值你可能不同意，但请你回想一下，那些如日中天的企业，它们的股票在二级市场上表现究竟怎么样？它们每年又分给你多少钱？其实，所谓的投资，说白了，就是做差价，起码现阶段的中国股市是这样的。既然做差价，肯定就会涉及一个技术问题，没有深厚的技术功力，怎样把握股价涨跌的临界点。衡量一个投资方法的好坏，关键看它能否给我们带来利润，而不是投资方法本身。"

股民望望我，欲言又止。我知道他不同意我的说法，也许一时找不到反驳的理由，也许不好意思与我理论。总之，他没再说什么。在他起身离去的时候，突然提出："宁老师，能不能给我一套您签名的135战法？"我说可以，但不是一套，而是一本。他说为什么？我说，对你这样资深的股民来讲，技术已不是什么障碍，重要的是理念上的突破，就看看《巅峰对决》吧！我知道，改变一个人的思维模式要比改变一个人的行为模式难得多。

第3节　天圆地方，处处空旷
——点击内蒙华电（600863）

生而穷者不可耻，终身贫困究可悲。股市风险虽大，但却是个改变命运的地方，它不靠谁的恩赐和提携，不需要看别人的脸色，不需要说违心的话、办违心的事。在股市，没有人告诉你该干什么、不该干什么，一切全凭自觉自愿，一切全靠自己打拼，从这个意义上说，股市赢家的含金量相对较高。

完成【均线互换】和【一石二鸟】的内蒙华电（600863），突然从【三线推进】上【揭竿而起】，这是股价开始拉升的明显标志。在这里大胆跟进，一般都能买在股价起涨的临界点上。见图一。

在股价面临重大突破的时候，一般人都会出现心理紧张等自然反应，只是紧张程度不同而已，这很正常。有人特别担心在操作时出现焦虑，甚至把所有注意力都集中在消除紧张上，结果适得其反。其实，焦虑、紧张等心理压力很大程度上源于对自己不自信，而建立在自己实战交易系统上的操作有利于稳定情绪。

自信的基础是能力，能力的基础是应变。每操作一次就多一次经历，即使失败也是经验的积累、能力的添加。何况，失败从来都不是满盘皆输，每次操作，不论结局如何，都是一笔珍贵的财富。所谓失败，无非是金钱贬值罢了，而金钱的价值不在于它本身的面值，而取决于它背后的艰辛。失去的金钱使你刻骨铭心，这种经历是弥足珍贵的，因为，它会使你更加成熟、愈加发奋。善待每一次操作，无论成功与否，都不会不留痕迹地过去，它对现在和将来的操作来说都具有深刻的意义。

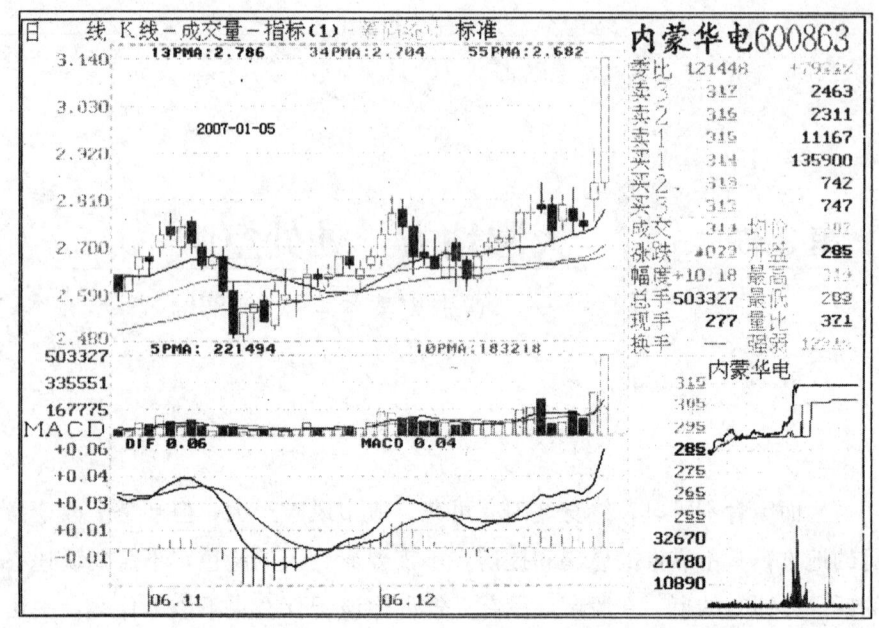

（图一）

第二天，股价大幅高开，然后稍作下探，即把股价推上涨停板。只要切入点正确，获利就是多少的问题。见图二。

炒股重要的不是技术和经验，而是心态。开始时从不考虑得失，等到后来失得多了，又过于考虑得失，走极端是导致失败的原因。炒股如下棋，不管多么精彩，总会留下一些遗憾；炒股又不是下棋，下棋下错了，可以接着下，选股选错了，很可能血本无归。做股票，失败是正常的，但是要知道失败在什么地方，否则，就是再炒上10年，依然还是亏损。

身在股市，每个人都要面对实战中留下的遗憾，并且在最短的时间内接受下来。不要纠缠在里面一遍一遍地问天问地，这样只能加重你的痛苦。放大痛苦的结果是什么呢？那就像印度诗人泰戈尔所说："如果你因为错过太阳而哭泣，那么你也将错过星星。"

股市里很多人眼睁睁地望着猛牛黑马，忍受着财富的折磨，这是对未知的恐惧。害怕潜藏的危险，还是安于被套的现状？对于一个没有自己交易方法的人来说，只能远远地看着别人成功，自己却忍受干渴的煎熬。在指令面前，不要让恐惧阻挡你成功的脚步，不要等着别人推着你前进。在

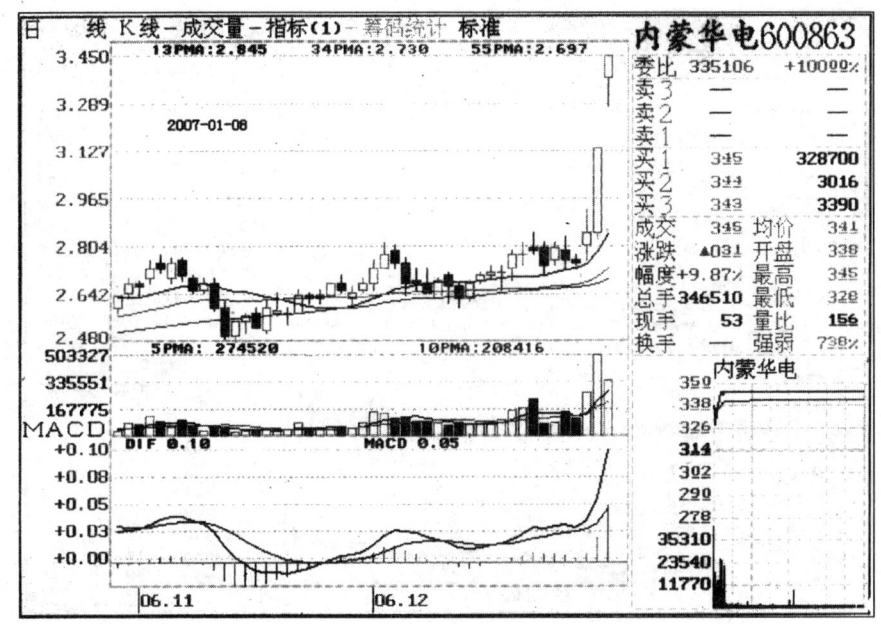

（图二）

进攻指令面前，只有勇于冒险的人才有可能获得成功。

机会面前人人平等，不同在于，有人知道它是机会，于是大胆前去捕捉；有人认为它是陷阱，于是战战兢兢不敢接近，判断也是一种能力。

1月10日股价大幅高开，然后瞬间封停。一个小时后，涨停板被撕开一个缺口，成交量泥沙俱下。主力泄了一会儿洪，重新把缺口补上，然后一切趋于平静。长长的下影线，折射出主力悄悄派发的形迹，【拖泥带水】传递出股价行将见顶的信息，仓位重的应该主动减仓了，仓位轻的明天再抓它几个百分点。见图三。

当以自己的价值体系去看待股市的时候，我们是有理由惊讶的，但是，你知道股市是带着怎样的沧桑走到今天？明白了这一点你的价值体系就会融入它的价值体系。这时候，你就会对股市的所作所为多一些理解和包容。

如果说按图索骥是以不知疲倦的精神上下求索，那么守株待兔则是以恒定的标准坚守在某一个位置。

当原则已经变成操作习惯时，就能够做到"心随股走，及时跟变"。

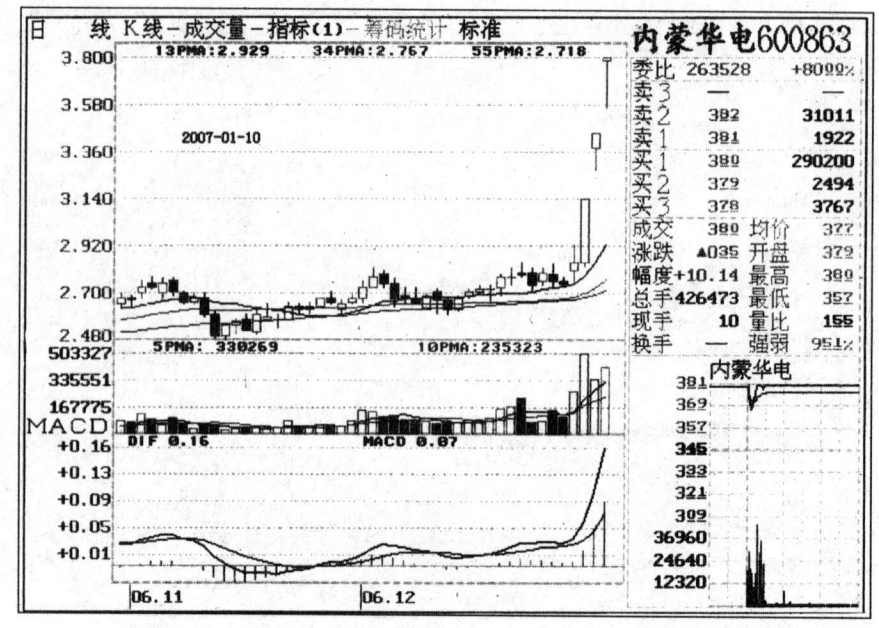

（图三）

这是一个股市赢家致力追求的操盘境界，这个境界看似平易，但在此之前却要历经千锤百炼。英国科学家公布过一个实验：

他们为了测试南瓜的生命力有多强，就在很多同时生长的小南瓜上加砝码，砝码的重量就是小南瓜所能承受的极限。

这样，不同的南瓜压不同的砝码，只有一个南瓜压得最多。从一天几克到几十克、几百克、上千克，这个南瓜成熟的时候，上面已经压了几百斤的重量。

最后的实验是把这个南瓜和其他南瓜放在一起，大家试着一刀剖下去，看到底有什么不同。当别的南瓜都随着手起刀落噗噗打开的时候，这个南瓜却把刀弹开了，把斧子也弹开了，最终，这个南瓜是电锯锯开的。它的果肉的强度已经相当于一株成年树的树干！

这是一个生命的实验。这就是我们所处的环境跟我们内在反弹力量最好的写照。在竞争日益激烈、投资压力越来越大的股市，我们有理由不提前成熟吗？"只争朝夕"这句话用在股市再合适不过了，一万年太久，一天也太久。

第3节 天圆地方，处处空旷

1月11日，股价依然大幅高开，稍作上探就开始掉头向下，如果不能在短时间内把股价拉上去，很可能会形成【独上高楼】。

整整一上午股价始终在均价线附近小幅波动，在3个涨停板之后出现这种走势，十之八九是主力在派发。下午开盘后，股价开始"后空翻"，但"翻"得很有度。没有跌破昨收盘，这个小缺口是主力【狗急跳墙】时留下的痕迹，变了形的【一剑封喉】和【独上高楼】同时向我们传递出抛的信号。走。见图四。

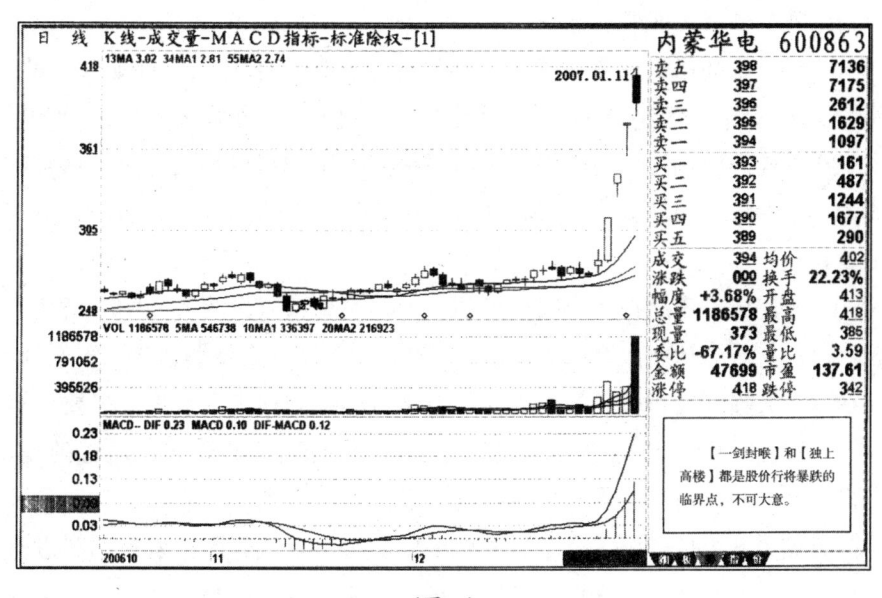

（图四）

整天泡在股市的人，不能只生活在不着边际的梦里，而应凭借自己的能力开拓出一片属于自己的疆土。有的人的梦碎了，却依然不醒，而是接着做……

成为股市赢家有两种模式：一种是"大器早成"，一种是"大器晚成"。前者属于"速决型"，后者属于"持久型"。能用速决方式成为股市赢家当然最好，但多数赢家是属于持久型的。

先说大器晚成。历史上大器晚成的例子很多。姜子牙70岁才被周文王重用；丘吉尔65岁首次成为英国首相，开始与希特勒进行划时代的斗争；

里根70岁竞选总统并连任两届；苏洵27岁开始发愤，37岁时第三次应考不中，最后才终成一代大家……

成大器的规律在股市里表现得尤为突出。年轻人有闯劲但缺乏实力，中年人有实力但缺少技能，所以，要完成从亏损到小赢再到大赢这样一个过程，至少需要3至5年的时间。

股市为每个人成大器提供了最大的可能。"人一能之，己百之；人十能之，己千知，果能此道也，虽愚必明，虽柔必强。"别人用1天功夫，你用百天功夫，别人用10天功夫，你用千天功夫，如此，就是愚笨也能变得聪明，就是弱者也能变成强者。

大器早成往往只属于少数人，而大器晚成则几乎是人人都能做到的。哪怕你连K线图都不明白，只要坚持去学，别人用1年而成，而你用3年也一样可成。鲁迅说："任何一个人，只要认准目标，积之10年，总可以成为一个专家。"其实，只要你想成为股市赢家，用3至5年的时间就足够了。

只愿速成，不愿持久是股市里的一种普遍现象。有的人刚刚失利几次就对自己灰心失望，放弃努力，那么再炒10年也只能获小利甚至不赢利。现在很多人挣钱的积极性极为高涨，但学习热忱却在逐渐衰退。只要具有"不到黄河心不死"的精神，股市任何时候都有赢家的名额，遗憾的是，很多人都在自暴自弃、容忍平庸中放弃了。

提倡大器晚成的模式，不是放弃手中的努力，坐等股市赢家的桂冠落在你头上，而是让你的学业一日胜一日、技能一日胜一日，从小赢到中赢再到大赢。很多人投资不成功，不是因为钱少，而是缺乏"老骥伏枥，志在千里"的精神。没有这种精神，下一个百万富翁永远不会是你。

第4节　退一步，想一想

——点击众泰汽车（000980）

在田径百米比赛中，经常看到一些抢跑的人。第一次抢跑时予以警告，第二次抢跑的将失去比赛资格。在实战中，我们经常遭遇这样的尴尬，形态尚未出现，就急不可耐地进去抢点，结果当天就被主力拴个结结实实。但自己还不想认错，和主力竭力抗争，当他们被迫斩仓时，脸上一半是愤怒、一半是无辜，但没有办法，任何失利都来自规则不明的操作。股市没有绝对真理，只有相对的合理性，为了免遭伤害，在操作上必须给自己戴上"紧箍咒"。

在众泰汽车的K线图上，一组【蚂蚁上树】把股价送上了55日均线，量区里的【步步高】遥相呼应，这是增量资金进场吸纳时留下的脚印。为了掩人耳目，开始驱逐获利盘，主力利用【暗度陈仓】震仓。这根缩量中阴线是对【蚂蚁上树】的回抽确认，是非常明显的进场信号，轻仓试探。见图一。

在【暗度陈仓】出现的同时，【均线互换】相继完成，而【均线互换】的完成，标志着股价的上升空间已被彻底打开。于是，股价开始小幅推高，当股价离均线稍远时，主力就用两组【一石二鸟】迫使其靠拢。股价触摸一下13日均线以后，继续向上小幅推进，这时候依然可以适量跟进。

我们与股市的关系，就好比蚂蚁与我们的关系，因此我们必须心随股走；股市是不公平的，主力是喜怒无常的，我们是无辜无力的，因此必须去适应它，生存就是顺从，发展也是顺从。

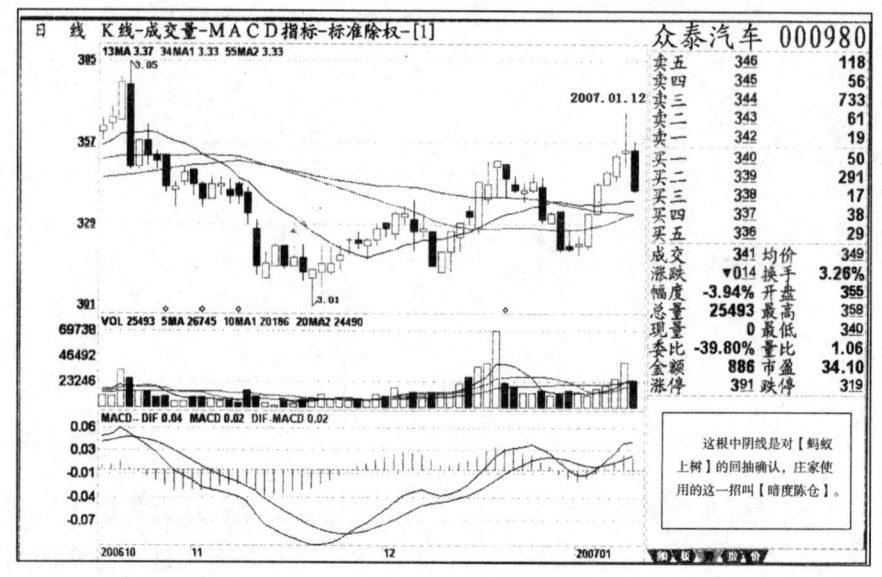

（图一）

有时候，我们在股市亏了一点钱，就自怨自艾。其实，生活中比我们不幸的人多的是，与那些双目失明、两耳失聪的人相比，我们在股市受的这点折磨实在算不了什么。其实，股市不是战场，人的内心才是最大的战场。我们时时刻刻都在与自己赛跑，赢了自己的缺陷和不足，也就能赢得整个股市。

当我写这段文字的时候，门外传来重重的敲门声，一定是谁拜年来了。为了赶写书稿，我没有开门，但一下重于一下的敲门声足足持续了好几分钟，心里有点生气。拜年本是一件好事，打个电话、发个短信就可以了，用不着起五更砸别人的门。当面问候固然表达了你的诚意，但干扰了别人的正常生活就失去了它的本意。敬神既要心诚，但更要得体，这和炒股没有什么两样。一个不会做人的人也很难把事做好。比如说，主力还没准备拉升，你就开始大量买进，督促主力快点起程，也许你是成心帮主力，但由于时机选择不当，所以主力并不领情，反而说你有眼不识泰山。

2月7日，股价携量突破整理平台，说明主力正式开始拉升了。这时候我们要主动进场，真心实意地帮主力一把，起码这时候不应该减仓，向下砸盘，更不可取。要学会借力，不使蛮力。药不在多，治病就灵；招不在高，赚钱就行。见图二。

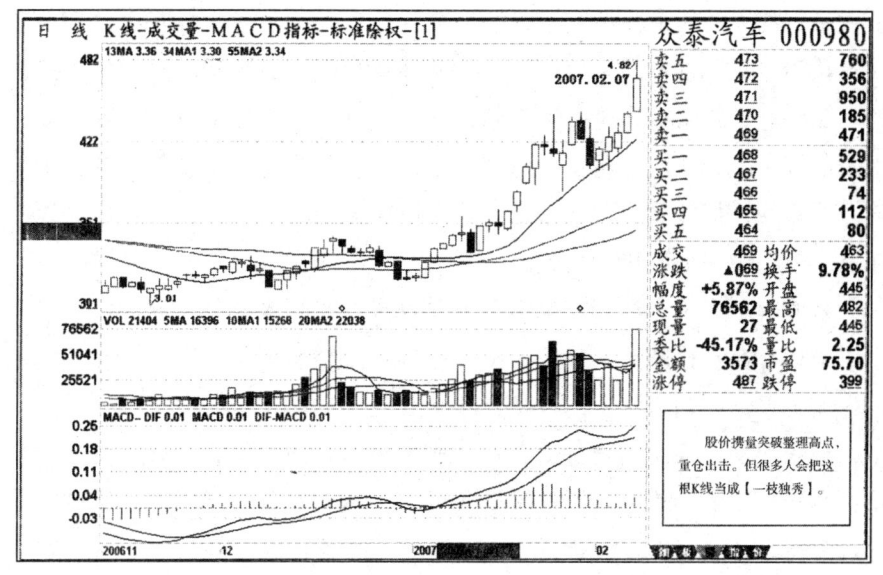

（图二）

唐玄宗时期有个名臣张说，他对钱有一段精辟论述，抄录于此，与大家共赏之、共析之、共思之……

钱，味甘，大热，有毒。偏能驻颜，采泽流润，善疗饥，解困厄之患立验。能利邦国，亏贤达，畏清廉。贪者服之，以均平为良；如不均平，则冷热相激，令人霍乱。其药采无时，采之非礼则伤神。此既流行，能召神灵，通鬼气。如积而不散，则有水火盗贼之灾生；如散而不积，则有饥寒困厄之患至。一积一散谓之道，不以为珍谓之德，取与合宜谓之义，无求非分谓之礼，博施济众谓之仁，出不失期谓之信，入不妨己谓之智。以此七术精炼，方为久而服之，令人长寿。若服之非理，则弱志伤神，切须忌之。

这个《钱本草》，文字不足两百，但却构思巧妙，内容新奇，语句精练，言简意赅。他把钱喻为中药，褒贬兼具，论述精辟，剖析透彻，将其性质、利弊、积散之道阐述得淋漓尽致。

无论谁来股市，都是为了一个"钱"字。有的人经过苦苦探索，找到了钱生钱的方法，从而改变了自己的命运；有的人虽然也在挣扎，但由于没有认清"钱"的本质，因而在亏损的沼泽里越陷越深，不能自拔。赢钱的，从没有把钱看得太重，因为他们知道，凡是用钱能买到的东西，最后都不值钱，一个人应竭尽全力挖掘和释放自己的潜能，实现最大的人生价值。亏钱的，把钱看成了唯一，没有在股市坐标上找准自己的位置，没有在135战法中找准股价的位置。

炒股既不当考古学家，也不做气象专家，只当报时的钟表。因为考古学家永远都在打捞昨天，气象专家永远都在预报明天，只有钟表在不断地宣告着今天。不知道眼下的现状，就无法预测明天的行情。

频繁交易成为时尚，进退有据反而不正常，股市的日子是镀金的，静待指令会被视为凄凉。高抛低吸筑成低下，及时跟变耸起高墙，多少人在寻找财富，其实，财富是你认为不快乐的那段时光。

一个商人和一个士兵的区别是：士兵接到命令，哪怕打到只剩下最后一个人，也要坚守阵地；而商人却好像是在一个大厅里，随时要注意哪个门能开，我就从哪儿出去，一直在寻找流动机会，并且不断进出，来获得最大的商业利益。炒股既要有商人的精明，也要有士兵的忠诚。

以色列的一位行为学家对乞丐搞了一次施舍活动，施舍物有三种：400谢克尔（以色列币，合100美元）、一套西装和一盆以色列蒲公英。结果是：百分之九十的人选择了谢克尔，近百分之十的人选择了西装，只有百分之零点几的人选择了蒲公英。

10年后，这位行为学家公布了他的跟踪调查结果：要谢克尔的人，至今依然是乞丐；要西装的人大部分成了蓝领或白领；要蒲公英的，全部成了百万富翁。于是他对调查结果作了如下解释：

要谢克尔的，在拿钱时，心里想的是收获，这种只想收获不想付出的人，只能永远当乞丐。

要西装的，在拿衣服时，心里想的是改变。他们认为，只要改变一下自己的形象，就有可能改变自己的一生。然后通过这种不断的改变，使自己变成蓝领或白领。

第4节 退一步，想一想

要蒲公英的，在拿蒲公英时，心里想的是机遇。他们知道，这不是一般的蒲公英，它产于地中海东部的沙漠中，不能按季舒展自己的生命，如果没有雨，一生一世都不会开花，但只要有一场毛毛雨，也不管在什么时候落下，它们都会紧紧抓住机遇，让自己迅速绽放，并在雨水蒸发之前，做完受孕、结子、传播等所有的事情。以色列人经常把它送给拥有智能的穷人。他们认为，世界上的穷人和沙漠里的蒲公英一样，发展自己的机会极少，但只要拥有蒲公英的品格，在机会来临之际，就能抓住一闪而过的机遇，并通过自己的努力改变自己的命运。所以，他们都成了百万富翁。

经过小幅震荡攀升，股价突然开盘即停。昨天没有跟进的，今天削尖脑袋也进不去了；昨天抛出的，只能失之交臂。股价是主动的，而方法则是被动的。想一想自己在多大程度上顺应了股价的变化，而不是按某种形态介入后期待着奇迹的发生。股市是陈述语气，而不是虚拟语气。多关心股价的现实情况，别总考虑股价可能但未出现的情况。股价的运行是现在时态，重要的是处理好手上的股票和现金，而不是后悔过去、担心未来。见图三。

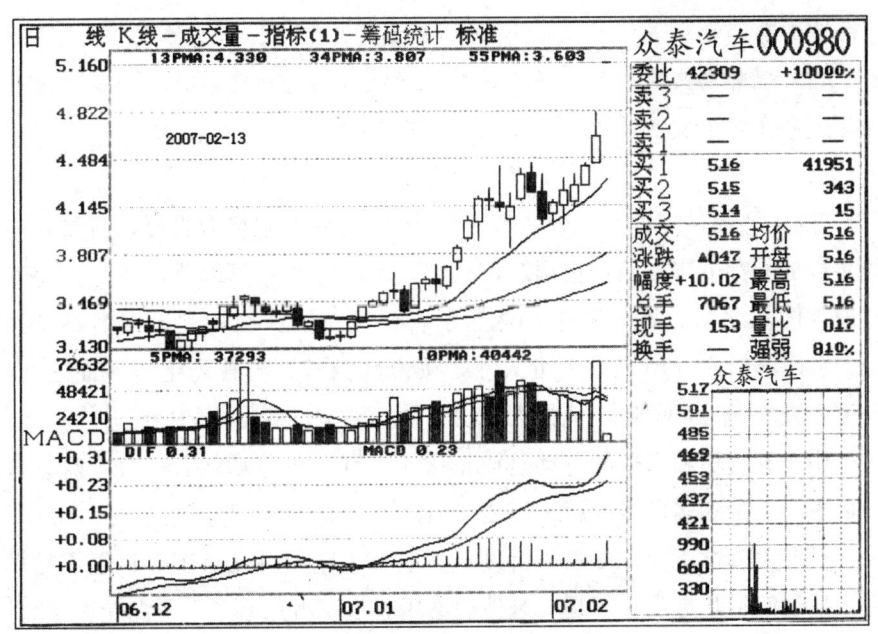

（图三）

有一次，一个股民抱怨说：股市把他给折腾穷了。我说你想富吗？如果有人肯出 100 万买你的一双眼睛，你会卖给他吗？有人出两百万买你一双手，你会卖给他吗？还有你身上的任何一个器官，你都不会卖，对吧？你拥有这么多的财富，你还在抱怨什么。亏损并不可怕，只要下决心去学、下决心去练，总有一天你会反败为胜的。叔本华说："我们很少去想自己拥有什么，而总是在想我们缺少什么。人的这种倾向是人生的最大悲剧。"

有人说，自己太笨不是做股票的料，果真如此，你为什么至今还赖在股市不走？这说明你还不想承认自己比别人笨。其实，每个人的智商都差不多，不同的是有的人开发得早一些，有的人开发得晚一些。

曾国藩在少年时的笨和愚是非常出名的。当时就流传着关于他的这样一个故事：说有一天老师布置了一篇文章让他背，谁知道他背了一天还没有背会，便在夜里接着背。这时家里进了一个贼，想等他入睡后捞点好处，可是一篇不长的文章，曾国藩翻来覆去就是背不会，那躲在暗处的贼又急又气，再也按捺不住了，便"噌"的一下蹿到他的面前怒道："笨到这等地步，你还读什么书！我听都听会了。"说罢，把那篇文章一字不漏地背了一遍之后扬长而去，只留下曾国藩一个人在灯下发愣。

"勤能补拙是良训，一分辛苦一分才"。那贼的记忆力真好，听过几遍的文章都能背下来，而且很勇敢，见别人不睡觉居然可以跳出来"大怒"，教训曾国藩之后，还要背书，然后扬长而去。但遗憾的是，他名不见经传，曾国藩后来启用了一大批人才，按说这位贼人与曾先生有一面之交，大可去施展一二，可惜，他的天赋没有加上勤奋，变得不知所终。

伟大的成功和辛勤的劳动是成正比的，有一分劳动就有一分收获，日积月累，从少到多，奇迹就可以创造出来。

很多人读过不少证券书，听过不少股市讲座，可操盘水准迟迟不见提高，是他们笨和愚吗？不是，是他们不用心，或者用心了，但路走偏了。

2月14日，股价又是开盘即停。看样子今日依然无战事。真正的炒股绝招是理念，当你老是抱怨没有机会的时候，实际上真正的机会已经走到了你的身边，不是你大意没有发现，而是你没有能力发现。有时我会拿出半天的时间和学员聊理念，理念问题解决了，其他问题都会迎刃而解。135战法不是给人指路，而是帮助人找路。归根到底，135战法着力培养的是实战能力，而不仅仅是给人几个所谓的绝招。见图四。

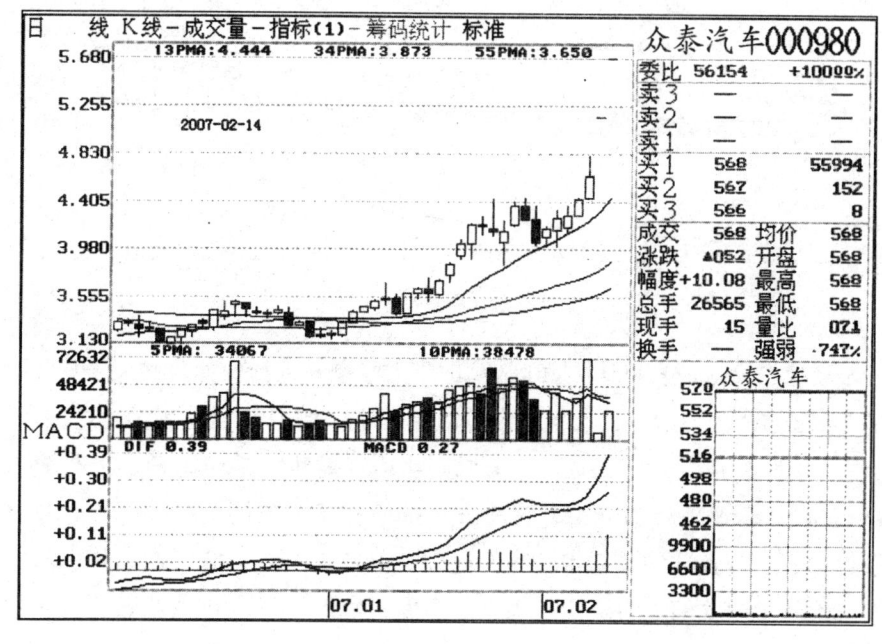

（图四）

2007年2月15日，股价开盘即停，但涨停板很快被打开，成交量汹涌而下，虽然股价最后封停了，但成交量巨大，说明主力大部分时间都在派发，仓位重的应考虑减仓了。"花未全开花未圆"是操盘的最佳境界。仓位轻的，就再坚持一会儿，反正【拖泥带水】之后还有高点，况且，这还仅是第一个【拖泥带水】。见图五。

股市是一个学习型学校，它有一个热门专业——行为学。我们必须在学习上来个颠覆，从了解到改变。因为好的学习是导致行为改变的学习。只有导致价值体系重塑，行为方式变得有效率、更便捷、更合乎股市要求的学习，才是好的学习。

在股市需要学习的东西实在太多了，但真正有价值的学习就是两个，第

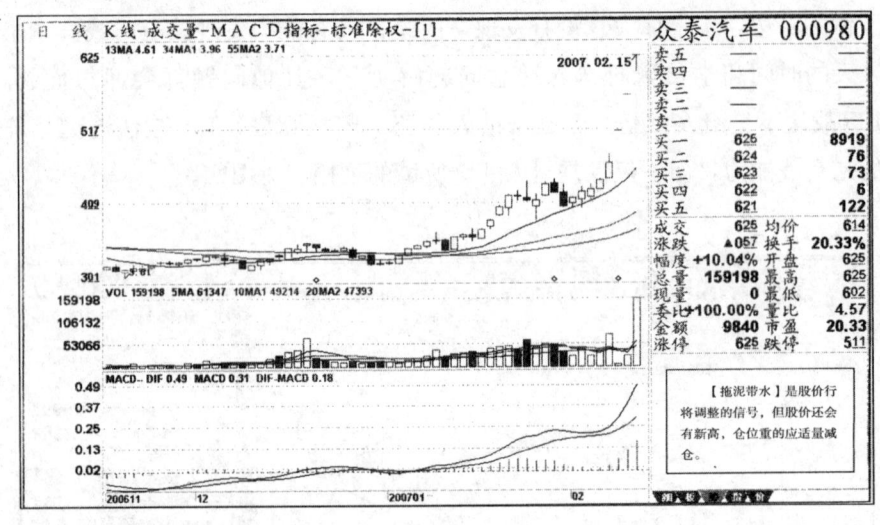

(图五)

一是选择,第二是控制。在股市遇到的最大难题是选择,如何在上千只股票中作出正确的选择,如何在实战中对资金、对行为进行控制,应深思之。

"心随股走,及时跟变"这个原则,历经磨难,穿越沧桑,最终成为135战法中最高的行为准则,它的真正价值在于,如何用平和的心态应对股价的波动以及这种波动带给我们心理上的巨大落差。它有两层意思:既然股价的走向我们无力决定,也无法左右,那就要学会承认和顺应,对主力始终保持一颗敬畏的心,通过提高自身修养来减少行为过失;所谓"心随股走,及时跟变",就是跟着主力走,随着股价变。拓展一点说,就是要包容一切。如果说主力伤害了你,不要悲伤,不要记仇。因为只有宽容主力,才能留给自己一片辽阔天空。

2月16日,由于股价连拉3个涨停板,停牌1小时。开盘后,股价依然跳空高开,稍作下探,即被拉到均价线以上成交。三波攻击过后,量能开始减弱,但股价始终在均价线上成交,说明股价依然处于强势,还可以适当拿一拿。

窗外,过年的鞭炮声不绝于耳,但主力似乎并没有要过年的意思,股价波动越来越小,近乎直推。14时40分,股价线突然翘头向上,然后迅雷不及掩耳地把股价推上涨停板,春节前的最后一个交易日,众泰汽车终于慷慨地给我们发了一个沉甸甸的大红包。见图六。

第4节 退一步，想一想

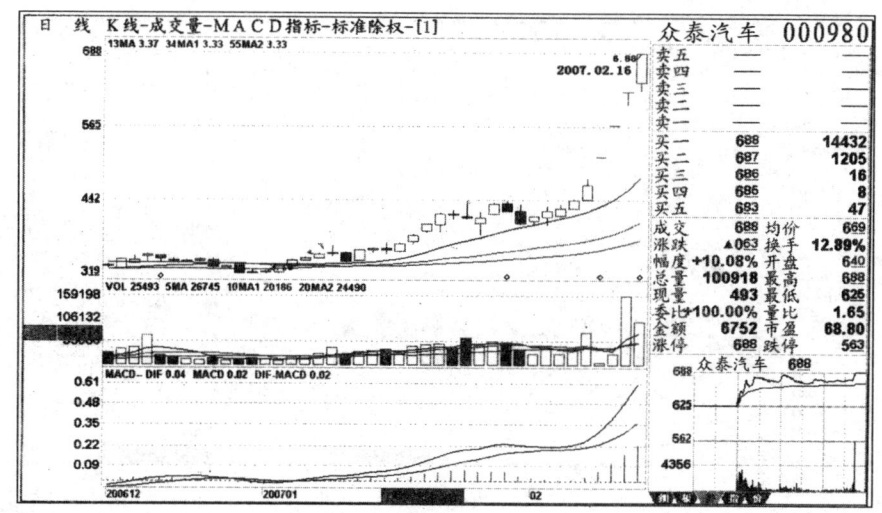

（图六）

在危地马拉，有一种叫落沙婆的小鸟，要叫七天七夜才下一只蛋。由于鸟类没有接生婆，所以难产的落沙婆只有彻夜不停地痛苦地啼叫。可恰恰是因为这痛苦的七天，让蛋壳变得坚硬，小落沙婆孵出来之后也更硬实，这便是一个母亲经历七天痛苦所换来的一个孩子健康的明天，而那彻夜不停的哀啼是落沙婆在用另外的方式释放着肉体的痛苦。

谁都不愿意过亏损的日子，但没有经过亏损浸泡的心灵是容易干涸的。

人的眼睛有两种功能：一个是向外去，无限宽广地拓展视野；另一个是向内来，无限深刻地去发现内心。我们的眼睛总是看外界的东西太多，看自己心灵的时候太少。

2月26日，春节后的第一个交易日，众泰汽车继续"威武挥鞭"，庆贺猪年。

股价大幅高开，然后在均价线附近小幅波动，但始终没破昨收盘，半个小时以后，股价开始缩量上攻，两度摸至涨停板，但终于没有勇气跳上去。回落的股价很是悠闲，不温不火地在均价线上方飘移，上午将近收盘的时候，主力偷袭成功，顺利地爬上了涨停板。

下午开盘后，中间发生一次小小的交火，但没大碍。然后一直把胜利果实保持到了最后。见图七。

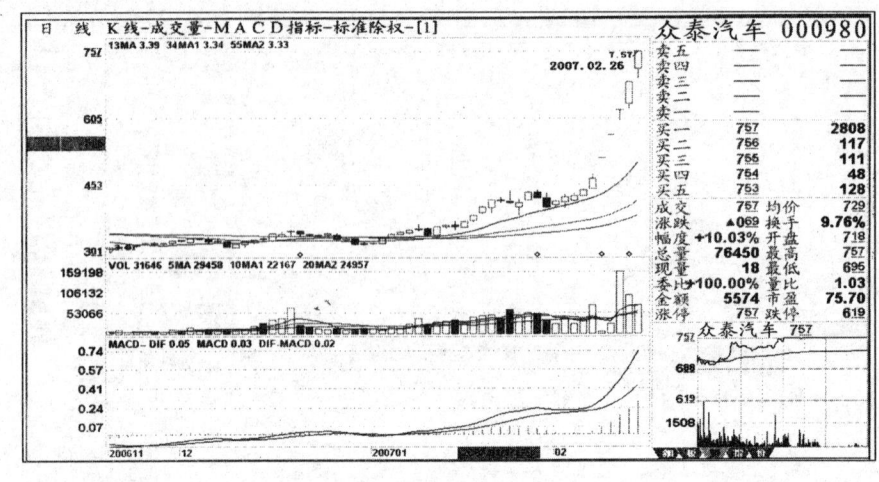

（图七）

　　2007年2月27日，股价小幅高开，然后高开高走，在均价线上方哼哼哧哧好大一阵，才迫不情愿地向上伸了一个懒腰，股价刚和涨停板接了个吻，一个哈欠打弯了股价线的腰，早不打晚不打偏偏这个时候打，真不是时候。股价在均价线上使劲运了一下气，可是它的腰伤得太重了，再也没有直起来，K线图上留下一个不规则的【一剑封喉】。走。见图八。

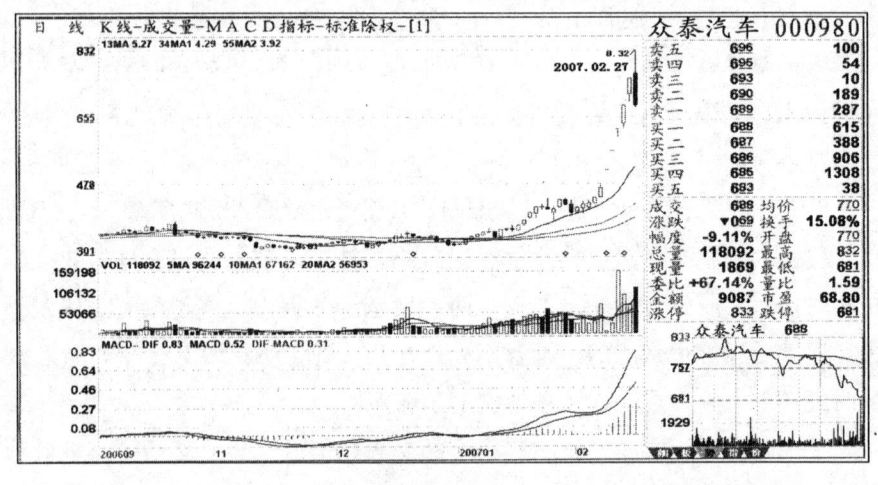

（图八）

　　水满则溢，人疲则垮。进退有据，不伤和气。

第5节　毕竟来路匆匆，去路长
——点击抚顺特钢（600399）

头一次在高速公路上行车，感觉特别敞亮，心中暗暗想：如此宽阔平直的大道，跑起来又快又安全。可是，当走过一段笔直平坦的道路后，前面突然出现了很大的弯道。我颇感遗憾：要是没有这样的弯道就好了。后来交管部门的朋友告诉我，这弯道是必需的。他说，适当设计一些弯道，能使开车的人时刻保持清醒的头脑，避免由于惯性造成视觉上的误差。

实战中，尽管我们小心了再小心，谨慎了再谨慎，可是有时依然会出现差错。战前我们应该多给自己设计几个"弯道"。炒股犹如开车，重要的是以自己能驾驶的速度去行驶，不能盲目求快。股市里任何时候都有风险，所以对风险要有明确的认识。

2006年12月11日的【日月合璧】把股价送上了55日均线，在55日均线上【蚂蚁上树】和【浪子回头】交替出现，预示主力的攻击动作已经准备好了。但经验毕竟是经验，既不能太相信自己，也不能太迷信主力，而应静待完美形态的出现，静待进场指令的发出。

股价经过近一个月的整理，进场指令终于发出了。【浪子回头】发出买进信号。你也许会问，前面的【浪子回头】不也提示我们进场了吗？是的，但那时进场有抢点之嫌，因为【均线互换】尚未完成，没有完成【均线互换】的个股，说明股价还会有反复，与其提前进去参与盘整，不如持币静观其变。如果在第一个【浪子回头】进场，很可能被第二个【浪子回头】震仓出局。但在第二个【浪子回头】进场，情形就不一样了。因为第二个【浪子回头】出现时【均线互换】已经完成了，说明拉升前的一切技术准备工作业已就绪，股价的上升空间已被打开。从这里介入，既省时也省心。【均线互换】是股价拉升以前不可或缺的一个技术环节，不是说没有【均线互换】的个股都不涨，而是没有经过【均线互换】的个股行情都走不太远。【均线互换】是上升途中的驿站，所有的大黑马都不会越过此站直达目的地（详见四川人民出版社2015年版《黑客点击》）。《黑客点击》是135战法的基础，不掌握《黑客点击》的内容，运用135战法就不会那么得心应手。见图一。

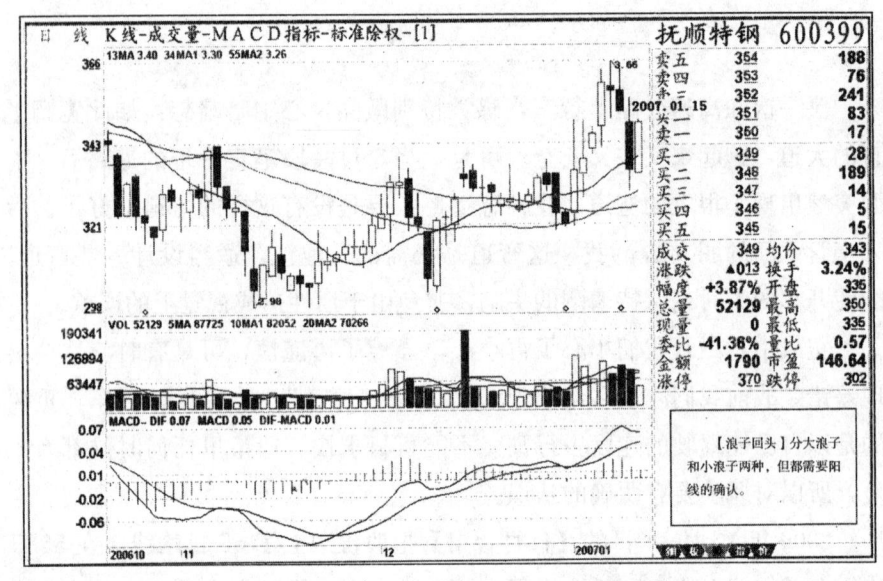

（图一）

【浪子回头】以后，成交量开始温和放大，股价踏着【步步高】给出的节奏小步密走。这是股价进入急拉阶段的前奏，无筹的应该进场吸一点了，重量级选手应进入临战状态，随时准备重仓出击。

应该说，每个来股市的人都不缺乏梦想，缺乏的是把梦想变成现实的能力。但梦想不是妄想。渴望飞翔，但不能脱离实际。其实多数来股市圆梦的人，都住在梦想的隔壁，谁能亲自动手拆了那堵墙，谁就能和梦想住在一起。黄粱一梦是梦，但不是梦想。人要做梦，但不能做白日梦，要把梦和想连在一起，把想和干连在一起，这才叫敢梦、敢想、敢干、敢教日月换新天。

第5节 毕竟来路匆匆，去路长

他家很穷，住在贫民区的一所破房子里，他有7个兄弟姊妹，还有1个表妹和1个堂兄寄居在他家里。他特别瘦弱，时常感冒发烧。他似乎缺乏学习的天赋，学习成绩是8个孩子里最差的。有一天，他看到介绍有史以来最伟大的高尔夫球运动员尼克劳斯的电视节目，他的心一下被打动了：我要像尼克劳斯一样，当一个伟大的职业高尔夫球运动员。

他要求父亲给他买高尔夫球和球杆。父亲说："孩子，我们家玩不起高尔夫球，那是富人们玩的。"他不依，吵着要。母亲抱着他，朝父亲喊："我相信他，他一定会成为优秀的高尔夫球手！"说完，母亲转过头，柔声说："儿子，等你成为职业高尔夫球手后，就给妈妈买栋别墅，好吗？"他睁着那双大眼睛，朝母亲重重地点了点头。

父亲给他做了一个球杆，然后在家门口的空地上挖了几个洞。他每天都用捡来的球玩上一会儿。

升入中学后，他遇到了后来改变了他一生的体育老师里奇·费尔曼。费尔曼发现了这个黑人少年的天赋，于是建议他到高尔夫球俱乐部去练球并帮他支付了三分之一的费用。仅仅3个月，他就成了奥兰多市少年高尔夫球赛的冠军。

高中毕业后，他幸运地被斯坦福大学录取了。暑假期间，他的一个要好的同学到他家玩，说他哥哥所在的旅游公司有一艘豪华游轮正在招服务生，薪水很高，每周有500美元，问他是否有意去应聘。他动心了：家里仍然贫穷，自己应该像个男人一样挣钱养家了。

过了几天，里奇·费尔曼来到他家，说已经帮他联系到了一家高尔夫球俱乐部，准备帮他去报名。小伙子不好意思地告诉老师，他打算去工作了。里奇·费尔曼沉吟半晌问他："我的孩子，你的梦想是什么？"

他愣了一下，似乎有些措手不及。过了好久，他红着脸嗫嚅道："当一个像尼克劳斯一样的高尔夫球运动员，挣很多钱，给母亲买一栋漂亮的别墅。"

里奇·费尔曼听完，眼睛盯着他高声叫道："你现在就去工作，那么，你的梦想呢？不错，你马上就可以每周挣500美元了，很了不起！但是，你的梦想就只值每周 500 美元吗？每周 500 美元能买得起别墅吗？"

18 岁的他被老师的话震惊了，他呆呆地坐在屋子里，心里反复默念着这句话。突然，曾经的梦想闪电般穿过脑海，热血瞬间流遍全身：我的梦想是要成为像尼克劳斯一样伟大的高尔夫球运动员，我的梦想是要为母亲买一栋别墅！

那个假期，他自觉地投入到了训练中。在当年的全美业余高尔夫球大奖赛上，他成为该项赛事最年轻的冠军。

3 年后，他成了一名职业高尔夫球手。

他是迄今为止最伟大的高尔夫球运动员，他正创造着高尔夫球历史上的神话：1999 年，他成为世界排名第一的高尔夫球手；2002 年，他成为自 1972 年尼克劳斯之后连续获得美国大师赛和美国公开赛冠军的首位选手。从 1996 年出道至今，他总共获得了 39 个冠军。

如今，他以 1 亿美元的年收入成为世界上年收入最高的体育明星。

他一共给他的母亲买了 6 栋别墅，位于不同的地方。

你可能已经知道了他是谁，他就是"老虎"泰格·伍兹。

一个人应该尽自己最大的努力挖掘自己所有的潜力来实现自己的梦想。努力可能会失败，但放弃则意味着你根本不可能成功。

请试着像泰格·伍兹一样为了梦想奔跑，也许有一天，你也能为自己的母亲买 6 栋别墅。

1 月 23 日，经过 5 天小幅推高的股价终于放量突破盘整区，实现梦想的枪声响了，每一个不甘平庸、不甘贫穷的人，应该以刘翔的速度去摘取梦想的桂冠。见图二。

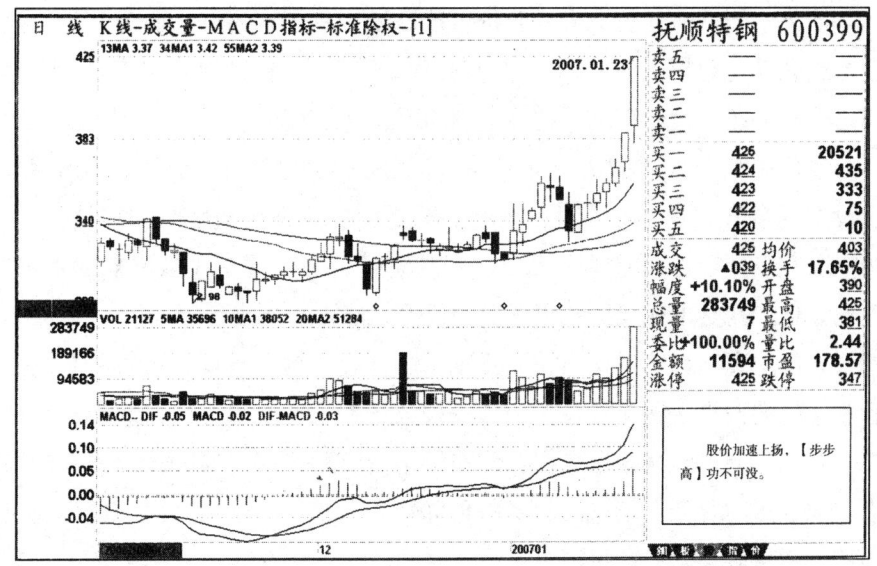

（图二）

认真地想一想，自己究竟抱着怎样的动机进股市的？这个问题想明白了，一切困难都会烟消云散。比如说，当抱怨股市时，问问自己对股市究竟了解多少？当抱怨主力时，想想主力究竟是何许人也？当自己被套时，问问自己究竟掌握多少炒股技能？为把握股价运行规律，踏准股价运行节奏，自己究竟下过多大的功夫、付出过多少艰辛？努力不一定成功，但放弃肯定会失败。

一个人对自己喜欢的事情总是会投入更多的精力和激情，因此，在选择自己的职业时，一定要选自己喜欢的。可以肯定地说，多数人进入股市不是因为喜欢，而是因为利益的诱惑。凡是以赢利为目的的，都不会用心把事情做到极致；凡是不能把事情做到极致的，都称不上真正的成功；不是真正意义上的成功，就很难获得精神和物质上的富有。

不要把你的钱投在没有任何买进指令的股票上，不要在上蹿下跳的股票里浪费时间，不要在必败的空头排列的情况下与主力竞争。丛林是狮子的，而水却是鱼的。聪明的人懂得运用自己的优势，会把竞争引向自己擅长的领域，不思变通的人则恰好相反，他们往往会十分执着地把自己逼进死胡同。

1月24日，股价小幅高开，然后开始下探，不好，股价跌破了昨收盘，如果不能迅速地拉上去，股价可能就要走软了。还好，股价只是瞬间下探，就迅速地拉了上去。"创新高必回调"，主力在盘中就完成了，主力实力非同一般。持股不动，抗住主力的震仓就是胜利。

股价震荡了20分钟开始转身向上，大有奔涨停之势，但冲高回落后再也没有发起第二波攻击，图表上留下了【一枝独秀】。股价真的要回调了吗？我有点怀疑。从前期走势看，该股演绎了一个【三线推进】的走势，我们知道，凡是形成【三线推进】的股票，涨幅都不会低于50%，该股刚刚开始向上突破，难道这么快就见顶了吗？我不信。从【一枝独秀】的位置和主力的操盘手法上看，这个【一枝独秀】意在抖落筹码，属于震仓性质，仓位重的可以减少点仓位，但如果第二天股价冲过【一枝独秀】的高点，应在盘中寻低点把抛出的筹码再如数捡回来。哪怕比抛出的价位高也要捡，不然就会踏空。见图三。

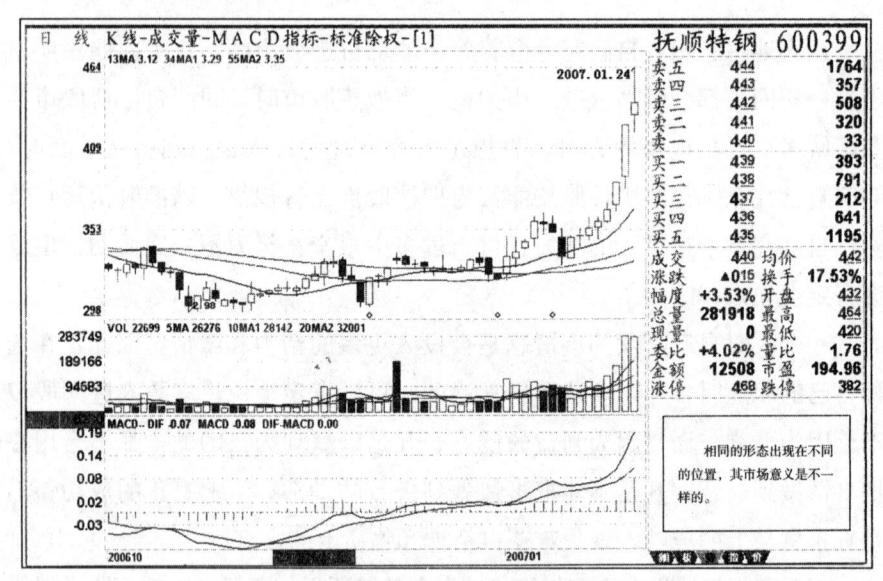

（图三）

有人会问，我持股不动就是了，何必折腾。不是我们想折腾，是技术形态发出了调整信号。当然，对那些实战功力强的人来说，在这里完全可以持股不动。因为他们已经度过了"看山不是山，看水不是水"的阶段，这个阶段最容易让人迷惑，但只要过去了，在股市赢家的乐园里就有了你的一席立锥之地（详见四川人民出版社 2017 年版《胜者为王》）。

【一枝独秀】之后，股价回调没创新低，上攻却创出新高，证实了我们对【一枝独秀】性质的判断。飞机在离地面的时候耗油最多，在冲向蓝天的时候，机身抖动得最厉害。股价在起涨段也是如此。"隔行如隔山"，但"隔行不隔理"。世上万事万物的原理都是相通的，不妨把眼界再拓宽一点，把事物的内涵再外延一点。

股价连续两天无量上涨，是能量减弱吗？不，是主力控盘程度高，飞机进入高空之后并不需要太大的能量，火车启动之后也不需要更多的能量。顶住主力盘中震仓，坚持到见顶形态出现就是胜利。

1 月 30 日，股价平开低走，不仅跌破了昨开盘，而且跌破了均价线，情况有点不妙，股价即使拉上去封住涨停板，也会形成【拖泥带水】式的【明修栈道】。从【浪子回头】到【明修栈道】，股价持续拉出了 12 根阳线，尽管形态上符合 135 战法的【月季花开】，但股价翌日回调已是不争的事实。因为【月季花开】同样需要阴线的确认。

股价果真封停了，而且带着一根巨量。在这么高的位置拉出这么一个带量的涨停板，不是【明修栈道】又是什么？这个带有巨量的涨停板是枚定时炸弹，不定什么时候就爆了，想活的，走。见图四。

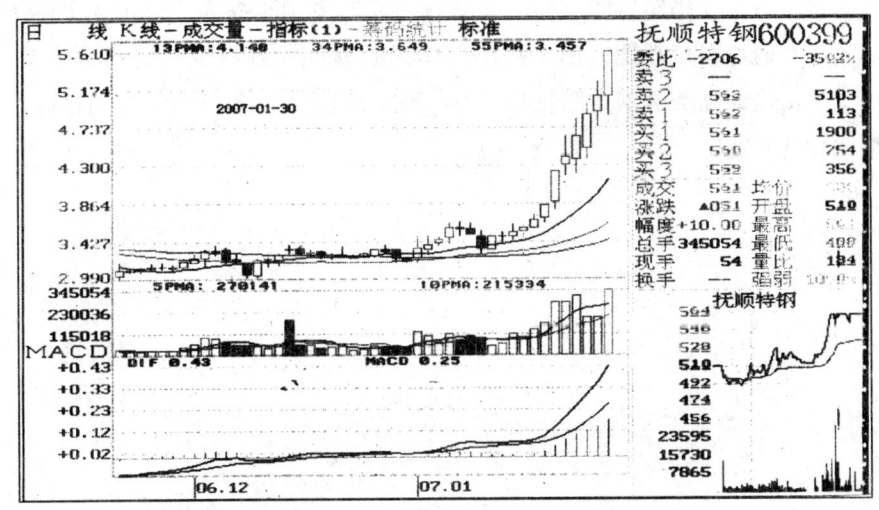

（图四）

人在股市切忌和股市发生正面冲突，否则我们就会失败。与其与股市斗，不如和自己的能力斗。其实我们所做的一切努力都是为了提高自己的能力，避免遭遇股市的暗害，而不是把主力打翻在地。

买进股票，就等于把自己的命运交给了主力，因此，我们必须看着主力的脸色行事，绝不能由着自己的性子来；卖出了股票，命运才会重新回到自己的手中。如果你想把握自己的命运，就要减少交易次数，提高交易质量。

炒股是真枪实弹的实战，而实战是不讲规则的，讲规则的那是游戏。股市赢家的素质是什么？果断、勇敢、专业、机智？都不是。是拿得起，是放得下。人因为缺乏判断力而买，也因为缺乏判断力而卖，更因为缺乏记忆力而再次买卖。

所有成功人士都认为与自己竞争，要比一味地去击败对手更有意义。他们只希望超越昨天的自己。实战中，过分担心主力的能力和优势，往往会先输掉自己。主力若想达到自己的目的，必须实实在在地买进或卖出，而这一切都会在盘面上留下痕迹，通过分析归纳，这些痕迹就会变成某种技术形态，把形态编成各种指令，然后严格按照指令进行操作，成功的概率就会高，下一个百万富翁就是你。

《孙子兵法》虽然已经有两千五百多年历史了，却具有穿越时空的强大生命力，至今仍然风靡世界。地球另一面的美国军界为之倾倒，美国国防大学、西点军校都把《孙子兵法》作为必修课，日本也将之奉为圭臬，日本公司培训高级员工主要就是学习《孙子兵法》。《孙子兵法》的精髓就是"知己知彼"。

第6节  买卖还要细思量
——点击江苏吴中（600200）

　　人在股市，阡陌交错，物态万千，哪个不迷。孔子四十才不迷，故言不惑，释迦牟尼三十才不迷，故言大悟。其实迷不可怕，不迷不悟，大迷大悟，迷才会求索、才会精进。股市像一个迷宫，纵横交错，迷雾重重，但只要有入口，就一定会找到出口，就看你有没有用心去找。

　　1月10日，有人在复盘时发现了江苏吴中上的【揭竿而起】，在买与不买的问题上，他们展开了热烈的讨论。

　　买方的理由是：既然形态出来了，就应该大胆攻击。"只认指令，不管输赢"是原则。观望方的理由是：形态结构有缺陷，55日均线没走平，股价还有反复，观望为好。双方各执一词，让我作出评断。

　　我说，观望方的分析是对的。见图一。

　　1月11日，股价的走势证明了观望方的判断是正确的。股价小幅高开，但冲高回落后没有重新组织新的攻击，并且开始主动撤离，图表上的【一剑封喉】尽管位置不高，但传递出的调整信息不可不察。盘后，我对学员们说："只认指令，不管输赢"是对的，但要认真辨认指令的真假。13日均线上穿55日均线，预示股价将有转机，但股价离节点太远，应耐心等待新形态的出现。

　　任何周期的金叉穿越都极具分析价值，只是在使用时要注意金叉出现的时间与位置。一般讲，金叉出现后股价很快就会发生一些变化，而金叉的位置则扮演着支撑或阻力的角色。见图二。

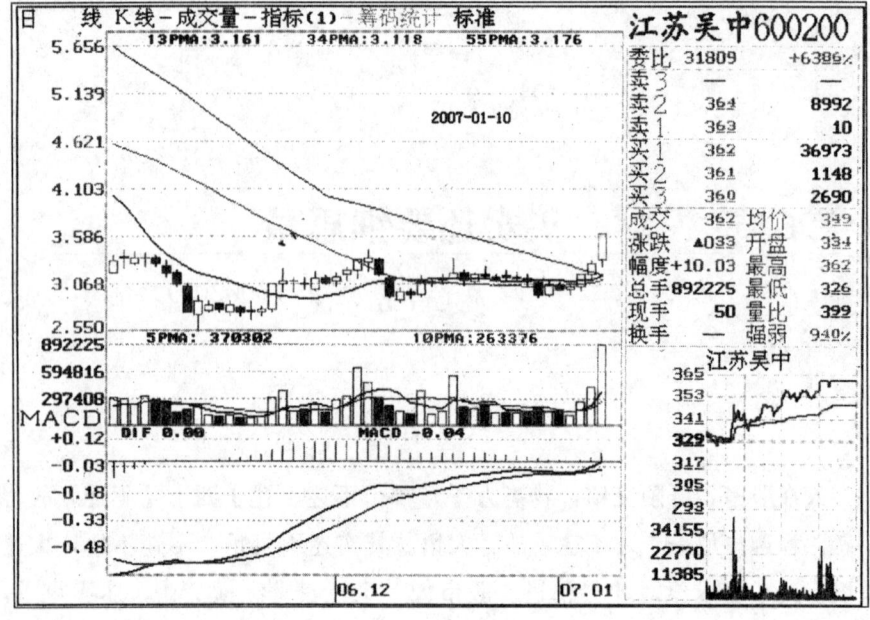

（图一）

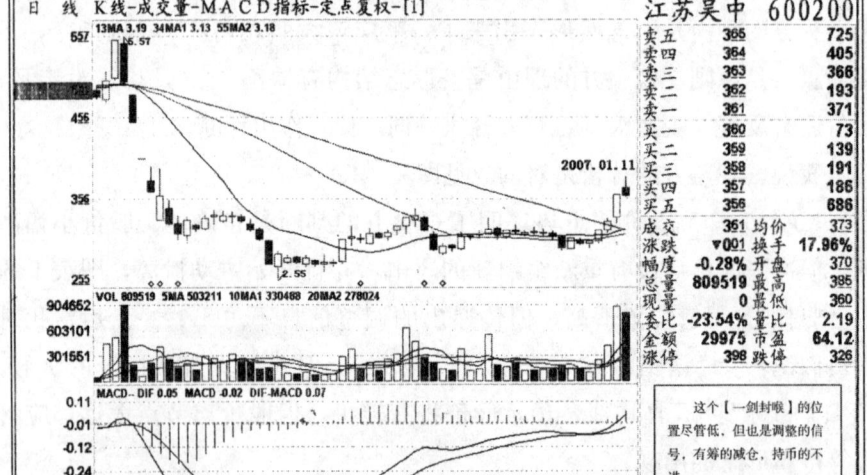

（图二）

第三天，股价低开高走，但量能不足，股价只是惯性地向上冲了一下就掉头向下，这根缩量阴线给我们的提示是，明天股价有可能形成【一石二鸟】的走势，如果能收复昨日失地，就可考虑适量跟进。

第四天，直到交易快要结束时，主力也没有给我们这个机会。

第五天，股价高开低走，但没创新低。

1月18日，也就是【揭竿而起】出现的第六天，股价平开高走，虽然没有携量上攻，但也没有再向下调的意思。2时30分钟以后，股价开始温和放量，于是就带着学员在3.48元至3.50元的价位开始分批进场。这时候，下一期西安的学员提前报到了，我问他能不能进行交易，确认后，立即投入了围剿江苏吴中的战斗。见图三。

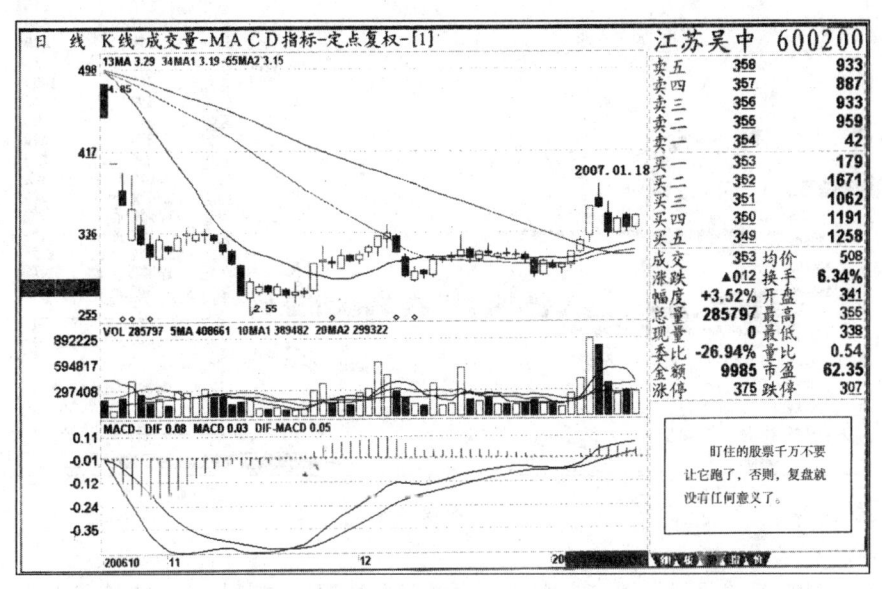

（图三）

炒股不仅要有精湛的技术，更要有足够的耐心。股票越来越多，每个人都行色匆匆，穿梭在上蹿下跳的股票中间，每个人都有一种战栗和迷茫的感觉，但我知道什么样的股票是可以接近的，那就是135战法中的"拼命三郎"。【揭竿而起】是"拼命三郎"中的老大，但这并不意味着所有的【揭竿而起】出现以后都能立即跟进，而是应根据股价的位置和形态作出相应的对策。如果你喜欢强势股,你就是它的主人;如果喜欢弱势股,它就会成为你的主人。

1月19日,股价小幅高开,然后携量上攻,盘中一度上摸涨停,但打开后一直在涨停板附近晃悠。如果股价处于相对高位,遇上这种情况应择机抛出,可是股价的位置并不高,并且处在前高点附近,主力的意图很明显,让那些获利盘和解套盘出局,同时给神奇135的勇士们一个大显身手的机会。股价的位置很重要,差3分钱不封停,不是主力没有实力,而是主动示弱,把那些不该赚钱的人请出局。见图四。

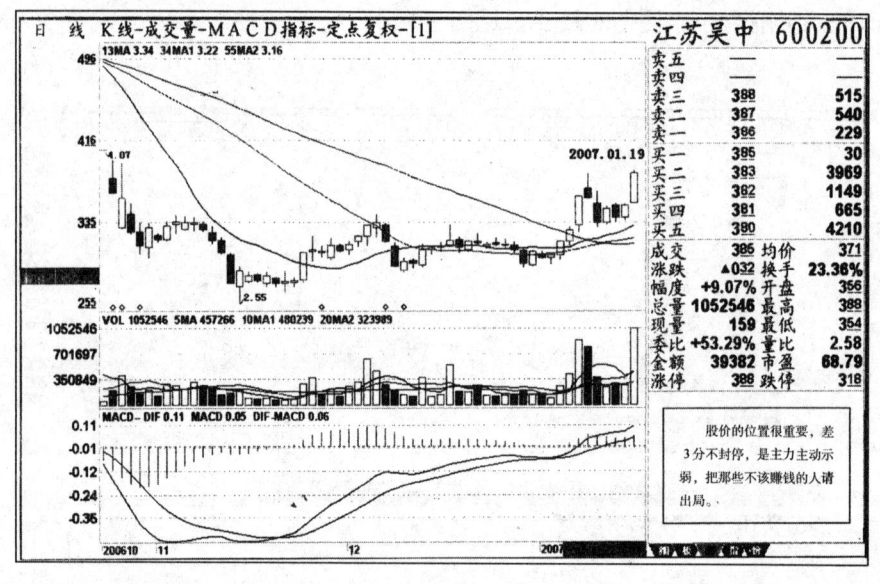

(图四)

刚刚下完单子,就接到本地一个学员的电话:"宁老师,快给我看看,我的股票怎么跌得这么厉害,该怎么办?急死我了!"

我迅速打开图表,发现股价在相对高位且低开低走,是经典的【落井下石】。我问他:

"现在是什么形态?"

"【落井下石】"

"昨天又是什么形态?"

"【一剑封喉】"

"这两个形态的市场意义又是什么?"

"出货。"

我沉默了几秒钟,才挂断电话,然后对助理说:"他再来电话,就让他收盘以后到公司里来。"

收盘以后,安排好学员复盘后,来到隔壁房间。那位打电话的学员已经来了,他呆呆地坐在沙发上,脸色阴沉。

"卖了?"我问。

"没有。我一直在等你的电话。你今天是不是有特别重要的操盘任务?可再重要连说句话的工夫都没有吗?在你眼里,我还是你的学生吗?"学员的情绪十分激动。

我并没有生气,拍拍他的肩说:"我当时确实很忙。你锁不定利润我比你还着急,说明我这个老师没把你教好。问题是,我今天也遇到了一个难题,不知道该怎么解决。"

学员死死地盯着我。

"因为我不知道怎么解决这个问题,所以,就一直等在电话旁,等着我的老师告诉我该怎么办,可直到收盘,我也没有接到我老师的电话。"

学员呆了半晌,他仿佛明白我话中的含义,深深地低下了头。

"老师可以传授给你一套成功的方法,但却无法替代你去成功。"我本想狠狠地剋他一顿,为什么不严格执行指令?看他那副难受的样子,话到嘴边又咽了回去。为了缓解他的情绪,我给他讲了最近目睹的一件事:

一位白发苍苍的老人站在马路边,看样子他想穿过马路,但是川流不息的车辆让他裹足不前。一位中年妇女紧走几步,伸出手去:"您要过马路?我扶您过去。"

没想到,老人温和地笑了笑,露出仅有的两颗牙齿:"我每天都要过很多这样的路口,但我并不是总能遇上像你这样的好人。所以,谢谢你,还是我自己走吧。"

说完,老人步履蹒跚地穿过滚滚的车流。走到马路对面,老人还回过头来,向呆立在马路这边的中年妇女轻轻地挥了挥手,然后转身慢慢地走了。

看学员的情绪已经稳定下来,我把话锋一转:"炒股就像外出旅行,总有这样那样的路口等在前头,这时候,不是问你的老师该怎么做,而是运用老师教你的方法如何判断方向。有时候老师可以为你指点迷津,却无法替代你完成每一次操作,我们应该像故事中的那位老人一样:'谢谢你,但请你让我自己走吧。'"

"老师,我明白了。但在实战中,明明知道卖出指令已经发出,可我就是下不去手。"

"这从两个方面暴露了你的问题:一是对 135 战法理解得还不够深刻,二是你的执行能力还有待进一步提高。'只认指令,不管输赢'是一个不断挑战自我、战胜自我的过程,下决心好好练吧。"

1 月 22 日,股价依然跳空高开,稍作下探就被拉到均价线以上成交,强势特征较为明显。昨天被震出局的要有改正错误和重新进场的勇气,已在场内的可适当加大仓位,助主力一臂之力。持币观望的,到了该下决心的时候了。见图五。

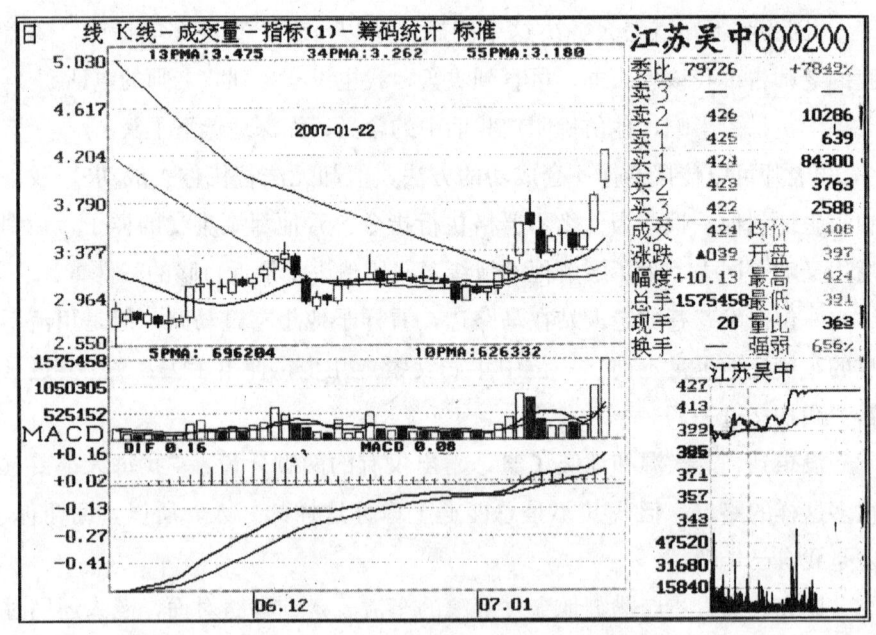

(图五)

第6节 买卖还要细思量

135战法公布以来，有的人如鱼得水，在股市的海洋里玩起了花样游泳；有的人依然蹲在沙滩上。一种方法，两种结果，这是为什么？差别就在于能不能坚定不移地执行指令。

关于提高执行力的问题，我在《训练大纲》上作了专门的论述，旨在引起大家的重视，强化这方面的训练。这几年在企业界有一个颇为流行的小故事：

> 一个哲学家乘船到河对岸，船夫虽然年龄已大，但却一直在卖力地划船。于是哲学家问船夫："老先生，你学过哲学吗？"船夫答道："哎呀，抱歉，先生，我也没有学过哲学。"哲学家摊开双手说："那太遗憾了，你失去了50%的生命呀。"过了一会儿，哲学家看到船夫如此辛苦，又说："老先生，你学过数学吗？"船夫显得更加自卑了，说："对不起，先生，我也没有学过数学。"哲学家接着说："哎呀！太遗憾了，那你将失去80%的生命呀。"
>
> 就在这个时候，突然一个巨浪把船打翻了，两个人同时落入水中，船夫看着拼命挣扎的哲学家说："先生，你学过游泳吗？"哲学家说："我没有学过游泳。"老船夫无奈地说："哎呀，那真抱歉，你将失去100%的生命了。"

知道为什么总不成功了吗？135战法的理念、原则、方法和纪律都明摆在那里，但你把它束之高阁并不执行，这才是迟迟不能反败为胜的原因。行动是成功的最高法则，执行力是决定成败的关键。

1月23日，股价依然是高开高走，但冲高后回调的幅度过大，虽然没有跌破昨收盘，但毕竟和昨收盘见了一面。根据经验，凡是前一天涨停的股票，第二天的回调一般都不和昨收盘见面，只要一见面，调整的概率就会增大。

股价创出4.55元的近期新高后顺势回落，回落的股价像斗败的鸡，再也没有了先前的斗志。暗示股价调整在即，K线图上那根十字星是变形的【一枝独秀】，如果和成交量绑在一起，就会形成另外一个出局信号——【晨钟暮鼓】。还记得【晨钟暮鼓】吗？"股价创出新高，成交量反而缩减"，这是股价行将调整的信号，择高出局或减仓操作才是明智的选择。

从股价的位置看，我们知道该股的行情还没有结束，从股价的技术形态看，调整已不可避免，虽然我们不知道股价会调多深，也不知道调整多长时间，反正知道它要回调，知道这一点就足够了。

【一枝独秀】是出局信号，【晨钟暮鼓】也是出局信号，你还等什么？135战法的发令兵在喊：走。

所有的卖出形态意味着在洗尽铅华之后，股价会徐徐滑落，那些在卖出指令出现之后依然无动于衷的，以后的日子将每况愈下。见图六。

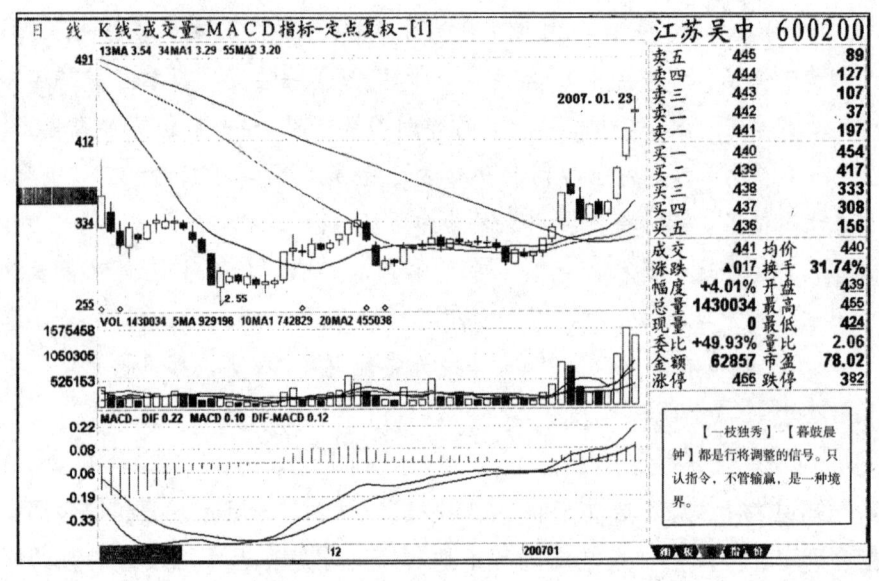

（图六）

怕风险的人就不要到股市里来，来股市的人就应该知道股市有风险。英国伦敦的双层巴士、美国旧金山的电车，从开始运营时就没有门。在维也纳，电车行驶的时候门是开着的，进站出站时车还没停稳，就有人跳上跳下，并无责怪之声。虽然跳车的大多是身手敏捷的年轻人，但并非万无一失。一女孩在上车时摔了一跤，旁人只是惊讶地叫了一声，并没有人向她表示同情，反而有人责怪她："技术这么差，就应该等车停稳了再上，你应该知道自己没有跳车的资格。"而资格就是对风险的把握。

第7节 正风雨飘摇，看田野迷茫
——点击深圳华强（000062）

1月19日，股价从13日均线上携量上攻，突破前期整理平台，这是增量资金重新进场的标志，也是对【梅开二度】的确认，在这里适量跟进，就等于买在了一波行情的起涨点上。见图一。

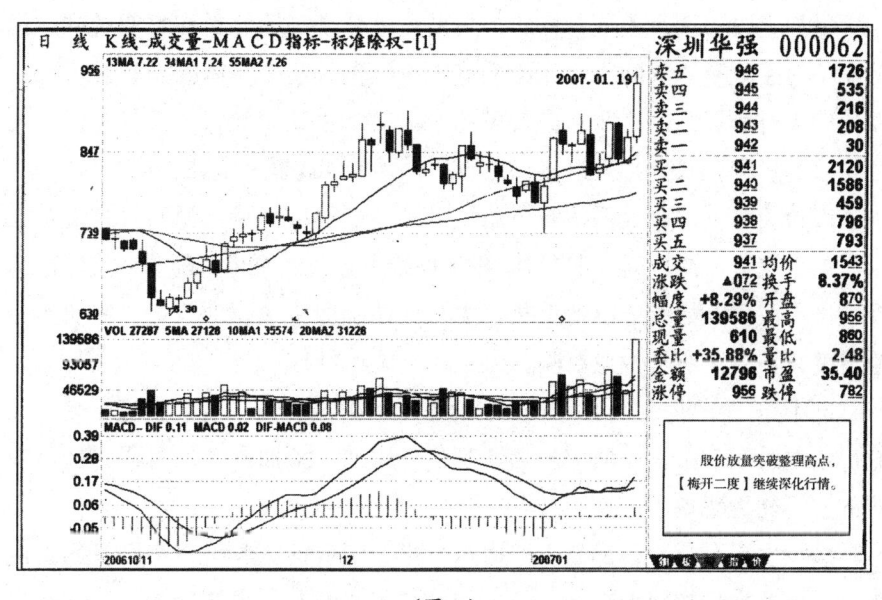

（图一）

第二天，股价缩量上攻，然后接连两天缩量整理，有点不对劲。理论上讲，【梅开二度】出现以后，股价应迅速脱离整理区。但成交量没有继续支持股价上攻的意思。这时候怎么办,是被动守仓还是离场等待新指令?正确的选择当然是后者,但多数人会留在场内等待事情的自行改善。这是一个理念问题。这个问题不解决,操盘质量难以提升。

再好再完美的形态,也有变形或变种的时候,当股价没有朝着我们的预期发展的时候,应主动跳出界外,静观其变,这样最多亏小钱。况且,我们每天都有预备股,这个不行就应立即换一个,而不是在一只股票里面死耗。但不能放弃对原来股票的关注,如果发现它重新开始走强,而现在手中个股出现滞涨,就应立即斩掉手中个股换回原来的那只。这就是个股之间的衔接和转换。只会切入,不会切换,同样会丧失战机。游击战才是散户的主要战术,莫把自己当成正规军。

为什么主力敢在股市里横冲直撞?因为主力做的绝不是大多数人想的,而绝大多数人想的肯定是主力不愿意做的。因此"心随股走,及时跟变"不仅仅是理念,更是行为准则。投资是一个过程,应多关注细节,别太注重结果。因为细节搞好了,结果也差不到哪去。

世界上没有两个人是一样的,与别人较劲是毫无意义和不明智的。你的竞争对手就是昨天的你,无论是对知识的理解还是具体的操盘细节,只要比昨天有所提高、有所长进就可以了。股市里高手如云,天外有天,关注自己的进程,只要每天进步一点点,每月就能跨越一大步。

股价无量下滑,显得很有节制,极度萎缩的成交量,说明只是散户在抛。缩量整理两周以后,股价在34日均线上方止跌企稳,随着成交量的温和放大,股价开始有节奏地上扬,主力开始酝酿一次新的攻势。密切关注量价变化,时刻听从主力召唤。

2月14日,股价小幅高开,然后放量突破【梅开二度】整理平台,重仓出击的时候到了。先前出局的要赶快抄家伙,捡回原来的筹码;持币观望的,不能再犹豫了。见图二。

多少次不赢反亏,都是不严格执行指令造成的。股价明明已发出卖出信号,但总觉得它明天还会上涨,于是持股不动,结果怀沙自沉,这是自食其果。很多时候,我们不是输在主力的阴险狡诈上,而是输在自己的执迷不悟和明知故犯上,输在没有自我约束和自我控制的能力上。操盘不能没有规则,任何时候都不能凌驾于规则之上或游离于规则之外。不遵守规则,

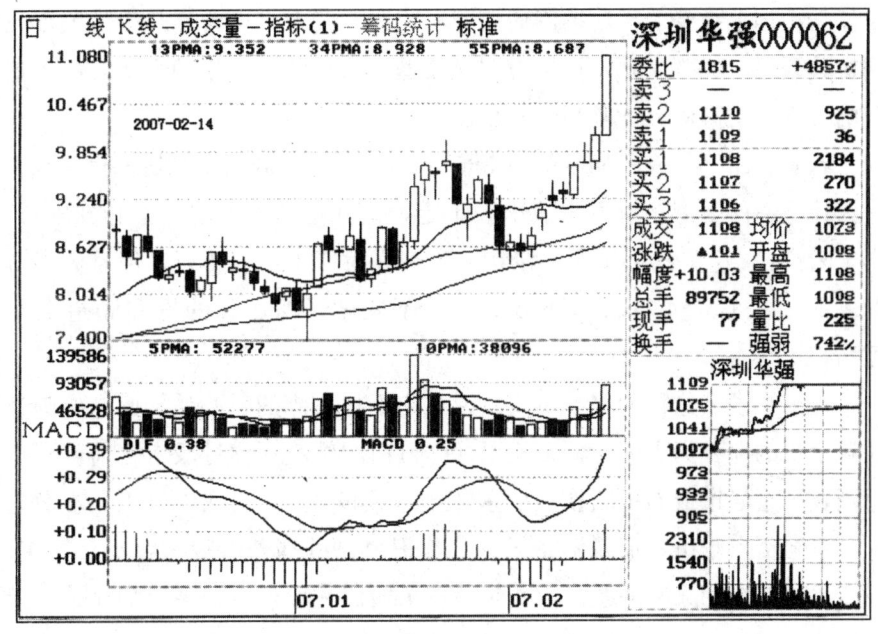

（图二）

失去的不仅仅是金钱，还有时间和生命。从某种意义上说，技术好学，但心河难渡！做股票需要特别强的自控能力，否则就不可能得到你想得到的东西。

一个华灯初上的傍晚，在梦幻茶屋我如约见到了李子云。他曾是一名国家公务员，为了心中的梦想，毅然辞去公职闯入股市。刚刚步入中年的他，经过几年股市的打磨已表现出超出年龄的苍老，黑色的眼眶让我不得不开始担心他最近的健康状况。他告诉我，最近的操作很不顺利，接踵而来的失利使他痛苦不堪。他说，有时看着股市行情，真想把它砸个粉碎。我让他喝口茶再继续，他抿了一小口说："你知道，为了炒股我把什么都豁出去了。我本来有一个令人羡慕的职位，有一个令人羡慕的家庭。由于这几年炒股失败，上个礼拜她说自己实在忍受不了，很坚决地和我离了婚。"说到这里，他的手有些发抖。"人可能是一倒霉就祸事不断。不久，我父亲又突发脑溢血卧床不起。你可能已经看出，当年为了梦想而打拼的我，现在总是精神恍惚。有一次，我对着镜子里的自己，发现眼里流露出的不再是自信与坚定，而是一种莫名其妙的压抑和恐惧。最近一段，我的身体与精神上承受着无法抑制的疲劳与焦躁,我对自己曾经热爱的股市感到极其厌恶,经常失眠,记忆力明显衰退,有时还有轻生的念头,股市把我的心弄得支离破碎。梦想随着金钱一起消失了。"

看着愁眉不展、悲痛欲绝的李子云,我心底泛起一阵酸楚。我说,那你为什么不停下来,看看书或出去走走,这样也许能缓解一下心理压力。李子云说:"这些我都试了,没用。我现在对股市烦得不行,但整天想得最多的还是它,弄得我食不甘味、卧不安席,现在我的胃和肠道全是毛病。"

对于李子云这样的人,不能只说几句不疼不痒的宽心话,而是要刺激他骨子里的那种男人的野性。我说,你目前的处境在你进股市之前就应该想到,不是股市成心折腾你,是你自己还不够男人。男人,男人,难做之人,不经历点难事,那就不是男人!你把自己的痛苦看得太重了,其实,股市里比你惨的人有的是。前些年,有个股民在股市亏得一塌糊涂。一天夜里,他实在没有活下去的勇气了,就来到一处悬崖边,准备跳崖自尽。

在结束生命之前,他号啕大哭,细数自己在股市遭遇的种种失败和挫折。崖边石上生有一株低矮的树,听到这个人的种种经历,也不觉流下眼泪。股民见树流泪,就问道:"看你流泪,难道你也有与我相同的经历?"

树说:"我怕是这世界上最苦命的树了。你看我,生在这岩石的缝隙之间,食无土壤,渴无水源,终年营养不足;环境恶劣,让我枝干不得伸展,形貌丑陋;根基浅薄,又使我风来欲坠,寒来欲僵。看我似坚强无比,其实我是生不如死呀。"

股民不禁对树同病相怜,就对树说:"既然如此,为何还要苟活于世,不如随我一同去吧!"

树说:"我死倒是极其容易,但这崖边便再无其他的树了,所以我不能死呀。"股民不解,树接着说:"你看到我头上这个鸟巢没有?此巢为两只喜鹊所筑,一直以来,它们在这巢里栖息生活,繁衍后代。我要是不在了,那两只喜鹊可咋办呢?"

股民听罢,忽有所悟,就从悬崖边退了回去,你知道那个准备死的人是谁吗?我顿了一下,那个从悬崖边退回去的人就是我!

李子云吃惊地看着我。有一道光从他的眼里一闪而过。他腾的一下站起来，嗫嚅着嘴唇似乎要说什么，可我没给他这个机会……

其实，每个人都不只是为了自己活着。再失败、再不成功的人，对于有的人来说也是一棵伟岸的树。每个人都不要忘记了自己的责任和使命。

既然来到了股市，就不要带着遗憾离开，要么就别进来。挑战令人烦恼的逆境，千方百计地完成自己的心愿，只要还有一口气，就要坚持到底，坚持到底，下一个百万富翁就一定是你。

2月15日，经过稳步拉升，这一天股价跳空高开，瞬间下探，又被瞬间拉回，然后义无反顾地走上涨停板。进入拉升状态的股价，其实是最安全的。是我们自己把自己给吓破了胆，心态问题不解决，再好的绝招也没用。见图三。

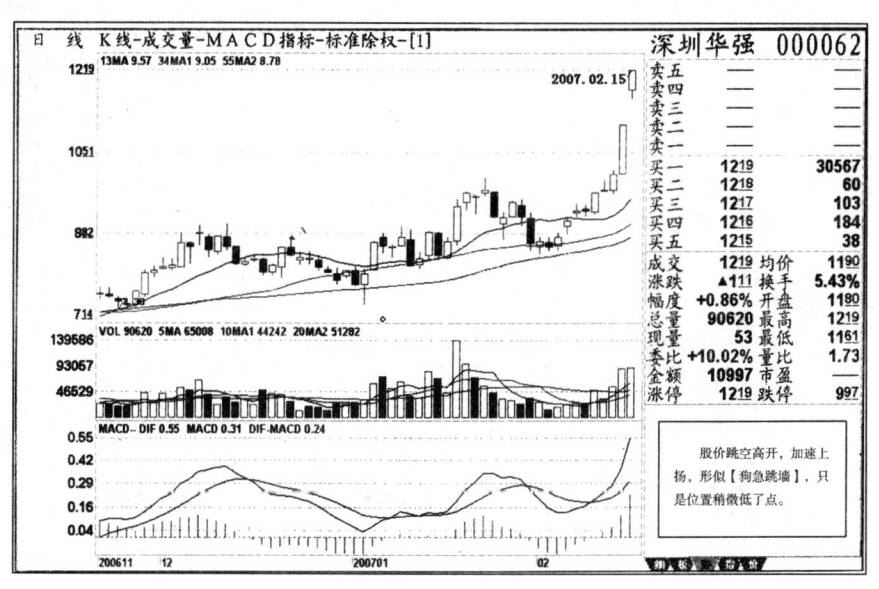

（图三）

涨停的股价，毫无生息地躺在涨停板上一动不动。就像两个拳击手搏击，你一拳把对方打翻在地，而且再也站不起来了，你还有什么斗志？开盘就封停的主力算不上强悍，只要有钱谁都会这么做。但真正的主力应该给每个人参与的机会，通过搏斗厮杀见个高低、定个输赢。还是政府善解民意，适时推出权证，让你有劲尽情地使、有汗尽情地流，而且规定了交战时限,时间一到,不管输赢,鸣锣收金,让你心服口服。我觉得,T+0制度推出以后,机构不一定能占多少便宜,但对有些人来说,恐怕又是一场不可避免的灾难。

2月16日,股价以涨停板开盘,时间不长,涨停板被打开,成交量倾泻而下,主力开始派发了。上涨无量,下跌有量,典型的派发特征。如果不能重新封停,盘中应择高出局。直到尾市,图表上的【拖泥带水】也未能被改变。【拖泥带水】之后还有新高,而且目前股价位置并不高,调整后可能还会继续上扬,但那是以后,而且是可能。果真如此,到时按点位追回来就是了,而现在必须先执行指令。走。见图四。

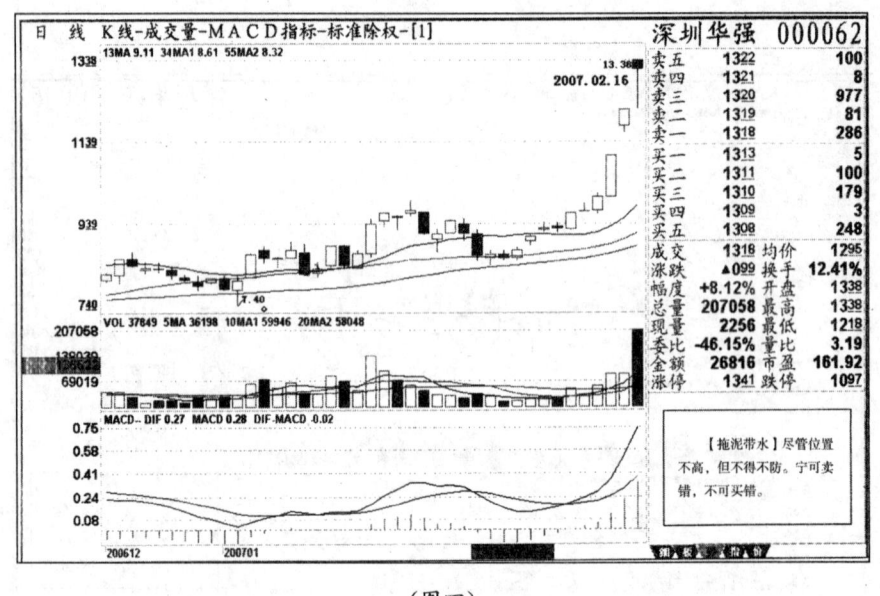

(图四)

有这么两个股民,幸运地得到了上帝的恩赐,上帝答应可以满足他们每人一个心愿。

其中一个大户祈求上帝说:"我为了挤进大户室,多年来一直在股市打拼,同主力的明争暗斗弄得我百病缠身。现在每天我都要依靠药物来维持生命,哪里还能感到投资的乐趣呢?"

于是上帝就满足了他的心愿,给了他一副健康的体魄。

另一个散户哀声长叹道:"尽管我有健康的身体,却没有炒股的本钱!每天,我都看着别人买进卖出,心里好生羡慕。现在我虽然身在股市,实际上已被剥夺了交易权,哪能体味到投资的乐趣呢?"

于是,上帝也满足散户的心愿,给了他很多钱。

三年后,上帝决定去了解一下那两个股民的状况。

先前的那个大户,已身患绝症,完全依靠药物维持着生命。

他有气无力地对上帝说:"自从您赐予我一副健康的体魄之后,我就比以前更加拼命地赚钱……现在,资金翻了好几番,可我不但没有感到投资的乐趣,却演了一出上半辈子拿命换钱、下半辈子拿钱换命的悲剧。"

先前的那个散户让上帝更吃惊了,他衣不遮体,身形佝偻,像一只爬行的蚂蚁。

上帝惊愕地问:"我不是已经给了你很多钱吗?你怎么还在散户大厅转悠呢?"

散户摇了摇头说:"是啊,我突然拥有了那么多钱,恨不得一下子把亏损的钱全捞回来,我不停地买进卖出,结果套的套、亏的亏,最后把你给我的钱都输光了,还欠了一屁股的债。"

听完他俩的哭诉,上帝沉重地说:"我赐予你们的,都是投资的本钱啊!而你们却不好好珍惜,我还能有什么办法呢?"说完上帝失望地转身走开了。

第8节 怎能够步步退让

——点击广日股份（600894）

在股市应不断转换自己的角色，做多不做死多，做空不做死空。始终保持头脑冷静，正确接受图表上的信息，不为利多利空所迷惑。进行交易之前，多问几个为什么：为什么要买进这只股票？它的技术依据是什么？买进以后，如果没有朝着预期的方向发展，应该怎么办？如果对自己的回答感到困惑，说明还不够专业。每一次操作必须是深思熟虑的结果，而不是仓促应战。

昨日复盘时，发现广日股份出现明显的走强迹象，股价站上13日均线后，成交量开始放大，步步紧逼55日均线，但股价离55日均线较近，而且进场指令不明确。关注可以，跟进就属于抢点。如果明天股价能从55日均线上跳空高开，然后携量上攻，出现【揭竿而起】的形态，那是非进不可的。

8月31日，在集合竞价时，股价果真跳空高开，而且第一笔单子就超过了4位数。在这样的位置出现这样的情况，当天的涨停概率极高，起码能报收一根大阳线。这时候，不必非等开盘再挂单，而是在集合竞价时，就主动高挂几个点买进。这时候已经不是高挂多少，而是能不能进场的问题。决心已定，立即向学员下达了进场指令。

开盘后，股价没有任何停顿，就马不停蹄地带量上攻，一波攻击过后，一学员问还能不能追，我说可以，但要买在股价线的逼空反转之际。对于形成【揭竿而起】的个股，我喜欢在涨停板上买入，起码涨幅在8个点以上，这样的走势，成功的概率更高。135战法实际上是一套追涨的方法，除了对极个别技术形态进行小单低吸以外，像【金屋藏娇】【马失前蹄】【黑客点击】等，多数时候都是买在阳线上。道理很简单，主力只有把昨日的阴线吃掉，股价才能有上涨的可能。放弃空头排列的股票，大胆追击 55 日均线以上的股票，是我一直倡导的操作理念。因为，55 日均线是牛熊的分水岭。凡是能站上 55 日均线的股票，走势都比较强，涨幅都比较大，反之亦然。

股价当天以涨停板报收。技术形态是【揭竿而起】，在完美的技术形态面前，攻击才是最好的防御。在攻击指令面前，只有不怕死的人才有资格活着。见图一。

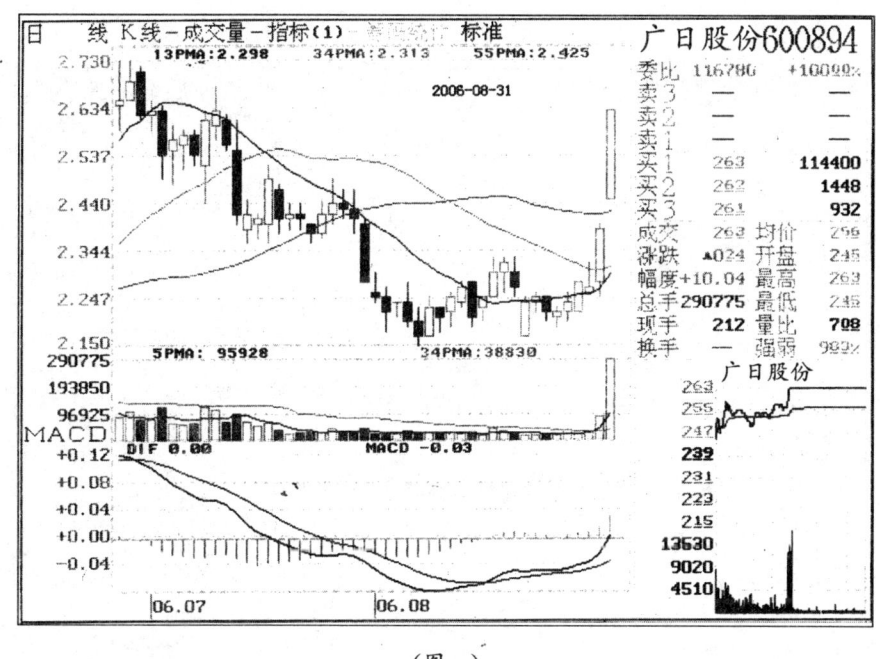

（图一）

很难说股市里是机会多还是陷阱多，因为有的机会往往就是陷阱，而所谓的陷阱往往正孕育着机会。那些别人看来是馅饼的，对于你可能是陷阱。而别人无法企及或远而避之的，可能正是你的机会。关键在于你如何去判断，如何去利用。即使顶尖高手，也不一定把所有的机会尽收囊中，他们只把精力放在自己可控制的事情上，努力把今天的事情做好，而从不去奢望明天的事情。

收到一则短信：宁老师，我们非常喜欢您的135战法，按照书上讲的做了几次都小有收获，可我们都有自己的生意，走不开，我们想请您到我们这里来专门给我们讲课。

看来这位先生把培训当成我的职业了。我告诉他，一个操盘手的真正价值在市场，而不是在其他领域。我只是给那些喜欢炒股，愿意把它当成事业去做的人提供专业帮助。

9月1日，股价跳空开盘，稍作下探即被拉到均价线以上成交，主力会武术，谁也挡不住。主力仗着自己的实力，三下五除二就把股价弄到涨停板上了，然后一屁股坐下去就再也不动了。见图二。

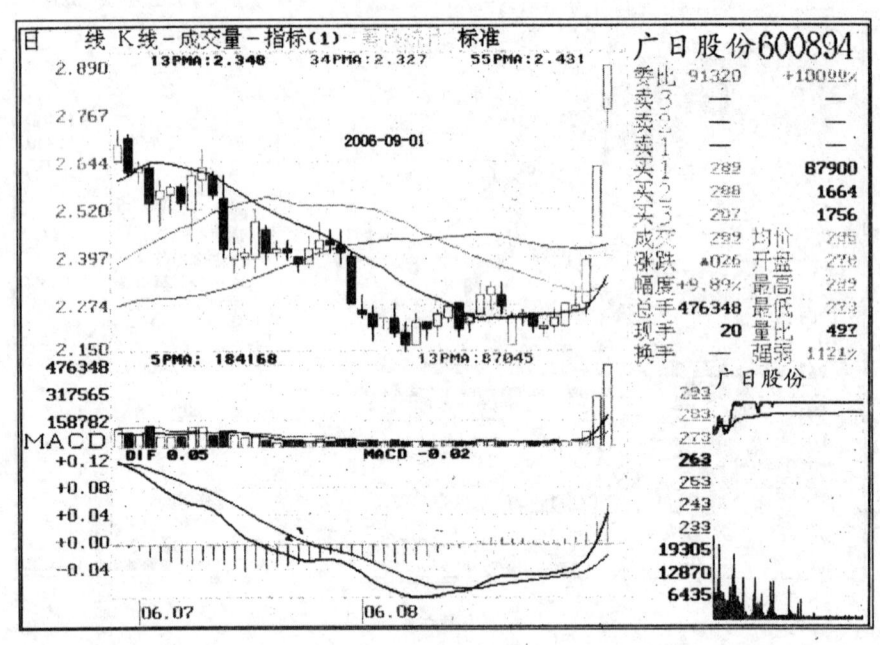

（图二）

不管是谁，抓到连续涨停的个股，心里都会美滋滋的。所不同的是，有人因为知道涨停而买入，有人是纯粹蒙进去恰巧赶上了。那些因为知道涨停而买入的，脸上的微笑是发自内心的；那些碰巧蒙上的，笑得都很尴尬。

第 8 节 怎能够步步退让

每一个成功者的背后,都有让你动容的灵魂;每一个失败者的背后,都有令人无法原谅的愚蠢。对于那些至今都在抱怨自己从没逮住过大黑马的人来说,不是因为股市对他太苛刻,而是因为他自己还不是伯乐。股市很大,相似的黑马很多,何谈无缘?面对黑马,展示的本是真我,何谈自欺?因此,爱比克泰德说:"智者不为自己没有的悲伤而活,却为自己拥有的欢喜而活。"

1929 年,纽约股市崩盘,美国一家大公司的老板忧心忡忡地回到家里。

"你怎么了?"妻子笑容可掬地问道。

"完了!完了!我被法院宣告破产了,家里所有的财产明天就要被法院查封了。"他说完便伤心地低头饮泣。

妻子这时柔声问道:"你的身体也被查封了吗?"

"没有!"他不解地抬起头来。

"那么,我这个做妻子的也被查封了吗?"

"没有!"他拭去眼角的泪,无助地望了妻子一眼。

"那孩子们呢?"

"他们还小,跟这档子事根本无关呀!"

"既然如此,那么怎能说家里所有的财产都要被查封呢?你还有一个支持你的妻子以及一群有希望的孩子,而且你有丰富的经验,还拥有上天赐予的健康的身体和灵活的头脑。至于丢掉的财富,就当是过去白忙一场!以后还可以再赚回来的,不是吗?"

3 年后,他的公司再度成为《财富》杂志评选的五大企业之一。这一切成就全靠他妻子的几句话。当你因亏损而绝望的时候,你不妨也这样做——

如果早晨醒来发现自己还活着,那么你比其他几百万人更幸运,因为有人已经看不到今天的太阳了;如果你从未尝试过战争的危险、牢狱的孤独、酷刑的折磨和饥饿的滋味,那么你的处境比其他 5 亿人更好;如果你能随便进出股市而没有受到威胁、暴行和杀害的危险,那么你比其他 30 亿人更幸运；如果你有食物可吃，有衣可穿，有房可住，有床可睡，那么你比世上75%的人更富有；如果你在银行里有存款，钱包里有票子，盒子里有零钱，那么你属于世上8%的最幸运的人。

在你感到沮丧的时候，请列出一张详细的生命资产表——

你有没有完好的双手双脚？有没有一个会思考的大脑和健康的身体？有没有亲人、朋友、伴侣、孩子？有没有某方面的知识和特长？把注意力放在你所拥有的，而不是没有的或失去的部分上，你将会发现，原来自己已经够幸福了！

9月4日，股价小幅高开，而且开盘价就是最低价，表明股价还会继续上攻，主力锐气不减，股价以涨停板报收，而且还是缩量，说明大部分筹码依然在主力手中。再说，主力还没有发出撤退的指令，提前离场就是逃兵，主力也会不高兴的。见图三。

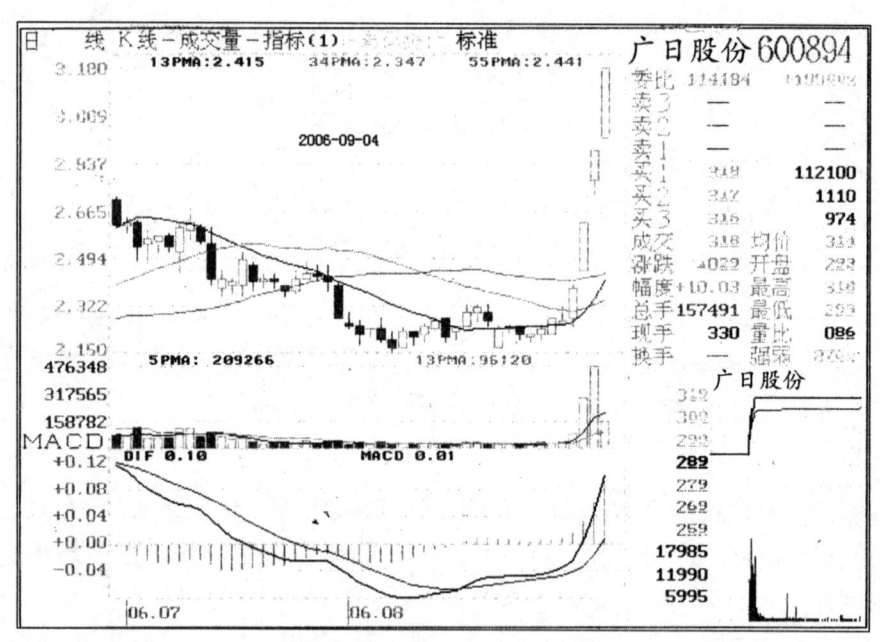

（图三）

实战中有些失望是不可避免的，但绝大部分的失望都是因为过于强调自我造成的。其实，在股市你的竞争对手不是形形色色的主力，而是自以为是、自作聪明、自我宽容的自己。只有主力能帮你提高分辨能力和操盘能力。如果认识不到这一点，你将生活在一个四面楚歌的环境里。

对称规律告诉我们，世上万事万物都有对称性。于是，人们习惯地认为：有付出就有回报，有痛苦就有欢笑。其实，在投资过程中，很多东西是不对称的。比如说：投入10万资金，一年下来不一定有10％的回报。

9月5日，股价以涨停开盘，这是最后的疯狂。在这么高的位置不会是什么突破，那就只有一个解释：出货。开盘后，股价在涨停上待了不到两分钟就原形毕露了。结果有两种：一是回调后强行把股价拉上去，以【拖泥带水】报收；二是顺其自然往下掉，形成【独上高楼】，无论最后以哪种形态报收，都是出局信号，必须坚决出局。"君子不立危墙之下"，走。见图四。

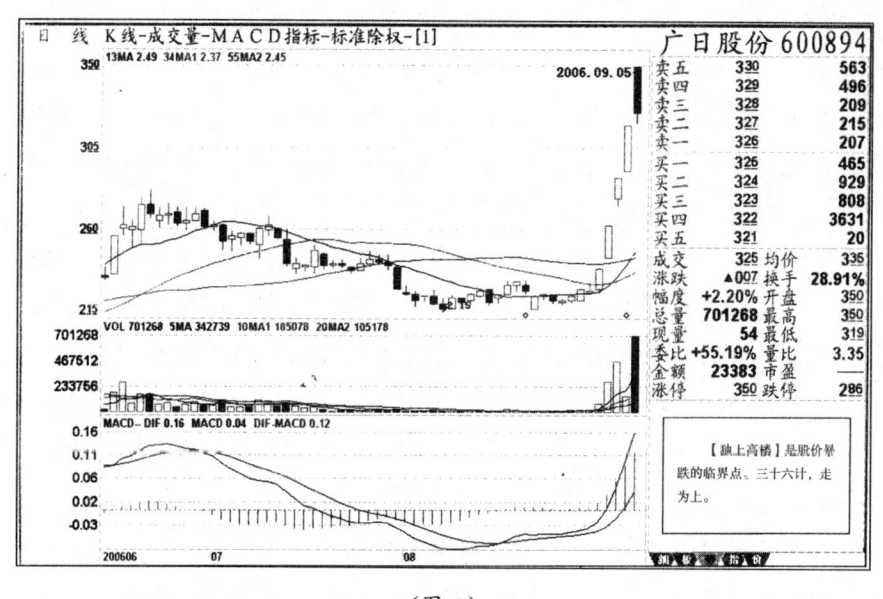

（图四）

在都灵冬奥会的花样滑冰双人自由滑比赛中，中国花样滑冰运动员张丹以激情的表演感动世界，带伤和搭档张昊完成了全套动作，并以189.73分的总成绩获得该项目银牌，创造中国花样滑冰的历史。

俄罗斯选手的自由滑动作堪称完美，随着一曲《罗密欧与朱丽叶》的终结,冠军已经没有悬念。

张丹、张昊最后一个登场,反超俄罗斯选手是不可能的了,这场比赛的唯一目的就是展示国际大赛中从未出现过的动作——四周抛跳。

四周抛跳是当今冰坛难度最大的动作,就像股市里的超级短线,是绝顶高手毕生的追求,这是个挑战极限的动作。它要求将舞伴抛出1米以上,在空中的停留时间在0.95~0.97秒之间。这其中的速度、力道、旋转、角度、控制身体的能力,必须拿捏得分毫不差,否则就会失败。张丹、张昊在失败了75次之后,换来了第一次成功。

主教练姚滨说:"我不能保证拿到金牌,但可以保证创造历史。"张丹、张昊上场时,姚滨只说了一句话:"冲吧!"姚滨只是想鼓励弟子们去冲四周跳,谁知张丹、张昊却跳出了中国体育的一个新境界。

比赛开始35秒后,张丹、张昊开始冲击四周抛跳,张昊将张丹高高抛起,在全场观众的注目下,张丹如离弦之箭,飞速旋转而出……刹那之间,张丹已经重重地摔倒在冰面上,全场观众同声惊呼。

有人说,张昊将张丹抛出去时力量太大;有人说,张昊抛得不够高;还有人说,张昊在抛张丹的时候身体倾斜了,角度不对。其实,张昊并没有失误。被抛出时抱着双手的张丹在空中打开手的时间早了零点几秒,落冰时方向出现了偏差。她要想成功落冰,已经不可能。此时的张丹,脸上露出了极其痛苦的表情,全场观众的心都被揪了起来。张昊轻轻地扶起双腿已经无法活动的张丹,单腿蹬冰,慢慢地护送张丹到冰场出口。

正当人们以为张丹要退出比赛时,柔弱的张丹向教练姚滨坚定地摆了摆手,示意还能继续完成比赛。擦去眼泪的张丹在张昊的陪伴下,重新回到冰场中间,全场观众立即报以长时间的热烈掌声。

冬奥花滑也终于有了一段最悲壮又最令人感叹的传奇。

他们恢复表演后,几乎所有的跳跃、旋转和托举都完美无瑕,加上《龙的传人》的音乐,构成这对年轻生命最不可思议又最感人的自由滑。我的眼睛湿润了,屏住呼吸等待着他们最后的静止。

做完最后一个动作,两人拥在一起,然后张丹和张昊在全场观众、裁判以及其他选手们潮水般的掌声中眼含泪花,优雅退场……

第9节　总有一个心愿不能忘

——点击金牛化工（600722）

人们常把股市想象得太高深、太神秘、太复杂，并因此阻碍了他们的成功。如果把炒股看得简单一些，比如阳克阴买进、阴克阳卖出，这样就会省去很多烦恼。

2007年2月14日，股价经过震荡整理和漫步爬升，终于在小阳线的簇拥下【揭竿而起】，这是经典的"山舞银蛇"走势，是主力资金进场的标志，是股价开始拉升的信号，重仓出击。见图一。

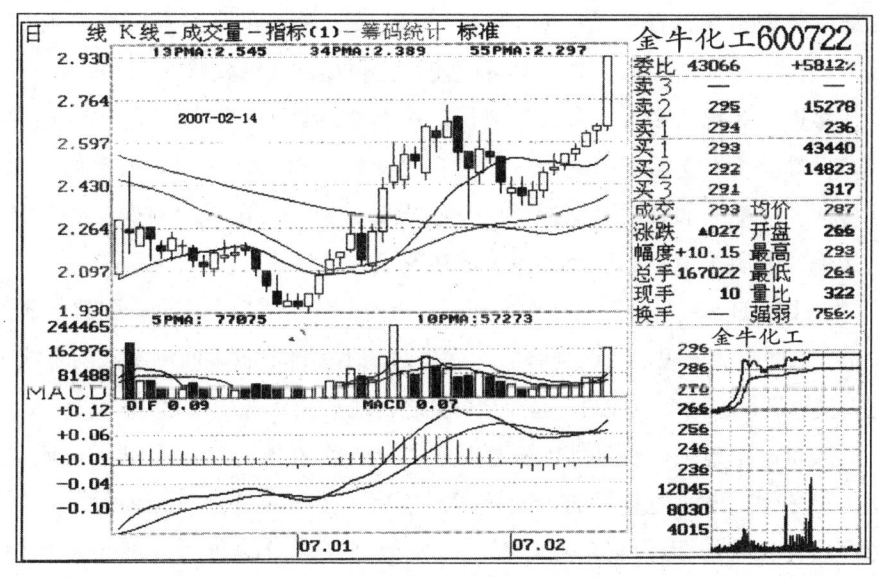

（图一）

多数个股在起涨之前都会在盘面上留下一些蛛丝马迹，拿金牛化工来说，一个月之前就出现过一个不规则的【揭竿而起】，说它不规则的原因有两个：一是它不是从 55 日均线上跳起来的，二是 55 日均线尚未走平。因此给它定性为收集型。收集型【揭竿而起】一般都不会封停，且留下长长的上影线。有的第二天就开始清洗，有的小幅推高后再洗。因此，在运用技术形态的时候，一定要分辨清楚它的性质。

第一个【揭竿而起】之后，股价调整了 22 个交易日，22 个交易日至少能做上两只股票。重要的是资金一旦换成股票，主动权就会随之丧失。

多数人买进股票是等着涨，少数人是等股价涨起来追着买；极少数人发现形态破坏后及时抛出，极少数极少数人会把抛出的股票再在适当的时候捡回来。于是，人与人之间的差别就出来了。按 135 战法操作，不一定捕捉到最大的黑马，但都会动在股价涨跌的临界点上。当一个人的操盘水平稳定以后，重要的不是突破，而是保持均衡发展，均衡发展比突飞猛进更能检验一个人的功力。开盘前啥都清楚，收盘后啥都知道，就是在交易时神志不清，这是为什么？是能力问题。有技术、没约束也不能赢利。捍卫指令，绝不侥幸。我们只要一万，不要万一。

在股市"如临深渊，如履薄冰"，容不得半点疏忽与大意。每次临盘实战都要像站在深渊旁边一样慎之又慎，都要像走在薄冰上一样小心翼翼。操作中的任何一点闪失，都可能使我们付出巨大的代价。

多思、多想、多听、多看、慎行。这么做的好处就是让自己少一点后悔，世界上没有卖后悔药的，当知道自己买错的时候，一切皆成定局，无法挽回。一个人如果遇到挫折时少一些指责、抱怨，在行动中少一些让自己后悔的经历，说明你已经具备了成功的条件。

2 月 15 日，股价高开，稍作下探，即被拉到均价线以上成交，强势凸显。知道什么叫强势股吗？所谓强势股，就是回调不破昨收盘，回调不破均价线。凡是能够满足这两个条件的，当天会百分之百地报收一根大阳线。见图二。

股价越走越强，直到涨停板拦住去路，才趴在涨停板上不动了。成交量极度萎缩，不是能量减弱，而是人们惜售，千万不要把这根缩量阳线当成【晨钟暮鼓】，因为它是涨停板。一定要注意区分股价所在的位置，相同的形态出现在不同的位置，其市场意义是不一样的。

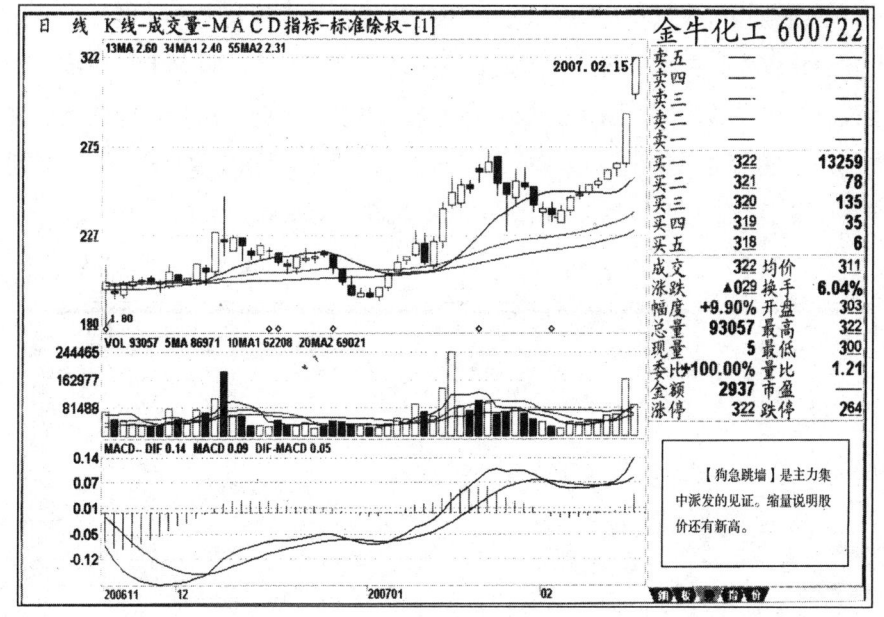

（图二）

任何一个小细节，对结果的影响可能是巨大的。在你离成功只有一步之遥，本以为马上就可以跨进这道门时，一个细节的疏忽往往会让你与成功擦肩而过。

有的人刚刚读了几本证券书，就准备在扑朔迷离的股市里打拼，这未免有点天真。知识转化成能力需要时间，需要历练，需要上百次的实战。很多人选择55日均线以下的股票，认为这些股票从不大起大落，但他们错了，这些在底部运行的都是弱势股。只有跳上55日均线以上的个股才有可能走强，才有可能走出一波轰轰烈烈的行情。

无论资质如何，人人经过奋斗都可以成功，只要你坚信自己能够成功。一个潜在的成功者会在没有任何督促的情况下努力不辍，不断地超越自己，追求身心的完美和体能的极限。在这种精神支撑下，他们才会克服无数的困难，承受常人难以承受的压力，创造出生命的辉煌。

2月16日，股价依然跳空高开，一度摸上涨停板，但很快就掉头向下，虽然没有跌破昨日收盘价，但股价的第二波攻击竟然连触摸均价线的勇气都没有，说明股价调整在即。

股价在均价线以下窄幅波动,并不意味着它是在积蓄上攻动能,果真如此,股价应该跳在均价线上方才是。下午开盘后,股价无量爬上均价线,再也没有了先前的锐气,图表上出现了【一剑封喉】的抛出信号。即使尾市硬拉上去,形态也只能演变成【拖泥带水】或变形的【独上高楼】,但它们同样是出货形态。与其以后被动出局,不如现在见好就收。走。见图三。

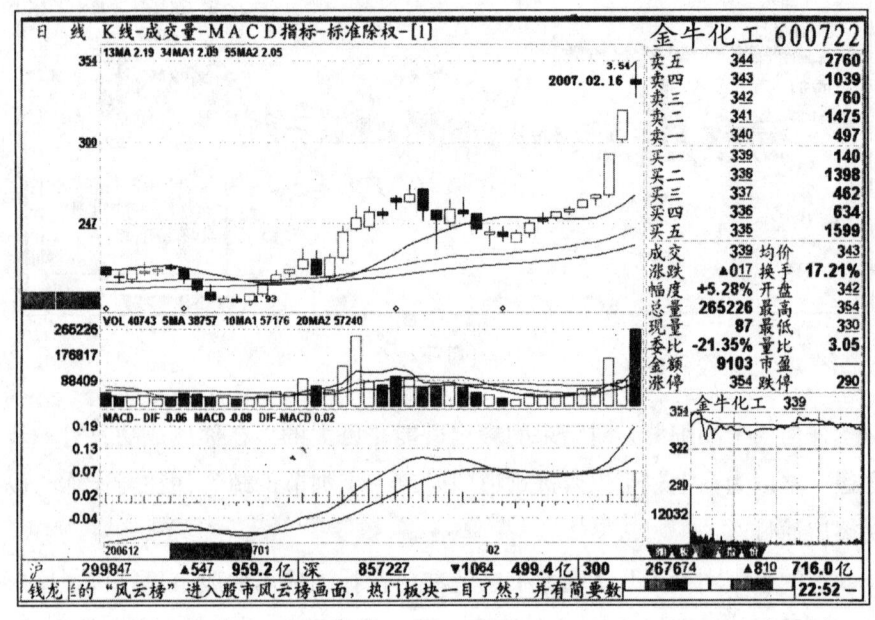

(图三)

最近一段时间,经常接到要求入会的电话。我们说,这里只为那些愿意把股票当成事业去做的人提供专业技术。或许我真的愚笨,送上门的钱都不要,但我觉得,君子爱财应取之有道。

对于那些至今依然执迷不悟的"高级会员",《财经日报》记者陆缓女士写的一篇报道也许能够使他们如梦初醒:

"你以为在电视节目里面那些证券分析师都是真的吗?你错了,我们同行之间都知道,现在那些整天在电视上镜的都是聘请的专业演员,真正的分析师哪里能表演得那么富有煽动性,用演员就是要给股民造梦,煽动他们加入成为会员。"一家总部位于深圳的证券公司北京业务总部助理总监向本报记者表示。

老股民禹大叔根据自己的经验总结了一些咨询机构坐庄的大致步骤,也许有助于投资者辨析咨询机构的优劣。

(1)高级会员建仓。咨询机构先让他们的七大姑八大姨或关系户建仓,然后再通知所谓高级会员买入,顺便给他们抬抬轿。

(2)低级会员抬轿。咨询机构通知低级会员买入之日,就是低级会员开始为他们抬轿之时。通常采取短信群发通知他们买入,股价迅速推高,这时候,他们的七大姑八大姨们已经开始出货了。

(3)以免费电话送飙股为诱饵,让他们继续接货。此时低级会员开始接货。这还是好一点的咨询机构,一般机构是根本不管低级会员死活的。免费电话送飙股的另一层意思就是,获取散户的联系方式,以便游说他们入会,补充因不断亏损而不断流失的低级会员,补充抬轿预备队。他们不厌其烦地诉说着,拨打热线电话前10名的就能拿到明日飙升的个股。如果你打了电话,你不但要给他们接货,以后再无安宁之日,他们不停地给你打电话,直到你加入为止。

(4)公开点评,推荐,让场外资金接货。有的咨询机构让散户们自娱自乐,轮流坐庄,轮流抬轿,天天飙股,日日损兵。咨询机构的这种模式,几年前台湾地区很盛行,由于影响恶劣,会员日趋减少。处于发展期的大陆证券市场会员充足,所以,台湾的咨询机构就开始向大陆发展,财富效应非常明显,咨询机构的老板据说每年都有几个亿的纯利润。

《证券法》修订草案将对"通过媒体进行股评等传播证券信息的行为"进行规范,一方面,禁止"利用传播媒介或者通过其他方式提供传播虚假或者误导投资者的信息";一方面,对"传播虚假信息,给投资者造成重大损失的'股市黑嘴',将依法承担赔偿责任"。

《证券法》的这一条款,无疑会使股民的合法权益受到保护。但坑蒙拐骗这个股市毒瘤不会从根本上摘除,正如中国有了刑法,犯罪活动依然存在一样。而且,凡是需要保护的一般都是弱势群体,都是濒临灭绝的东西。最好的保护就是增强自我保护意识,尽快地强大和聪明起来。爱捡便宜的人总是吃亏，受骗者总是那些企图捞到好处的人。

看完这篇报道，你想到了什么……

第10节　总有一个热爱不能凉
——点击岭南控股（000524）

人的心境应该像天平一样，称量物品时度量衡时上时下，但从不手忙脚乱，物品拿走以后很快恢复原来的平衡，并且从不感到寂寞。心境平衡则万物明晰。

岭南控股经过震荡整理以后，均线系统开始收拢，暗示股价正在选择突破方向，特别是【均线互换】完成以后，股价终于迎来了【揭竿而起】的好日子。这是135战法中最为经典的一种攻击形态，是主力开始拉升的显著标志，在这里勇敢地跟进，短期内必有大的斩获。见图一。

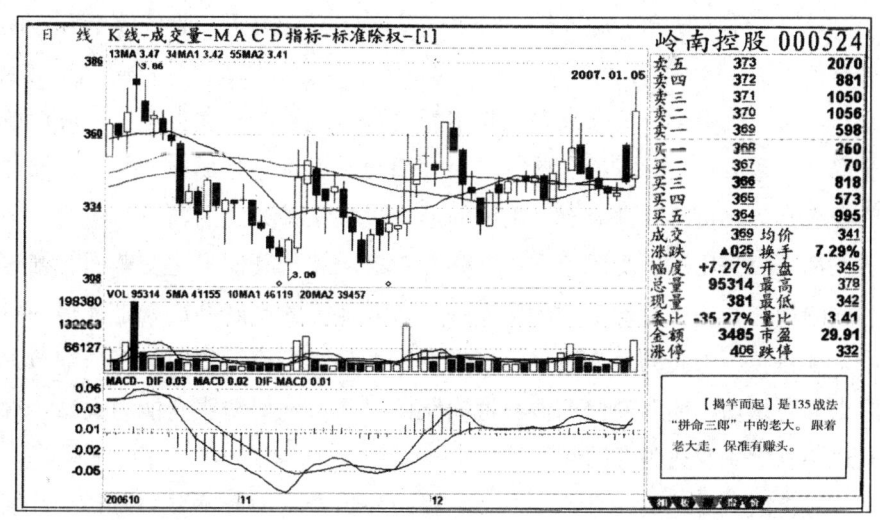

（图一）

【揭竿而起】【红衣侠女】和【一阳穿三线】被称为135战法中的"拼命三郎"，是较为经典的攻击形态。但不是所有的"拼命三郎"都会拼命，滥竽充数的也不乏其人。只有那些结构完美无缺、位置恰到好处的形态，才能走出一波轰轰烈烈的行情。

赢家的秘诀：底部【揭竿而起】吃得像国王，中部【揭竿而起】吃得像公主，顶部【揭竿而起】吃得像贫民。这是一个资金布局问题，进出点位过关以后，就应把精力转移到资金布局上面来，进出点位是战术问题，资金布局则是战略问题，绝对不能把战略高度降低到战术的层次。为什么在同一时间买同一只股票，有人抱了个大西瓜，有人就捡了一粒小芝麻？根源就是在资金布局上出了问题。

在135战法《训练大纲》中，对资金布局进行了专门的阐述：从轻仓试探、半仓跟进到重仓出击都作了严格的比例划分。人生需要规划，炒股需要计划，但计划本身意味着舍弃了很多。如何使用资金，达到最佳配置，需要认真思索。

资金布局，实际上就是制订详细的操作计划。但计划在没有执行之前是一张废纸，只有把它变成一个个实际行动，才会产生无限的利润。股市瞬息万变，重要的不是刻舟求剑，而是随机应变。成功就是把不可能变成可能。炒股需要悟性，这种悟性只有经过长期历练才能显示出来。

1月8日，股价小幅高开，然后携量突破所有山头，股价的上升空间被打开了。

不管什么事情，如果只看结果不看过程，人心就会变得浮躁，成功就会变得异常艰难。比方说，单看一根大阳线，觉得它是那样的灿烂，那样的令人心醉。可打开即时图，阳线的形成过程又是如此的曲折与艰难。很多人都是因为无法忍受股价上蹿下跳的折磨，才与利润失之交臂的。锁定利润的最好办法就是加强防震仓训练，防震训练的最好办法就是舍得一身剐，亲自经历阳线的形成过程。当你把每根阳线形成过程中的每个细节都看得真真切切、明明白白不再心惊肉跳的时候，不但防震仓能力大增，而且也会练出一双火眼金睛来。

股价的上升趋势一旦确立，必须稳定住情绪，千万不要做捡到一片树叶，失去整个森林的蠢事。见图二。

第10节 总有一个热爱不能凉

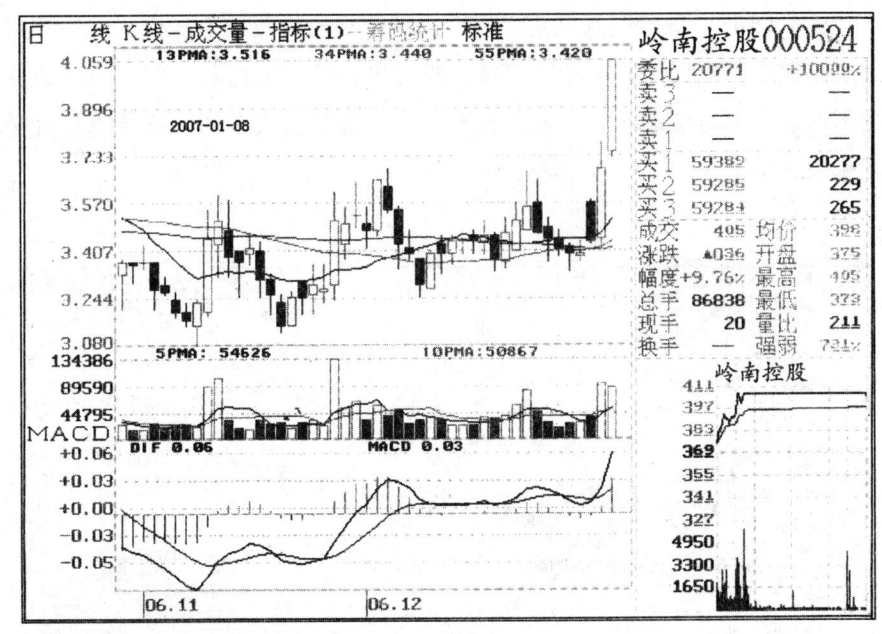

（图二）

股价节奏感强，三波封停。

对每期学员，我都带着他们打实战，这样做的目的不是向他们展示135的威力，而是尽快地让他们形成自己的实战能力。好心人提醒我，带着学员打实盘风险太大，万一失败了怎么办？我说立即处置，把损失降到最低限度，然后从头再来。我只想如何尽快地把这套战法传授给他们，使他们在成功的路上少走点弯路。我是从散户过来的，知道一个散户有多难，也知道一个散户有多惨！大家从五湖四海来到邯郸，完全出于对我的信任和对135战法的喜爱，不应该过多考虑个人得失，而是尽快让他们成功，而把135战法转化为实战能力的最好办法，就是带着学员打实战。

炒股有三层含义：接受，改变，离开。不能接受就改变，不能改变就离开。如此，才会得之坦然，失之淡然。

春节那天，收到数百条贺年短信，看着那一个个真诚的祝福、一个个虔诚的祝愿，我心潮起伏，热泪盈眶。我突然觉得，自己干了一件非常有意义的事情：造就一批百万富翁，改变一批人的命运。我为自己感到自豪和骄傲。

1月18日，股价高开低走，但很快被拉到均价线以上成交。然后缩量封停，说明场内浮动筹码已经不多，股价还有继续上涨的空间，只要成交量不出来，主力就走不了。主力走不了，持股就是安全的，不要总是疑神疑鬼的。见图三。

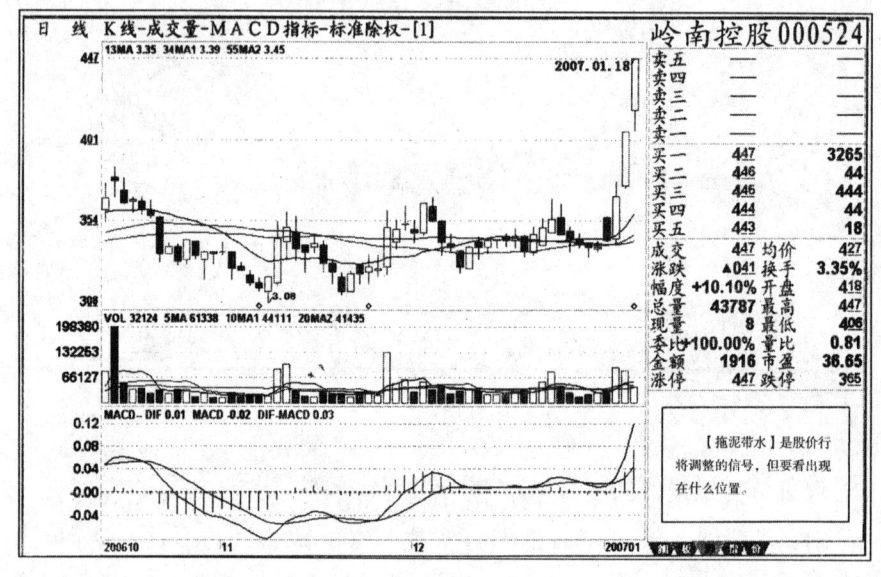

（图三）

炒股是个专业性很强的职业，是职业就应该用职业的眼光、职业的手法、职业的技能去对待。换个角度讲，在股市总会有人迷失方向，否则成功的路上就会人满为患。股市本是个大舞台，但凡参与的每个人都像演员一样，扮演着各自不同的角色。

在没有一套属于自己的交易方法之前，炒股就像在黑暗中的悬崖上行走，稍不留神就会掉进万丈深渊。身在股市，谁比你更能经历那种暗淡了的刀光剑影、远去了的鼓角争鸣？在不顺的时候，我们总是本能地怯懦和逃避，于是开始对别人产生指望和信赖。人在股市，别无选择，我们只能承担自己该承担的，付出自己该付出的。

一个人要勇敢地扛起所有问题，穷尽一切可能性和不可能性地解决思路，要做的第一件事情就是：无情地摧毁卖出看成本，套住就投资的错误理念。没有只亏不盈的倒霉蛋，如何能找到赢家的路，那是每个人必须支付的投资无悔的代价。

1月19日，股价开盘即停，一直到收盘涨停板都不曾打开。主力省事了，我们省心了。见图四。

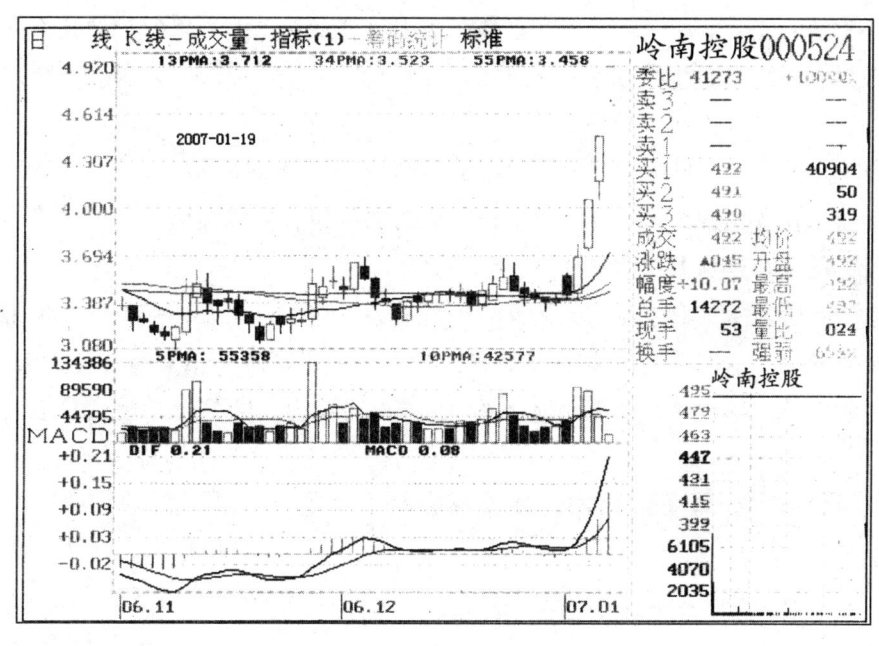

（图四）

为什么我一直在强调"心随股走，及时跟变"。因为我们无法改变股市的进程，也无法改变股价的方向，如果你不信邪，愣要和它对着干，肯定被碰得头破血流。我们唯一能做的就是努力改变自己，在思想和行动上无条件地和股市保持高度一致，把"心随股走，及时跟变"融化到血液中，落实到行动上。

人的改变就在一瞬间。在某种刺激下，瞬间就能改变你的观念和习惯，只要你思想上有一种强烈的改变意识，并且下决心，改变就会开始。

CNN的总裁特德·特纳年轻时是一个典型的花花公子，曾两次被学校除名。突然有一天，他父亲因企业债务而自杀，他因此受到极大的震动。他想到父亲含辛茹苦打拼，自己却在胡作非为，不但没有帮助父亲，还给父亲添了这么多麻烦，他决定改变自己，把父亲留下的公司打理好。从此他就像变了一个人，成了工作狂，最后把一个小企业发展成一个世界级的大公司。中国的禅宗讲究顿悟，强调刹那间的开始。

一根小小的柱子，一截细细的链子，拴得住一头千斤重的大象，这不荒谬吗？可这荒谬的场景在印度和泰国随处可见。那些驯象人在大象还是小象的时候，就用一条链子将它绑在水泥钢柱上，无论小象怎么挣扎都无法挣脱。小象渐渐地习惯了不挣扎，直到长成大象，即使可以轻而易举地挣脱链子时，也不挣扎。

多数人都有低估自己潜力的倾向。人都有"自我限制意识"，这种意识是走向成功的最大障碍。只有排除人为的障碍，才能聚精会神，凭借自身的能量，达到事业的顶峰。

1月22日，股价又是开盘即停。这样倒是省事，谁都不用忙活，谁都能够获利。这要感谢主力的辛勤努力，也要感谢自己多年来的苦苦探索。能够和主力坐在一起谈天论地，靠的也是一种能力。见图五。

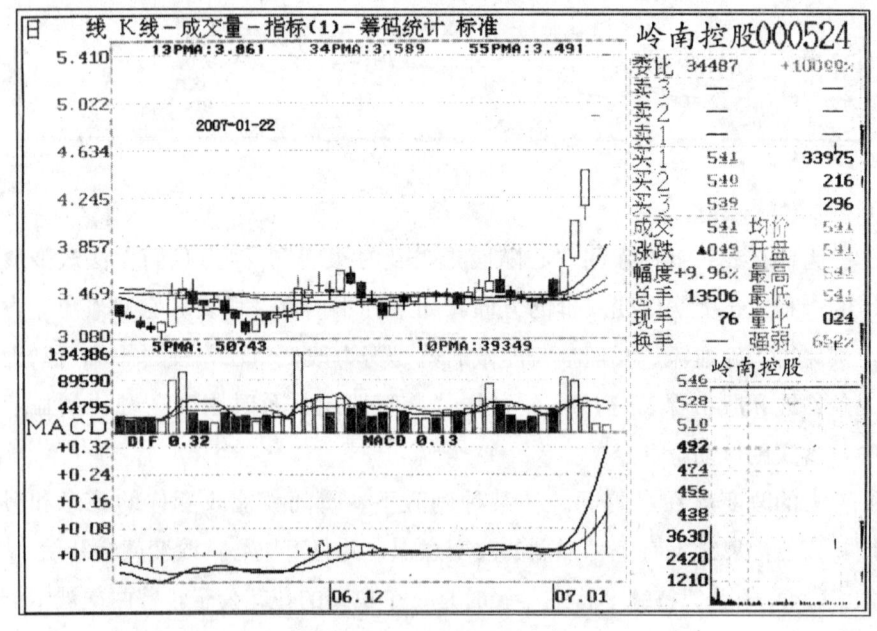

（图五）

他是匈牙利一位木材商的儿子,由于生性呆笨,人们都喊他"木头"。他也确实名副其实,9岁之前,除了因遵守秩序在学校里获得过一枚玩具螺丝钉外,再没有获得过什么奖励。

12岁时,他做了一个梦,梦到有位国王给他颁奖,因为他的作品被诺贝尔看上了。当时,他很想把这个梦告诉别人,但又怕被人嘲笑,最后,他只告诉了妈妈。

妈妈说,假如这真是你的梦,你就有出息了!我曾听说,当上帝把一个不可能的梦放在谁的心中时,就是真心想帮助谁完成的。

男孩从来没有听说过梦想和上帝还有这层关系,妈妈说完,他就信以为真了。他想,他真是天下最幸福的人!世界那么大,上帝却一下子就选中了他。为了不辜负上帝的期望,从此他真的喜欢上了写作。

"倘若我经得起考验,上帝会来帮助我的!"他怀着这样的信念开始了他的写作生涯。三年过去了,上帝没有来;又三年过去了,上帝还是没有来。就在他期盼上帝前来帮助的时候,希特勒的部队却先来了。作为犹太人,他被送进了集中营。在那里,数百万人失去了生命,而他却靠着"生存就是顺从"的信念活了下来。

"我又可以从事我梦想的职业了!"他怀着这种心情走出奥斯维辛集中营。1965年,他终于写出了他的第一部小说《无法选择的命运》;1975年,他又写出他的另一部小说《退稿》。

接着他又写出一系列作品。

就在他不再关心上帝是否会帮助他时,瑞典皇家文学院宣布:把2002年的诺贝尔文学奖授予匈牙利作家凯尔泰斯·伊姆雷。他听到后大吃一惊,因为这正是他的名字。

当人们让这位名不见经传的作家谈一谈他获奖后的感受时,他说:"没有什么感受!我只知道,当你说就喜欢做这件事、多困难我都不在乎时,上帝就会抽出身来帮助你。"

梦想皆有神助!在新世纪里,伊姆雷成为第一位证明人。预言家说,还会有第二位,就藏在有梦想的人中间。

股市赢家的桂冠不是随随便便就能戴到自己头上的，但股市赢家的名额没有限制，只要你有成为赢家的梦想，并锲而不舍地坚持做下去，这顶桂冠又是谁都可以摘到的。

1月23日，股价还是开盘即停。但好景不长，不大一会儿，股价就从涨停板上栽了下来。主力开始出货了。

股票如纸张张薄，股市如棋局局新。易涨易落股市水，易反易复主力心。入市不怕伤人虎，只怕没有真功夫。操盘不语真君子，进退有据大丈夫。动口不如动手，求人不如求己，股民只会量庄短，何不回头把自量。

主力拉锯式地出了一阵子货，也许怕太剧烈了把人吓着，股价走势开始变得温和起来，但主力的出货意图昭然若揭，最好的结果就是以【拖泥带水】报收。为安全起见，走。见图六。

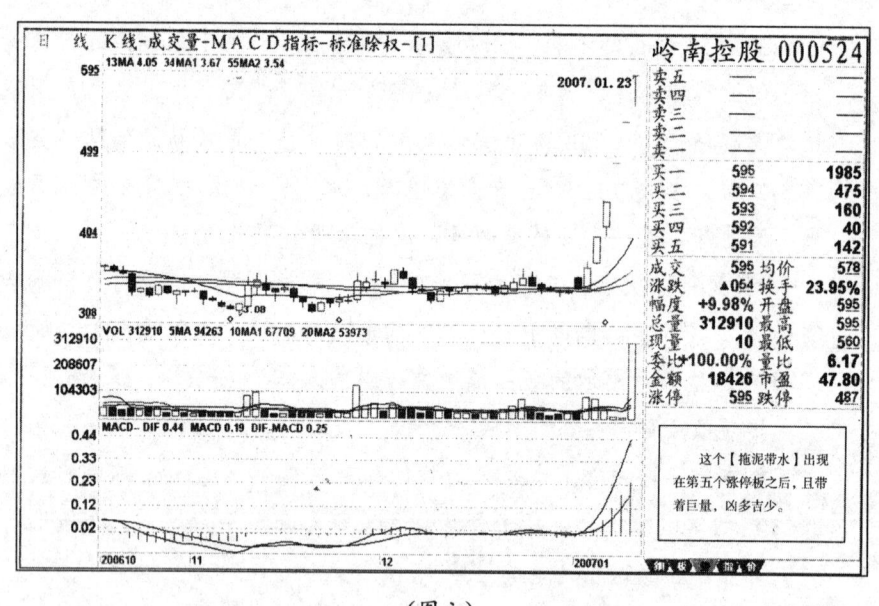

（图六）

最有威慑力的剑，不是挂在墙上的那一把，而是高悬在心中的那一把。股市就像磨刀石一样，已经把刀磨得非常锋利，当股价下跌或行将下跌的时候，我们要毫不犹豫地手起刀落，把下跌或行将下跌的股票砍掉。别把输赢看得太重了，要把工夫下在培养和训练自己执行指令的能力上。

第11节　总有一种激情，常年留在心上
——点击深南电A（000037）

别人的观念和做法肯定会对你产生一定的影响，但却无法决定你的行动，因为风筝的线始终在你手里牵着，只要你不松手风筝就飞不走；只要你不乱折腾，你的钱就不会跑到主力的口袋里去。

1月5日，股价在均线系统上【揭竿而起】，这根阳线既是对【走四方】的确认，也是明确的进场信号，半仓跟进。见图一。

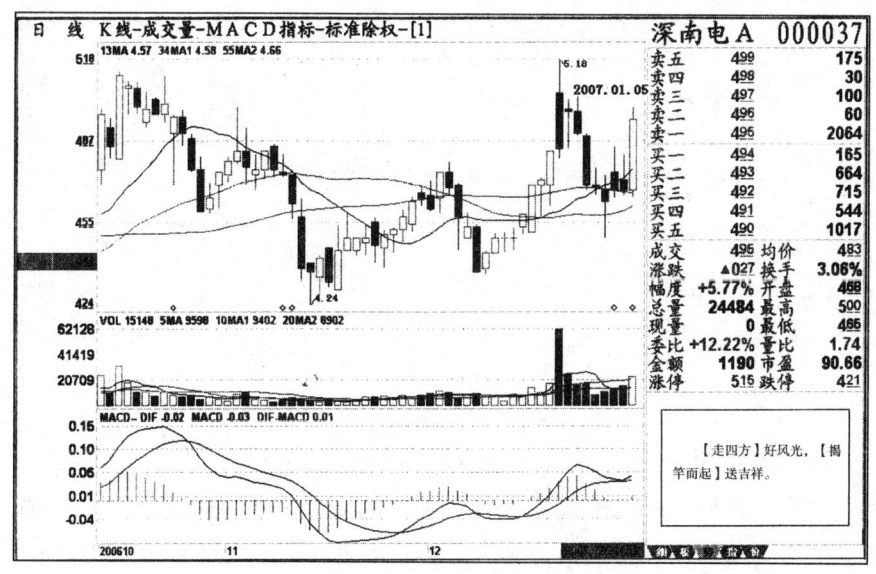

（图一）

在【走四方】出现之前，股价演绎了一段【三线推进】，然后利用【浪子回头】和【走四方】加大收集和清洗力度，调整均线位置；主力在均线系统之上持续拉出8根阴线之后，几乎把人都给磨跑了，于是，主力利用【揭竿而起】结束整理，转入反攻阶段。

【揭竿而起】之后，主力用了4天时间小幅推高，耐心消化前高点筹码，让该出去的出去，让该进来的进来，不动声色地完成了【均线互换】。上涨前的一切技术准备业已完成，股价随时可能升空，密切关注主力动向。

1月11日，股价小幅高开，然后带量突破前期整理高点，这是行情爆发的临界点，重仓出击。见图二。

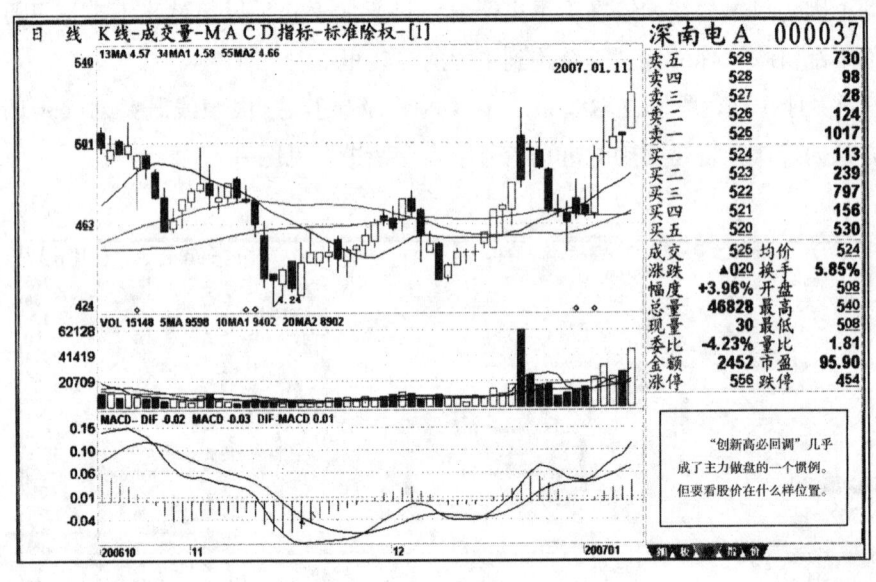

（图二）

成功并非源于正确的想法，而是源于正确的行动。人是由猴子变来的，猴子生性好动，能够聚精会神的时间有限。所以人总是耐不住寂寞，不管有没有交易指令，总是管不住自己的手，似乎手里没有股票就不是股民似的。正确的做法是：在对大势有一个正确认识的前提下，精选个股。一般说，大盘不好时，不做长线，本着有利就走的原则；大盘向好时，不做短线，直到出现明确的见顶信号才离场，力争把一段行情做足。无论是半仓跟进还是减仓操作，都必须在"心随股走，及时跟变"的框架里进行。在细节的把握上注意量、价、线、形、位的微妙变化。炒股的过程，实际上就是一个不断否定自我的过程，当忍则忍，能顺就顺，忍无可忍就逃。忍字上面一把刀，当忍不忍祸自招。

多年前，蜗居台湾的何应钦以一级上将的身份跑到荷兰旅游，荷兰国防部接待了他，并带他参观了国防设施。参观完毕，荷兰人又做了一个国防简报，向何应钦展示了一旦战争爆发，他们将如何应对的计划，这份计划之缜密、全面让何应钦咋舌。但更令何应钦惊讶的是，他看到了一份更详细的计划，而且被放置在所有计划中最显眼的位置，以突出它的重要地位，这个计划的名称叫《投降计划》。何应钦表示很不理解，他说，在中国人眼里，投降是可耻的事情，是被所有人看不起的行为，而为投降做计划会涣散军心，是战争大忌，中国文化崇尚舍生取义。

而荷兰人的回答很从容："我们并不认为投降是可耻的事情，经过充分分析敌我力量和战争现状后，如果胜利付出的代价太大或者完全没有取胜的可能时，我们会投降。我们不想因为自己的顽抗招致毁灭性的打击，我们需要保存实力，需要保持国家的完整。我们将把土地、建筑、河流山川都留给子孙，韬光养晦，等某一天真正强大了，再去夺取胜利。"

想想我们在实战中都做了些什么？既没有进攻计划，也没有撤退计划。全仓买进后就等着涨，如果不涨，哪怕股价从30元跌到10元也不知道走。在消极防御中消耗了实力，泯灭了斗志。

我认识一个非常成功的股市赢家。他有过无数次利用智慧取得成功的经历。讲到惊心处，他常会停顿，强调自己每次行动前都会做一个详细的失败计划。他认为，假设失败，可以让狂热的心灵冷却。站在失败者的角度思考问题，必然会考虑到成功计划里关注不到的因素。另外，做过失败计划的人，最终面对失败时，就不会惊慌失措、无以应付。准备得悠然，心态就会坦然。

股市里太多的悲剧都是因为把赚钱当成了唯一的目标，不知道什么叫投降，也不知道什么时候该向主力妥协。

1月12日，股价小幅高开，然后强劲上场，一个精彩的"三步跨栏"以后，股价以涨停板报收。均线系统开始向上发散，为股价的上攻提供了强大的支撑。见图三。

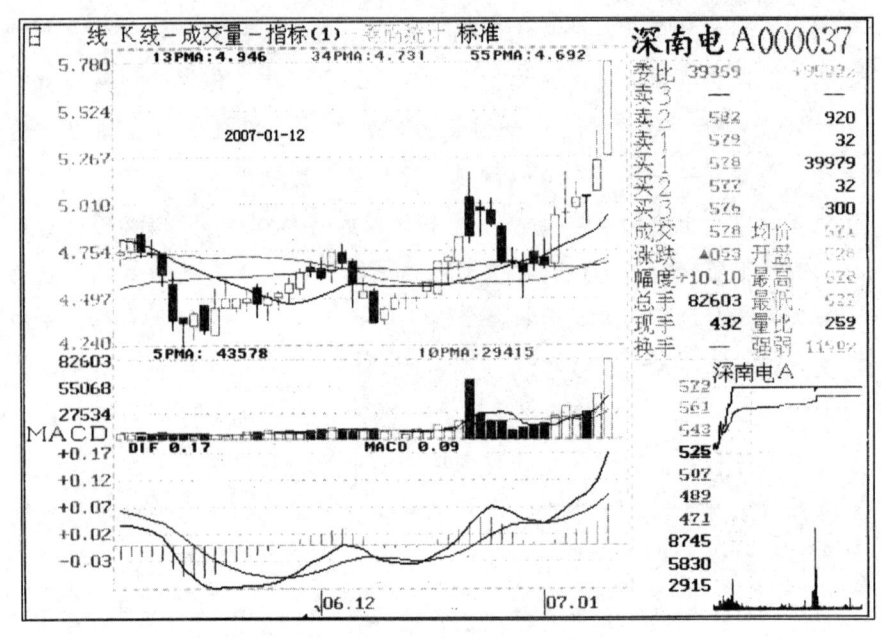

（图三）

柳生又寿郎是一位著名的剑手之子，他父亲认为他学习成绩太差，不能精通剑道而与他脱离了父子关系。于是，他前往二荒山去见名剑手武藏。

"假如我努力学习的话，需要多少年才能成为一名剑师？"他问武藏。

"你的余年。"武藏答道。

"我不能待那么久，"又寿郎解释说，"只要你肯教我，我愿意下任何苦功去达到目的。如果我当您的忠实仆人，需时多久？"

"嗯，也许 10 年。"武藏缓慢地答道。

"家父年事已高，不久我就得服侍他了，"又寿郎继续说道，"如果我更加用功地学习，需时多久？"

"嗯，也许 30 年。"武藏答道。

"我越听越不明白了，"又寿郎说，"您先说 10 年，现在又说 30 年，我不惜任何代价，要在最短的时间内精通剑道！"

"那样的话，你得跟我 70 年才行，像你这样急功近利的人多半是欲速则不达。"武藏说道。

又寿郎决定师从武藏。可武藏不仅不许他谈论剑术，连剑也不准他碰一下，而只要他做饭、洗碗、铺床、打扫庭院和照顾花园，对于剑术只字不提。

3 年过去了，又寿郎仍在做着这些苦役。每当想起自己的前途，他内心不免有些凄惶，他发誓全力以赴学好的剑艺连学都没学过！

但是，有一天，武藏悄悄地从背后以木剑给了他重重一击。

第二天，正当又寿郎忙着煮饭的当儿，武藏再度出其不意地向他扑击而来。

自此以后，无论日夜，又寿郎都得随时随地预防突如其来的袭击。一天 24 小时，他时时刻刻都准备品尝遭受剑击的滋味。

但他总算悟出了其中的道理。豁然贯通之后，终于使他的老师得意地露出了笑容。最后，他终于成为日本剑术最精湛的剑手。

成为股市赢家的先决条件，就是永远保留一只眼睛注视自己，不断反省自己。现在很多人的眼睛只盯着股票，哪里有时间注视自己呢？

1 月 15 日，股价大幅高开，稍作下探即被拉到均价线以上成交，但涨到 8 个点左右就不涨了，而且成交量有所减弱。注意，这不是量能的减弱，而是筹码高度集中的结果。因为股价的位置并不高，因为【三线推进】形成以后，股价涨幅并不大。判断股价形态，除了它的外在条件，还要注意形态背后的内涵。赢利需要技巧，但单凭技术很难赢利。总是沿着老路前进，就会把路走烦、走厌、走绝。这时，不妨往旁边跨几步，也许就会发现一条新路。要知道，路的旁边也是路。可见，堵死我们的往往不是路，而是我们自己。

主力没有坏的,关键在于怎么与它相处。高兴的时候接近它,会带给你财富;郁闷的时候接近它,就会让你亏损。主力的自尊心很强,千万不要伤害它。一般人都会尽力为自己的过错辩护,而一个勇于承认自己错误的人,就可能是出类拔萃的;拼命或无休止的忍耐,永远无法得到主力的欢心,但用让步的方法,你可能收获更多。让步就是改变自己,改变自己是最难的,所以都不愿意这么做。南非前总统曼德拉说:"与改变自己相比,改变世界并不是最困难的。"

股价最后没能封停,却以次高报收。从K线形态看,主力没有要走的意思,那就陪它再多待一会儿。见图四。

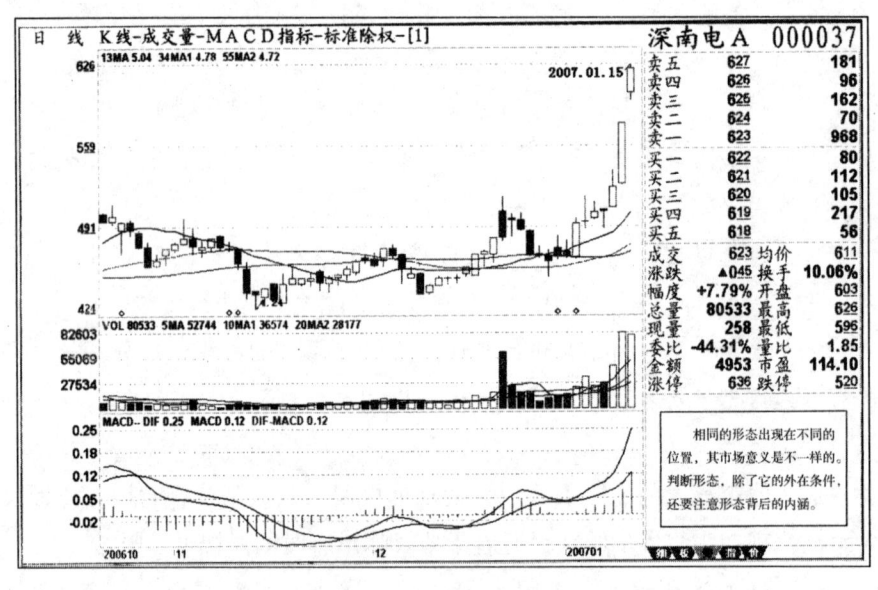

(图四)

1月16日,股价平开高走,根本没有歇息的意思。股价的动势一旦形成,凭着惯性就会向前滑出很远。而且这种滑行的速度很快,也很美。见图五。

实战中对于我们能够把握的东西尽可能把握,不要超越今天去考虑明天尚未发生的事。只有如此,才能把今天的事情做好。心灵的指向决定着

第11节 总有一种激情，常年留在心上

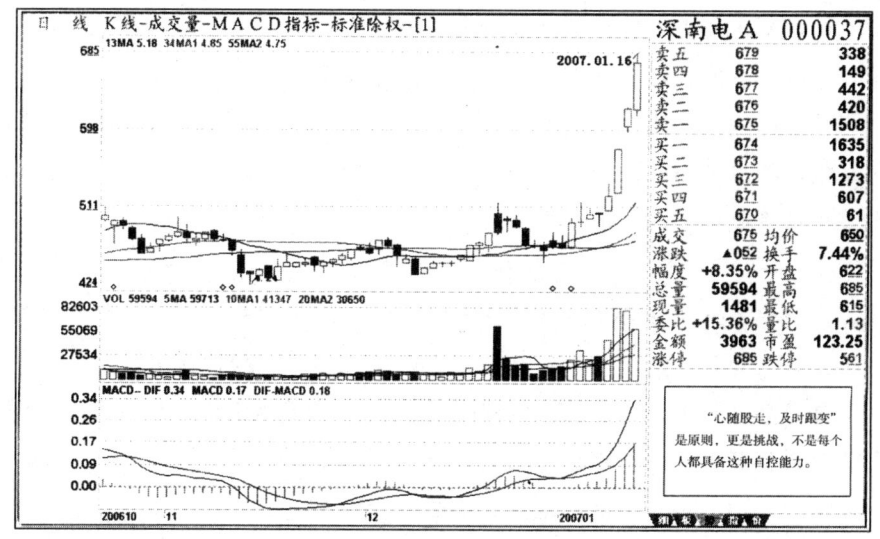

（图五）

行为的方向。方法是过河的桥和船，是实现赢利的工具。黑格尔说："方法是任何事物所不能抗拒的，最高的无限的力量。"方法对头，就会事半功倍；方法失误，往往事倍功半，甚至劳而无功。在实战过程中最有用的就是方法，因为方法最能够转化为智慧、转化为能力。

在竞争日益激烈的股市，每个人都在不知疲倦地拼搏着，赚钱多少似乎成了一个人成功与否的标志。但越是竞争激烈，越是需要调整心态，越是需要调整自己与股市的关系。

子贡问孔子："有一言而可以终身行之者乎？"孔子曰："其恕乎！"什么叫半部《论语》治天下？就是说，只要从中悟得一两个字，就够用一辈子了。

135战法的原则、纪律以及它的上百个买卖点，其实都是围绕"心随股走，及时跟变"来展开的。这8个字就是135战法的本质与核心。越是本质的东西越简单，越是简单的东西越需要下功夫去把握。科学家告诉我们，每七天人的身体细胞至少更新一次。如果你想成为股市赢家，告别过去的亏损，那么不管怎样，也要把"心随股走，及时跟变"装在心里。因为，只有把自己和股市融合在一起，才会造就出一个成功的你。

"心随股走，及时跟变"是原则，更是挑战。因为不是每个人都能理

解它,也不是每个人都具备这种自控能力。投资是一个旅程,在这个旅程中,谁停止了成长,谁就开始了迈向死亡的步伐。

什么叫成功?成功就是自己帮自己站起来,成功就是别人都倒下了,你却依然高傲地站着。炒股虽是为了赚钱,但不能把钱看得太重,因为凡是能用钱买到的东西,最后都不值钱。

他不幸患了小儿麻痹症。他的腿一点都不能动,必须坐在轮椅上。但是,他讨厌整天依赖别人把他抬上抬下,便晚上一个人偷偷地练习独立行走。他先用手臂的力量,把身体撑起来,挪到台阶上,然后再把腿拖上去,就这样一级一级艰难地爬上楼梯。

一次,他母亲发现他用这种方式爬楼梯,就心疼地说:"你这样在地上拖来拖去,给别人看见了多难看。"他却回答说:"我必须面对自己的耻辱,我必须自己帮自己'站'起来!"

这个自己帮自己"站"起来的人,就是罗斯福。后来,他就是靠着这种自己帮自己"站"起来的精神,最后"站"到了美国总统的位置上!

任何成功都来自坚持不懈的努力,每一个失败都是成功的润滑剂。只要你想成功,整个世界都拦不住你。精神不死,希望永在。

1月17日,股价小幅高开,然后顽强上攻,虽然开盘价就是最低价,依然呈现出一种强势,但在相对高位又拉出这么一个涨停板,多少有些【明修栈道】的味道。仓位重的应考虑减仓了,仓位小的不妨再多点耐心,静待卖出指令的出现。见图六。

我始终坚持"授人以渔"的原则,很少给学员推荐个股。但他们已经能用这个方法抓到了涨停板,我感到很欣慰,说明他们已经把握了135战法的本质,并且开始用这种战法为自己赚钱了。有的学员非常聪明,一点就通,一学就精。没有人能够想象他们的未来是多么的辉煌。

我也见过非常努力的人,但因为方法不当,所以他们的卧薪尝胆至今也没有演绎出越王勾践的传奇。两横一竖就是干,这个人人都会,关键是怎么干、干到什么程度。

在股市里不管遇到多大的不幸,从来没有真正的绝境,有的只是绝

第11节 总有一种激情，常年留在心上

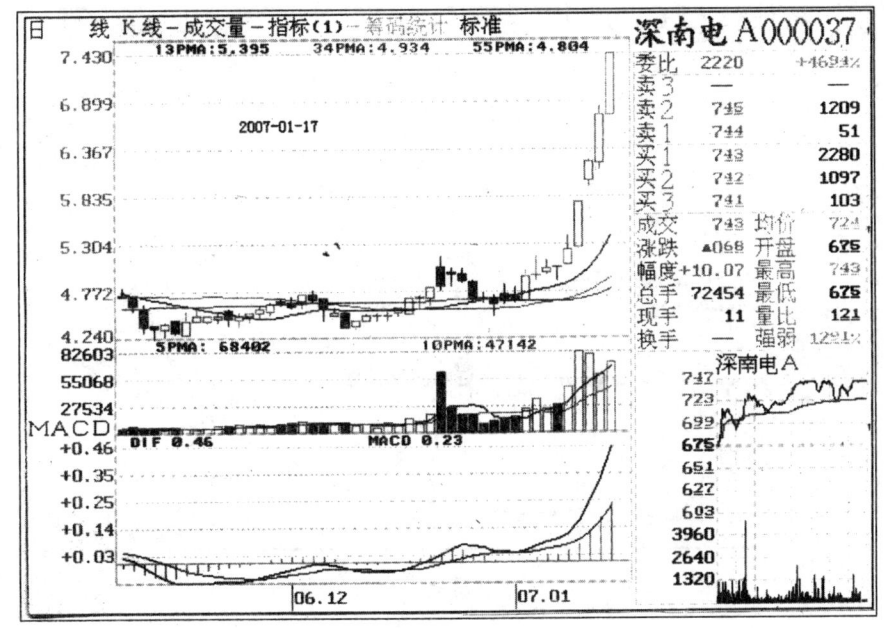

（图六）

望的思维。只要心灵不曾干涸，再荒凉的土地也会变成生机勃勃的绿洲。

1月18日，股价跳空高开，瞬间冲高即掉头向下，第二波的攻击力度明显减弱，这是主力出逃时的盘面展示。股价将会演变成【狗急跳墙】，虽然它的缺口不够大，成交量也不够大，但毕竟位置已高。仓位重的，原则上应在当天出局，起码应做减仓处理；仓位轻、又具有相当技术功力的，可在第二天再抢它几个点。135战法从不提倡卖到最高，只追求与主力保持同步。一言以蔽之，它只在股价涨跌的临界点上狠下功夫，不在临界点之外盲目行动。见图七。

在危机四伏的股市，谁都会遇到意想不到的失败，这时候，谁能咬紧牙关，坚持走下去，只要信念没有泯灭，就会在艰难中平添一股勇气、一种无所畏惧的力量，就会觉得脚还踏在土地上，血还是热的，路还没有完全断绝，用那不屈的意志打造出来的，一定是一根根金灿灿的大阳线。

2007年1月19日，股价高开高走，上涨5个点以后，升势显得有点凝重，这是股价即将调整的信号。顺势回落后，股价的第二波攻击明显减弱，然后掉头向下，依次跌破均价线和昨收盘，主力去意已决，我们也别恋恋不舍。

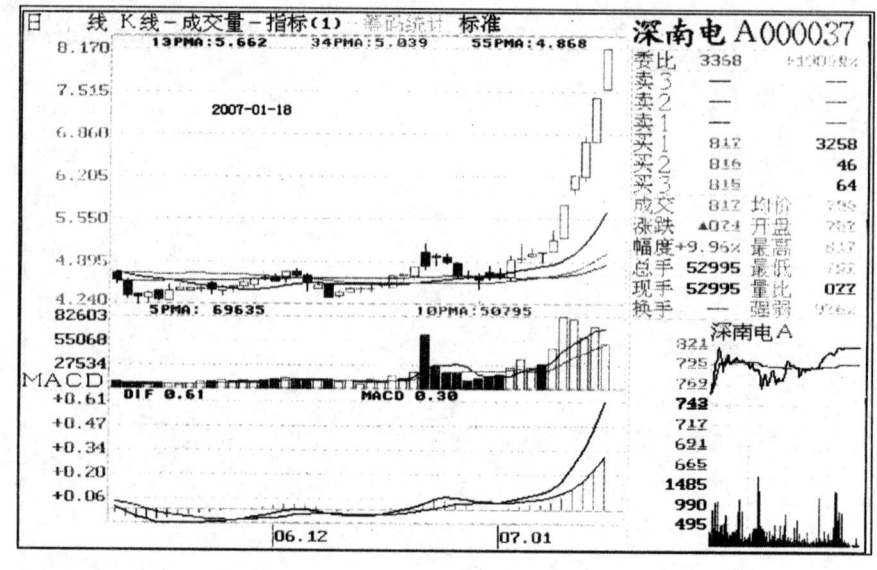

(图七)

指令高于一切,是一切的统帅,是一切实战的出发点和归宿。指令"是作为规律决定着他的活动的方式和方法,他必须使自己的意志服从这个目的"。从目前股价的位置看,不再可能有奇迹发生,那就剩下一件事要做——走。见图八。

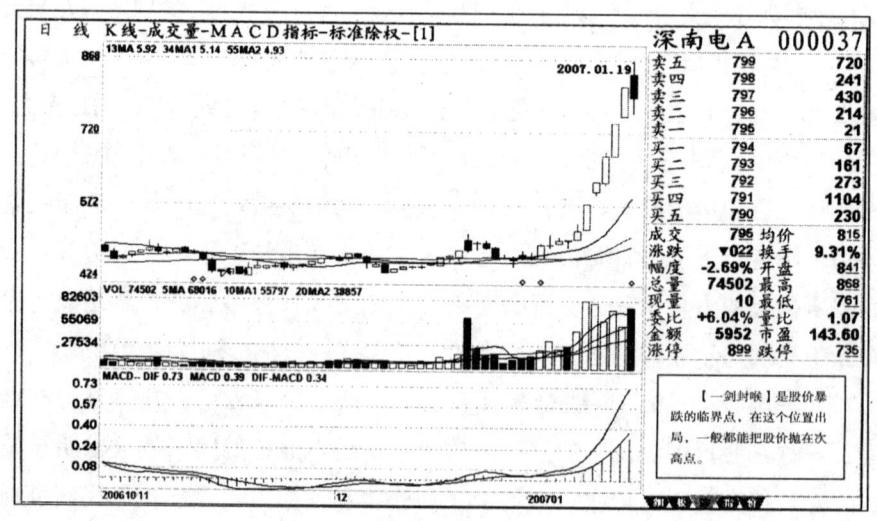

(图八)

268

茫茫股海，芸芸众生，有人岁月静好，有人负重前行。我们必须明白一点，不是所有的人，都可以赚到钱，有些人光是活着，就已经竭尽全力了。

第12节　瞬间释放

——点击长城股份（000569）

　　一个人若想在股市里获得成功，需要具备两个条件：一是屁股要沉。不管是读书还是析盘，一定要沉下来；二是头脑要活。任何时候都要做到"心随股走，及时跟变"。

　　长城股份的前期走势，无论是均线还是K线都显得有些紊乱。但量区里不规则的量柱折射出来的信息是，有人在倒腾它。既然有人倒腾它，那就应该引起足够的关注。但关注并不意味着立即买入，而是静待买进指令的发出。

　　2月13日，急速下跌的股价在【步步高】的配合下，重新站到均线系统之上，这是股价开始重新走强的标志，轻仓试探。见图一。

　　股市里有一种奇特的现象：想挣钱的人多，有挣钱能力的人少；看股评的人多，看书的人少；议论股票的人多，用心学习炒股的人少。

　　在不少人的脑子里，总认为学习是孩子们的事，他们特别舍得在子女身上投资，却不关心自身能力的提升；不少人花几百元、上千元请人吃顿饭一点都不心疼，但花几十元买本书倒觉得不能承受。

　　如果不是亲眼所见，我绝不相信生活里还会发生这样的事。一次我去书店买一本书，跑了几次都没买到，问营业员，得到的答复是肯定有这本书。可在放书的地方怎么也找不到。但我发现了一个小秘密，每次去书店的时候总是碰上一个人抱着《巅峰对决》看，可就是不买，为了弄清怎么回事，我暗暗在旁边观察他，他看得很认真，直到书店打烊的时候才恋恋不舍地把它塞到附近的文学类架子里。我仿佛明白买不到那本书的原

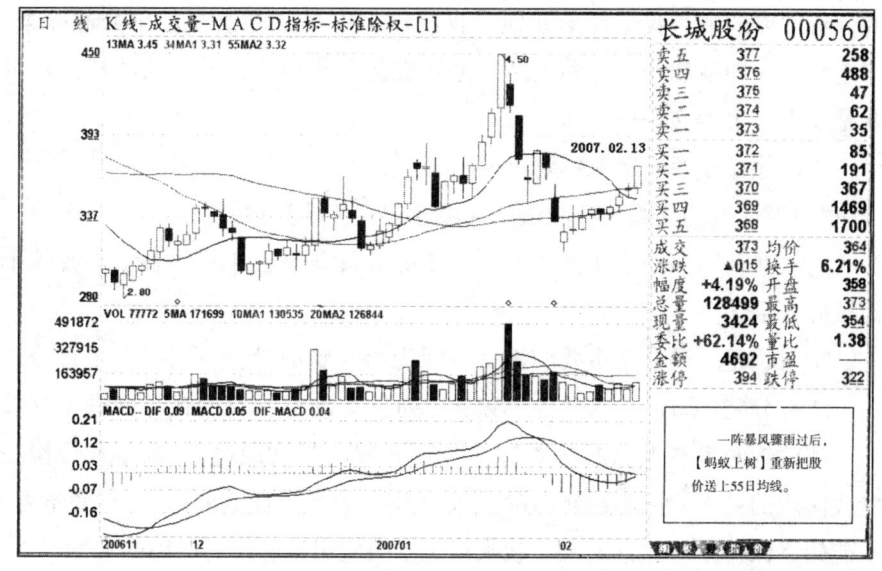

（图一）

因了。

出了书店，我紧走两步叫住了他。

"看得出，你挺喜欢这本书？"

"不瞒你说，我这是看的第四遍了。"

"为什么？"

"这书跟别的书不一样。作者好像特别理解股民的遭遇和心思，就好像是写我自己似的。书中给出的买卖点特别具体，我开始不相信世界上还有这样的好人。照着书上说的方法做了几次，嘿，还真管用，没有相当功力和境界的人是不会这样写的，说心里话我挺佩服他。"

"那你为什么不买一本？"

"不怕你见笑，这些年，我买的书多了，可越看越迷糊，后来我干脆到书店看，直到经过实战验证后才决定买不买。"

"《巅峰对决》你准备买吗？"

"买！"他的语气很坚定。

"我送你一本。"

他先是一愣，后来突然眼睛一亮，显然是认出了我。"宁老师，说真的，看了你的书，我觉得挺惭愧，我比你入市早，可至今还在苦苦探索。宁老师，我知道您的为人和人品，也知道您在丛台路证券公司的楼上，可就是没勇气去找您……"

我冲他摆摆手，示意不要再说下去。

"如果你真的喜欢135战法，我愿意把它传授给你。"

"真的吗？"一个中年人，脸上竟然现出只有孩子才有的表情。我的手都被握痛了。

学习，是一种非常重要的投资，因为给大脑的投资，回报率是百分之一千、百分之一万的。富兰克林说："如果有谁把所有的钱都倒进了脑袋中，那就绝对没有人能把它拿走！"罗曼·罗兰早就说过："成年人慢慢被时代淘汰的最大原因不是年龄的增长，而是学习热忱的减退。"不爱学习，不能始终保持学习热忱的人，就永远走不出股市这座没有围墙的大学。

2月14日，股价小幅高开，然后携量上攻，说明主力年前还想有所表现，昨天没有进场的，今天不要再错过主力发红包的机会，昨天已经进场的依然可以加仓。主力上山的时候，我们使劲向上推，主力看到有人捧场，心里自然高兴。如果这时候使劲向下砸盘，就会遭到踏空的惩罚。越是不长眼的人越固执，他总认为自己所做的一切都是对的，如果主力没有按着他的意思去做，他会硬着头皮对抗到底。其实，赢和输是可以相互转换的，所不同的是，输变成赢是天堂，赢变成输是地狱。输赢全在一念之间。见图二。

伯乐自年事已高、老眼昏花以后，每天只坐着闭目养神。

这天，门外人声嘈杂，仆人前来禀报："伯爷，外面喧闹是因不辨骡驴，他们请您去断呢！"

伯乐抖抖精神，捻着银须，慢吞吞地说："好吧。"仆人给伯乐穿好衣服，递过拐杖，搀扶着他踱出家门。

外面一片喧哗："我说它是骡就是骡""我说它是驴就是驴"……

"别瞎嚷嚷了，伯爷来啦——"随着仆人一声喊，立刻鸦雀无声。

只见伯乐从兜里掏出老花眼镜，挂到耳上，看了半天，向后退几步，又把老花镜摘下来，用丝帕擦了擦镜片，随后又戴上，眯着眼

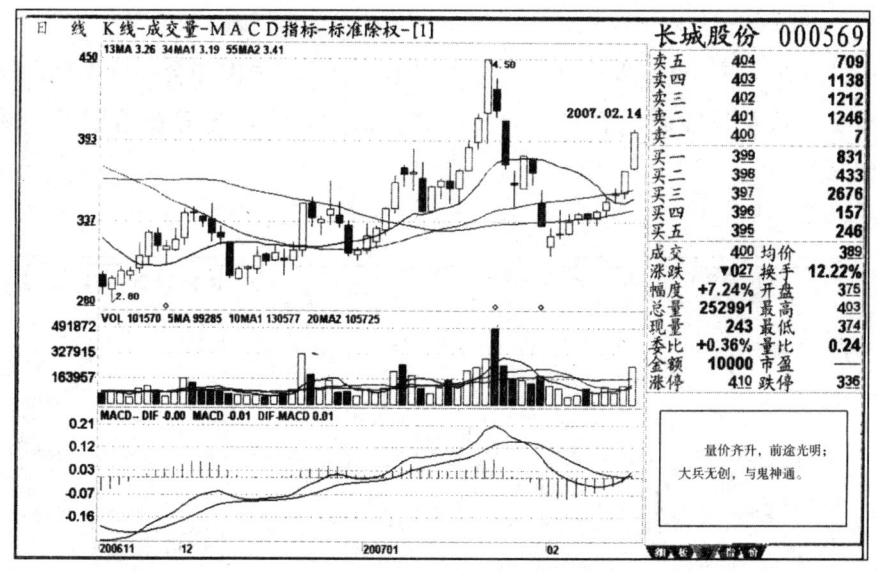

（图二）

说："此乃马也！"

人们不再争执了，说是驴的，检讨学识不够；说是骡的，自认看走了眼。最兴奋的是那头驴，从此可以骏马自居了……

我们经常遇到这样的情况，自己吃不准的时候，总想找个明白人问问，其实你问的人就一定明白吗？也许几个人中数你最明白，但又被他们搅糊涂了。

实际上，炒股是一个非常孤独寂寞的事业，多数时候需要独思静想、独自判断，而不是集思广益。任何一个重大决策都是孤思独断的结果，千万别把自己低估了。

2月15日，股价小幅高开，然后携量冲击成交密集区，只是主力攻击的不是时候，因为这个涨停板出现的位置不够好，涨停拉得稍微早了点，这样的涨停板会引来获利盘和解套盘的双重抛压。如果主力别有用心，那又另当别论。无论出于哪种情况，我觉得抖落比全单照收更好一些，因为抖落可以垫高市场平均持股成本，全单照收则会增加自己的持仓成本。由此看来，主力并非十全十美、无所不能，他们也有"智者千虑，必有一失"的时候。

炒股，要么狠，要么忍，就是不能拖。跟着主力混才会有恃无恐，没有主力罩着只能忍气吞声。因此，输就输给主力，嫁就嫁给阳线。见图三。

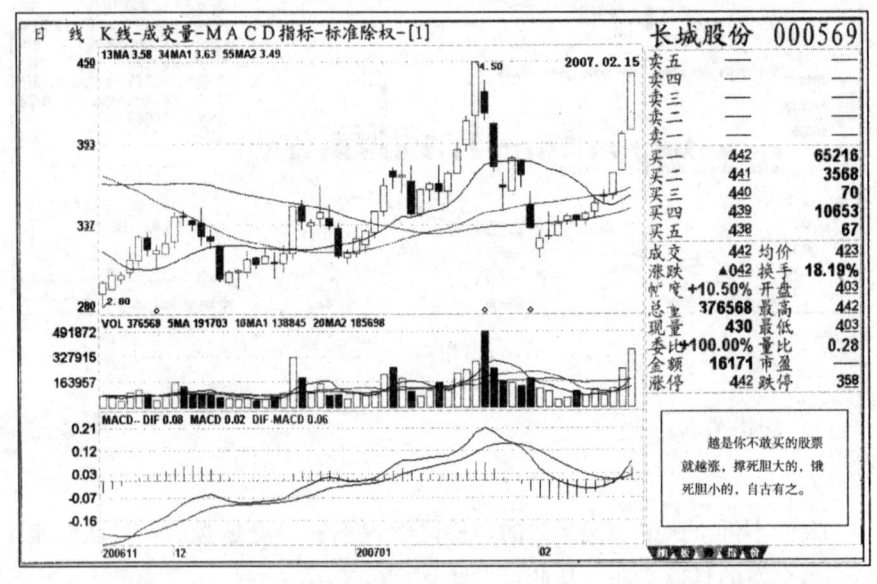

（图三）

2月16日，股价跳空高开了3个点，而且开盘价就是最低价，摆出一副咄咄逼人的架势。然后，以气吞山河之勇拿下前高点，迅速把股价推上涨停板。15分钟后，涨停板被撬开，成交量巨大，但股价在均价线附近得到强力支撑后被重新弹到涨停板上。半个小时后，涨停再次被撬开，筹码泄洪似的涌出。如果股价不迅速封停，阶段性高点就会形成。3分钟后，主力再次把股价送上涨停板，于是，成交量不再喧嚣，也不再漫出大堤要淹没世界。经过暴风雨洗礼后的长城股份，在春节后的凝望中能否升起一根大阳线？见图四。

春节后的第一个交易日，股价依然高开高走，顺势回落后，股价被强行拉起，行至第一波冲击高点时稍作回抽，然后直奔涨停。攻击节奏明快有力，看来好戏还在后头。然而好景不长，一个小时后，涨停板被打开，

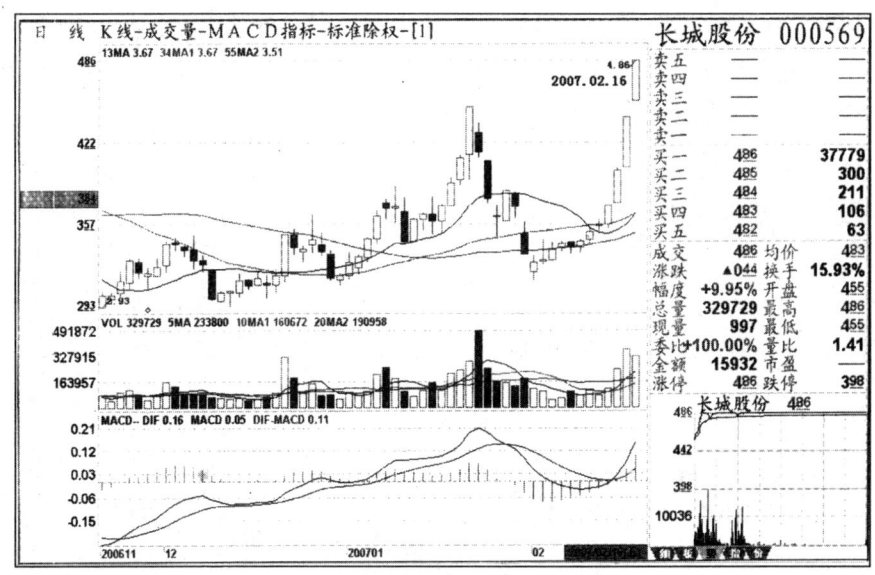

（图四）

股价在均价线附近犹豫了十几分钟后，选择了继续下探，场内浮码无可奈何地漫出，当日追进的被无情地吊了起来，最终股价线还是被无情地压在均价线下面，但股价没再创新低，也没有与昨收盘碰面，说明股价明天还有新高。虽然日线图上出现了【一枝独秀】，但打开分时图，却找不到非走不可的理由，因为均线系统强劲上扬，分时线并无经典出局形态。如果当时按日线形态走掉也对，因为【一枝独秀】出来了。但经验丰富的不一定走，因为分时线还没有发出明确的卖出指令。这是最容易出错的时候，因为炒股的第二种境界是："看山不是山，看水不是水。"很多人都是在这里被驱逐出局的（详见四川人民出版社 2017 年版《胜者为王》）。技术练到一定程度，心态就上升到了第一位，这时候，市场检验他的功力就不是纯技术的东西，还有防震仓能力。

当基本面与技术面发生冲突的时候，应该听谁的？当然是技术面。当日线和分时线发生冲突的时候，应该听谁的？当然是听分时线的，因为分时线比日线更敏感、更准确、更能反映股价的走向。理论上讲，分时线的卖出信号应早于日线上的卖出信号，现在的问题是，分时线没有卖出信号而日线上却出现了【一枝独秀】，究竟听谁的？有点迷惑是吧？那看对谁来说，面授学员都知道。买股票时按从大到小的顺序进行，卖股票时按从小到大的顺序进行。从这个意义上说，应暂时持股观望。但对于仓位较重的人来说，亦可适当减仓。见图五。

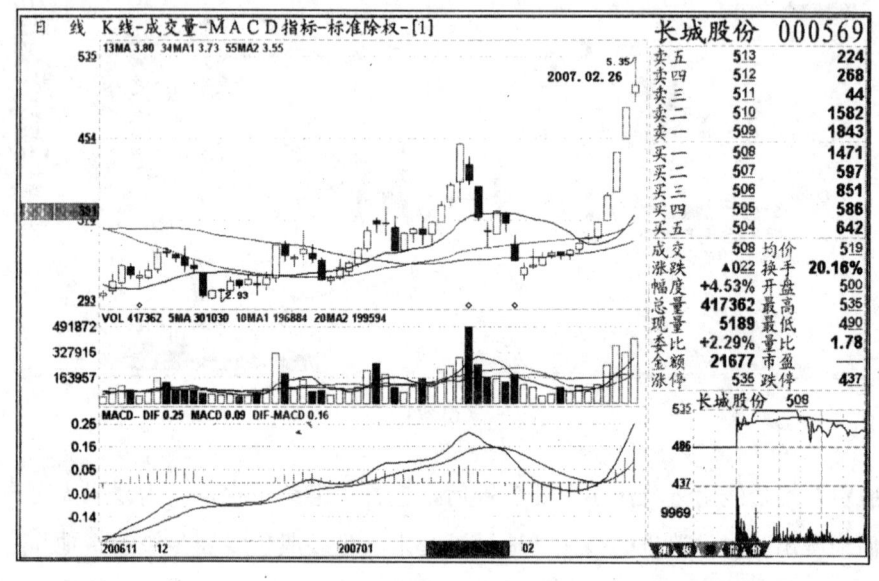

（图五）

2月27日，股价小幅低开，瞬间下探即被拉到均价线以上成交。回调不破昨日新低，说明股价还有新高，是这么回事吗？股价开盘后先是走了一个5浪推进，接着又来了一个3浪调整，8浪循环完成以后，就下来溜达，但股价创出了新高，虽然阳线实体躲在昨日上影线的里面，但它不是【笑里藏刀】，因为【笑里藏刀】的股价不会超过昨日影线的高点；它也不是【晨钟暮鼓】，因为【晨钟暮鼓】的K线特征是上影线短、阳线实体长。衡量一个人的功力，主要是细节上的把握。

股价持续拉出了9根阳线，【九九艳阳天】出来了。只是位置高了点，而且需要阴线的回抽确认。但无论怎么说，日线图上毕竟连续两天出现了【一枝独秀】，这就是说，股价也许还有高点，但毕竟进入了顶部区域，打开分时雷达，以观后效。见图六。

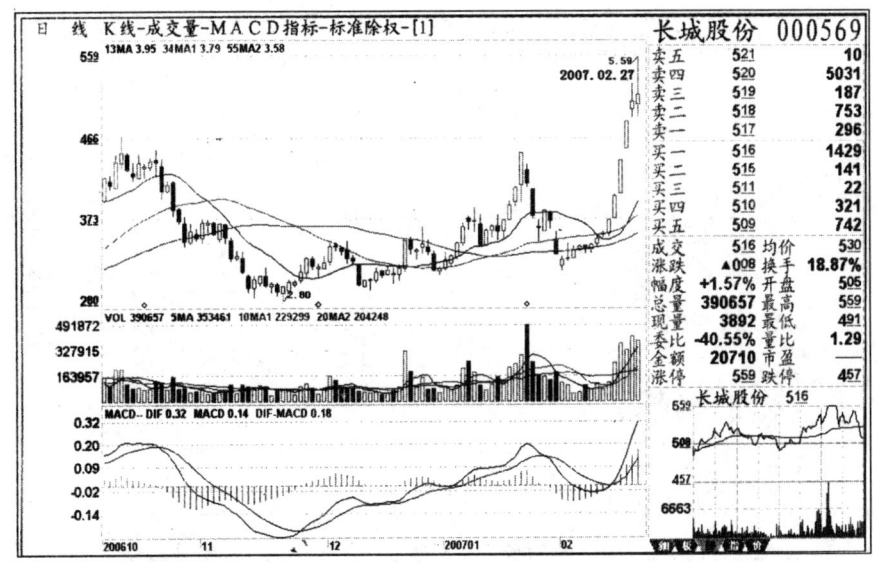

（图六）

2月28日又是小幅低开，又是缩量上攻。20分钟后，股价一度摸上涨停，但顺势回落后，股价一直在均价线上方强势横盘。10时50分股价再度攻击涨停板，遗憾的是，主力不但无功而返，而且锐气大挫，股价几度跌破均价线，局势岌岌可危。值得庆幸的是，波动的股价一直没创盘中新低。股价走势开始变得扑朔迷离，这时候最难熬，也是最能检验一个人功底的时候。

13时30分以后，股价有走强迹象，只是力度不够，但毕竟没有再破均价线，说明目前股价依然处在强势之中。这时候，你忐忑不安，主力也很孤独，他正在绞尽脑汁地计算着以什么样的方式收场。14时30分以后，股价再次昂起不屈的头，这一次再也没有低下去，顶着涨停板走到了收市。见图七。

3月1日，股价跳空高开，不好。这时候是不应留下缺口的，因为这个缺口是竭尽缺口，是股价最后的疯狂。不补缺口会形成【狗急跳墙】，补上缺口会形成【拖泥带水】或【一剑封喉】，无论出现哪种情况，都是出货形态。在集合竞价时多想一想，在开盘以后也就知道该怎么办了，总之，执行指令的人基本上不吃亏。

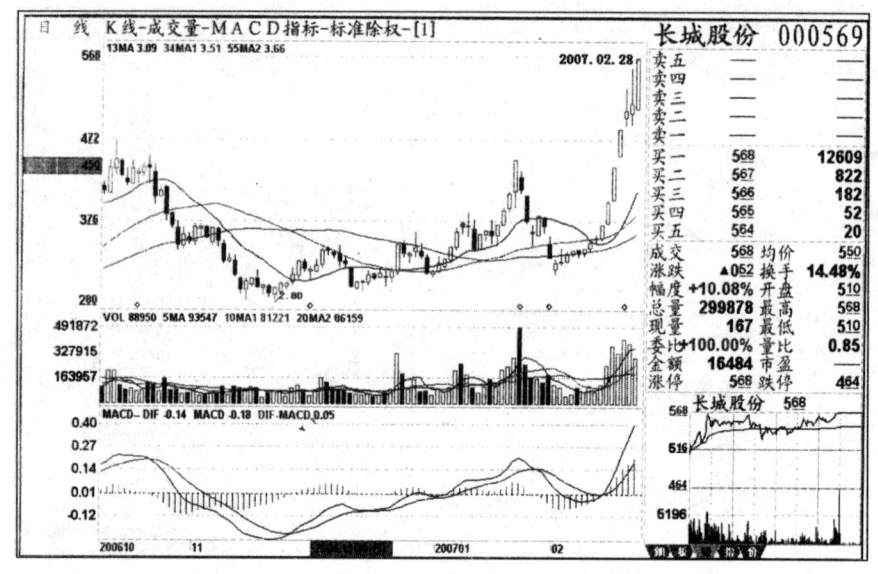

（图七）

股价高开低走，没有触摸昨收盘。但留下两分钱的小缺口是个隐患，从实战角度讲，这个小缺口不如不留，不留，说明主力去意已决；留下，说明主力也在犹豫。主力一旦犹豫，我们就失去了方向。

股价急速下探后被强行提带到涨停板上，很遗憾，主力仅仅是【虚晃一枪】。第二波攻击力度明显不如第一波，即时图上出现小双头，主力再也没有回天之力了。走。见图八。

送走最后一个学员，已是午夜时分。拖着有点疲惫的身体回到家里，准备泡个热水澡，妻子递上一叠打印出的电子邮件，这是一个千万富翁写给我的一封长信。

　　宁老师：
　　您好！
　　我曾经是令人羡慕的千万富翁，现在却变得一贫如洗、无家可归，是股市让我沦落到这个地步的。
　　我叫朱志奇，四川彭州人。1993 年，我 19 岁时到一家塑料公司当业务员，月薪 180 元。1 年后，所在的公司因经营不善亏损 30 多万

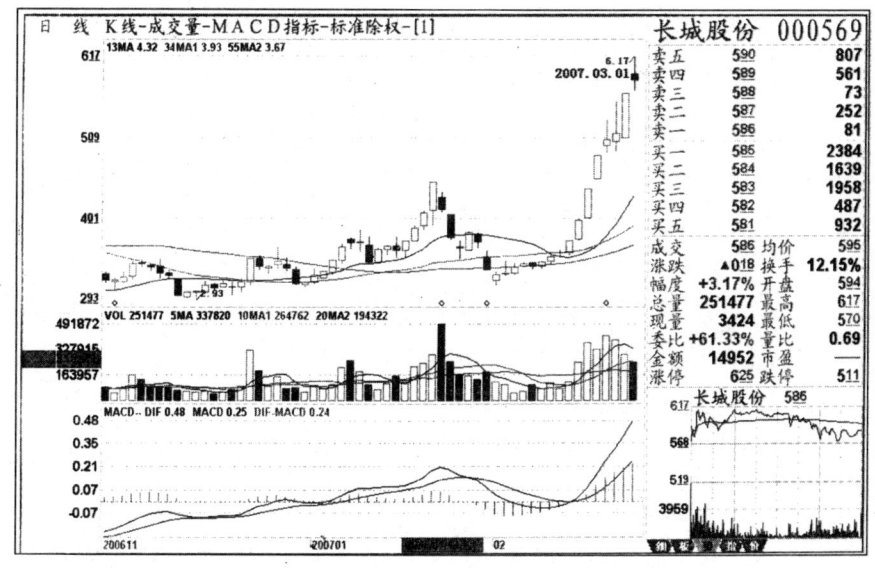

(图八)

元。当时,雄心勃勃的我不顾家人的反对贷款10万元,盘下这个濒临倒闭的公司。

接过公司以后,我经过几年的艰苦拼搏,不仅早早还清了贷款,而且成了名副其实的千万富翁。1996年,我用30多万元购买了一部新车,随后又花了近200万元在成都的五大花园和武侯山庄购买了两套高档房。之后,我便和女友李晓静举行了隆重的婚礼。

我的生意越做越大,但我却越来越感到力不从心,便萌生了去读书的想法。1998年,26岁的我走进了成都大学的课堂,成为工商管理学院的一名自考生。临走时,我把公司交给妻子李晓静打理。半年后,妻子因为生孩子,不能再管理公司了,我只好让弟弟全权负责公司。

2003年3月,离毕业不到3个月,公司传来消息,说弟弟已经无力支撑了。原来,几个月前,温州一家塑料机械设备制造厂的销售员自称带来一种新型塑料制品加工机械,具有重量轻、易操作和价格低等优点,是第一次来四川推销。弟弟请来技术人员鉴定,认为确实不错,就与对方签订了200多万的购货合同,随后开始向省内外塑料加工厂推销。谁知道,过了一个多月,公司便陆续接到反馈回来的信息:那种所谓新型加工机器是伪劣品,根本不能使用,而且造成了企业原材料的大量浪费,纷纷向公司提出索赔……

在接下来的几十天里,我既要准备论文答辩,又要忙着处理公司的事务,几乎天天累得筋疲力尽。有一天,不堪忍受巨大压力的我找好友王文涛诉苦。

王文涛在炒股,他对我说:"你为什么不做股票呢?现在正是行情火爆的时候,你的智慧足够在股市大显身手。不少人只投入一两万元,不到一年就变成了百万富翁。"

我被王文涛说动了。第二天早上,我就来到建设路国泰证券,将20万元现金全部投入股市。果然,一个星期后,我惊讶地发现,自己每天就坐在电脑前敲敲键盘,竟然净赚了5万多。我立即追加投入了100万元,成了证券公司大户室的主人。

可是进入证券公司大户室没几天,股市就开始了长达5年的漫漫熊市,我账上的资金迅速缩水,我只好不停地换股,结果越换越亏。急于返本的我,不停地叫弟弟把公司的资金划到证券公司的账户上。这样的恶性循环一直持续了两年多,弟弟终于无可奈何地对我说:"哥,公司快被掏空了。"

几天后,绝望的弟弟辞职离开了公司,曾经红火一时的公司此时已处在风雨飘摇之中……

公司没钱了,我又打起了房子的主意。有一天,我对妻子说:"晓静,武侯山庄的那套房子一直没人住,不如卖了,等我炒股赚了钱再去买更好的。"

妻子听了冷冷地说:"你爸没说错,你真是个败家子。把公司折腾垮了还不够,现在又要卖房子,你干脆把我和儿子也卖了吧。"半年后,我又提出要把五大花园的房子也卖掉,一家人去租房住。妻子终于对我彻底死了心:"我们离婚吧……"

2002年11月16日,无路可退的我和妻子办理了离婚手续。我把公司的办公房留给了妻子,自己则开着那辆破桑塔纳离开了家。

此时,我身边唯一值钱的东西就这辆轿车了。3岁的儿子多次求我："爸爸不要卖车。"然而，2003年初，听说股市将会大涨，我一下子又来了精神，一咬牙还是把车子卖了。

可是，不到两个月我的卖车钱又砸在了股市上。当我忍痛卖掉最后一只股票时，前前后后往股市投入不下600万元，账户上却只剩下两千余元。这时，我才如梦方醒，瘫坐在大户室的电脑前。

婚姻没有了，万贯家产也烟消云散，我心如死灰。我来到郊外的机投镇，租了一套每月只需要180元的民房住下。

一天，我去妻子那里接儿子，儿子问我："爸爸，你卖了车，我怎么跟你回家呢？"我对儿子说："爸爸带你去坐大车。"可是，当我抱着儿子站在拥挤的、摇摇晃晃的公共汽车上时，儿子吓得哭喊着："我不坐大车，我不坐大车啊……"

听着儿子的哭声，我心痛欲碎。以前，每次带儿子外出，都是我开小车，哪里想到会让儿子受这样的苦！我感到自己的无能，内心充满愧疚和自责。

我想到了自杀。我在府南河边徘徊了整整一夜，眼前不停地晃动着儿子幼小的身影，心情非常复杂。天亮时，我拖着疲惫的身躯回到了自己的住处。

此后几个月，我一直在痛苦和绝望中挣扎。一天上午，我突然接到妻子的电话："儿子病了，你快来看看吧。"

我心急火燎地赶到儿童医院。刚一见面妻子急切地说："医生说儿子患的是急性脑膜炎，需要马上住院。"

"你等着，我马上办住院手续。"可住院费一次要缴2000多元，我搜遍全身也没找出100元，我一下子傻了眼，脑袋顿时一片空白。

情急之下，我冲进医院洗手间用冷水猛浇自己的头，我突然眼前一亮，急忙用手机拨通一个号码："陈老板，我儿子病了，现在急需几千元钱住院，你能帮帮我吗？"

陈老板是做家电生意的，过去在牌桌上常和我称兄道弟，而且就住在儿童医院对面的街上。可是，我刚把话说完，电话里却传来了陈老板的笑声："老朱啊，你不是在跟我开玩笑吧，几千元也值得你开口？"

"我现在真的是走投无路了,你救救我儿子吧,求求你……"不等我把话说完,对方就把电话挂了。

我又气又恨:"我就不信我的朋友都这样绝情!"但冷酷的现实是,我接连给五六个做生意的朋友打去电话,哭着说自己的儿子身患重病,需要钱救命,但最终也没能借到一分钱。有茶有酒多兄弟,急难何曾见一人!

一个小时后,我两手空空地回到妻子身边,看见儿子不停地抽搐,我小声对妻子说:"对不起。"

妻子泪流满面:"你这时说对不起又有什么用?如果儿子……"

我一把捂住妻子的嘴:"不会,儿子不会有事的。"我说不下去了,蹲在地上用手拼命地抓扯着自己的头发,失声痛哭起来。

后来,还是去外地发展的弟弟得知消息后,立即把6000元打到我的卡上,让儿子顺利地住进了医院,转危为安。

一天晚上,我的手机突然响了,过去的几个朋友叫我到嘉年华夜总会玩耍,我本来心情不好,也想找朋友聊聊,于是一咬牙打的从郊外赶了过去。当我到了夜总会,那几个人却离开了。他们打电话对我说:"你在10分钟内赶到绿水青山。"

我十分为难:"一个在东,一个在西,10分钟哪能赶得到?"

"你自己想办法吧。"

无奈之下我只好再次打的赶去。等我急急忙忙赶到绿水青山,却一个人影都没看到。再打电话,那几个人的手机全都关掉了。这时我才明白,自己被人耍了。

这一连串的事情深深地刺痛了我。我痛定思痛:只有重新振作起来才能够走出人生的低谷,才能获得做人的尊严。

2003年9月,我打印多份简历四处求职,结果没有一家公司肯录用我。我不灰心,不断总结失败的教训,决定直接去找用人单位的老板面谈。

一家外企招聘中层管理人员,我匆忙赶去。招聘主管看了我一眼说:"对不起,我们不招工人,只招管理人员。"

"我就是来应聘管理人员职位的,我做过公司的老总。"我急忙解释说，并将自己获得的成人自考毕业证书拿出来。可对方根本不看："我们的招聘条件是年龄在28岁以下，大学本科文化程度。"我尴尬地走出了办公室。

几天后，我又看到一所驾校招聘修理工的广告，我想自己有六七年驾龄，车坏了全是自己修，当个修理工完全没问题。可驾校负责人告诉我，他们招的是会修大车的技术工。不愿放弃求职机会的我对招聘人员讲："大车我也会修。"说着就钻进一辆出了问题的"东风"车下，用自己带去的工具开始修理起来，不到半个小时就把车修好了。但老板还是摇摇头："我们要招年轻人。"

我流着泪，带着一身的油污走出了驾校。

一个月后，我终于在一家建筑工地找到一份保安工作，生活总算有了着落。

我一边打工一边读书，一边总结着失败的经验。我发现，不是股市对我残酷无情，是自己不知天高地厚。我问自己：为什么辛辛苦苦挣来的钱，不能用来孝敬父母，不能用来和妻儿一起享受美好人生，不能用来善待他人，而是拼命地向股市里面扔？因为我把股市当成了赌场。"炒股要有赌性，但不能当赌徒。赌是有条件的，这个条件就是指令。"宁老师，你说得太精辟了。自己在什么都不懂的情况下，抱着一种投机心理，把大量资金投入股市，亏了不是认真总结经验，而是下更大的赌注。这叫搬起石头砸自己的脚，没有什么值得同情的。在没有掌握投资方法和投资技巧之前，投入股市的钱越多，最后死得越难看。花一千万买了个明白，我觉得也值，只是代价太惨重了。这些年，我把打工挣来的钱几乎全用在买证券书和对股市的探索上，虽然也能弄明白书中的道理，但操作起来十分艰难。春节前，我在书店偶然发现了《巅峰对决》，书中的理念、哲理深深地打动了我，我突然变得豁然开朗起来。后来，我以自己粗浅的理解试着买了几只股票，结果出奇的成功，135真的太神了，这极大地提高了我的自信。但书中多次提到的【黑客点击】【红衣侠女】【揭竿而起】【一阳穿三线】等神秘而诱人的字眼和图形，我能看懂它的意思，但不知道该怎么使用。我跑遍全城所有的书店，却只买到了《胜者为王》，《黑客点击》怎么也找不到。我非常焦急,不看《黑客点击》无法全面理解135战法,万般无奈之下只好向您求救。

　　宁老师,我决心已定,下半辈子就跟着您在股市里打拼了,不知道您肯不肯收我这个徒弟?请您不要以为这是我一时的心血来潮,这个决定是我经过深思熟虑之后才作出的。如果说我以前炒股是误入歧途,那么,现在我是心甘情愿地"自投罗网"。人生的大起大落,使我的心态变得更加平和。有人说,我曾经是一个大老板,有车有房,走到哪里都是西装革履,怎么会干起保安来,难道不怕丢脸让人嘲笑吗?其实很简单,一个人不管过去多么富有,当他变成了一无所有的穷光蛋时,如何守住男人的尊严就远远比面子更加重要。尽管我一度沉沦,可我庆幸自己走出了这样的沉沦,我相信我的心态会远离曾经的浮躁,我相信千金散尽还复来,用一种沉静和理智重新去打拼自己的股市人生!

四川彭州　朱志奇

　　朱志奇的信,让我读出一种豪气和霸气!这是一个男人不可或缺的气质,有了这种气质,就一定能够索回失落的阳光,踏出新辟的路段。

　　一个人的经历越丰富,对股市的理解就越深刻。失败,是上帝赐予我们的良药,它像苦海一样深邃。和成功一样,它让我们的生命增加韧性。迷失的成功,往往能在失败中找回来。

　　失败让人深刻,它是我们向成功缴纳的学费,只有从失败里获得的思想,才会使人永远铭记。失败是导师,但人们都不喜欢它。承受不了大悲伤,也享受不了大欢乐;享受不了大欢乐,也承受不了大磨难;承受不了大磨难,也享受不了大成功。

　　(注:长城股份瞬间释放完以后,就失联了,也许在山海关或嘉峪关又上岗了……)

后 语　创造生命的辉煌

每一个生命，不管老弱病残或者贫穷贵贱，都是珍贵的，都有特定的价值。人们看一个人通常看他的外表、他的容貌、他的财富、他的地位，但最最重要的是应该看他的内心，看他对自己的生命是否尽了本分。只要对自己的生命尽了本分，即使没有取得辉煌的成就，也能够赢得一个无悔的人生。什么是完美人生？我们该如何实现它？

一、有梦想

什么是梦想？梦想是深藏在人们内心深处最深切的渴望。人世间的一切奇迹都源于一个伟大的梦想。梦想是永恒的特效药，是成就事业的原动力，所有的大成功者都是大梦想者。刘邦见到秦始皇出游的壮观场面，一不小心说漏了嘴：大丈夫当如是也！而项羽竟大言不惭地说：彼可取而代之也！王侯将相本无种，在梦想的驱使下，刘邦做了汉朝的开国皇帝，项羽做了威震天下的西楚霸王。

梦想是一种明确的目标，有着强大的驱动力，而梦幻则是毫无根据的胡思乱想。那些潜在的成功者，宁肯在危机四伏的股市里苦苦探索，奋力打拼，也不去玩什么彩票，因为他们知道，梦想如果不注入艰辛与奋斗，不注入血腥和残酷，梦想就会变成梦幻。

一个终生没有梦想的人，可能会生活得平安，但他绝不会幸福，更体验不到生命的价值；有了梦想，人就会为此去拼搏。有时候，梦想的力量比知识更强大，在梦想的驱使下，人可以发挥出自身的最大潜能。

奥尔森·马登在《一生的资本》中写道："我们多数人的体内都潜藏

着巨大的才能,但这种能量酣睡着,一旦被激发,便能做出惊人的事业来。而人只有到了前无去路,后有追兵,感到一切外援都已丧失的时候,才会发掘出全部的内在力量。"遗憾的是,多数人都有低估自己的倾向,正是由于这种低估,自己把自己堵在了成功的大门之外。他们在抱怨中迷失了方向,放弃了努力。在追求梦想的过程中又有几人能把最初的梦想坚持到最后?

老子曰:千里之行,始于足下。但没有梦想,我们如何到远方去?没有方向,又怎么知道该走哪条路?没有希望的目标,行程千里的意义又何在?

黔驴拉磨,没有梦想,整日绕磨苦行,即便行满万里,也不过原地踏步而已。"没有伟大的愿望,就没有伟大的天才",因此巴尔扎克才能在经历被人唾弃、债主逼门之后,名闻四方。"路因梦想而诞生",爱迪生才能克服失聪的病痛,发明白炽灯,驱散黑暗,照亮整个世界;莱特兄弟亦才能发明飞机,将人类第一次送上辽阔无边的蓝天。"把希望的大陆牢牢地装在心中,风浪就一定会被我们战胜",哥伦布也因此才能不畏艰险,乘风破浪,发现美洲新大陆。

二、有目标

什么是目标?目标就是在一定时间内达到一定的期望值。目标包括三个方面的内容:(1)具体的数字。比如说,在股市你准备挣多少?是50万、100万还是500万?一定要有一个具体的数字。(2)明确的时限。假如你的目标是100万,那么你准备用多长时间去实现它?一定要给它设定一个最后的期限。没有最后期限,就没有紧迫感,没有紧迫感就无法挖掘和释放出自己的全部能量。(3)必要的手段。数额有了,期限也有了,接下来就要考虑使用什么手段去完成它。所谓手段,就是用以实现目标的工具和方法。

哈佛大学有一个非常著名的关于目标对人生影响的跟踪调查。对象是一批智力、学历、环境等条件差不多的年轻人,调查结果发现:

27%的人没有目标,60%的人目标模糊,10%的人有清晰但比较短期的目标，3％的人有清晰且长期的目标。25年的跟踪研究结果是：

那些占3％有清晰且长期目标者，25年来几乎都不曾更改过自己的人生目标。25年来他们都朝着同一方向不懈地努力，25年后，他们几乎都成了社会各界的顶尖人物、行业领袖和社会精英。

那些占10％有清晰短期目标者，大都生活在社会的中上层。他们的共同特点是，那些短期目标不断被达成，生活状态稳步上升，成为各行各业不可或缺的专业人士，如医生、律师、工程师、高级主管等。

其中占60％的模糊目标者，几乎都生活在社会的中下层面，他们能安稳地生活与工作，但都没有什么特别的成绩。

剩下27％是那些25年来都没有目标的人群，他们几乎都生活在社会的最底层。他们的生活都过得不如意，常常失业，靠社会救济，并且常常都在抱怨他人、抱怨社会、抱怨世界。

目标对一个人的成功有着巨大的推动和激励作用，若想从根本上改变自己的命运，必须制定一个明确而具体的目标。

（1）目标实际。根据自己的实际能力，制定切实可行的目标。既不能太高，也不能太低，过高了达不到，容易挫伤积极性，过低又激发不了斗志，影响潜能的发挥。

（2）分割目标。我给有缘者制订了一个千万计划。我把这个计划分割成156周，每周赢利3个点，每天赢利0.6个百分点。每天实现3个点有难度，但每天实现0.6个百分点就变得容易多了。然后一周一周地做下去，坚持到三年零三个月的时候，一千万的大目标就实现了。一些大目标看似难以实现，但把它分割成无数个小目标，实现起来就不再是什么难事了。每天实现一个小目标，日积月累，你就会成为名副其实的股市大赢家。

（3）坚持到底。坚持登一座山峰的人，一定会到达顶峰！一辈子坚持只做一件事的人往往更容易获得成功。沃尔玛之所以成为世界零售业的老大，是因为它自始至终只做零售，而不去做房地产；世界排名第二的通用汽车公司，资产达到了8万亿元，但100多年来只做汽车与配件，而不去做航空和轮船；世界首富比尔·盖茨弯腰的工夫就有几十万美元进账，但他只专注自己的操作系统和软件研发。比尔·盖茨的成功不是他做了什么,而是他没做什么。以他的实力,可以买下整个纽约,但他从不涉足其他行业。坚持每周赢利3个点,把156周计划坚持到底,就能从根本上改变自己的命运。

进入股市之前问自己两个问题:一是我的目标是什么,二是需要多少努力才能够把这件事做成。之后就要有足够的心理准备,就像盖大楼前要准备钢筋水泥一样。我生命中的三件事都证明了这一思路的好处。

第一件是当兵。高中毕业,我到一家建筑队当泥瓦工,整天被呼来唤去,一身臭汗,一身烂泥,忙得团团转,受尽白眼。每当被超强度的工作、冷漠的眼光压到快要绝望的时候,我都会暗暗鼓励自己:我一定要从这里走出去,从鄙夷的目光里走出去,从毫无前途的工作中走出去,从贫穷卑微的生活中走出去。我知道只要心怀希望,总会找到一丝曙光。当时农村孩子改变命运的唯一出路就是当兵,于是,我就坚定地选择了它。在部队我从不惜力,不怕苦不怕累,服从命令听指挥,入伍的第四个年头,完成了从士兵到军官的跨越,实现了命运的大转折。

第二件是转业后被安置到一家小型企业当办事员,除了一个干部身份,一切都要从头开始。我的目标是,出色完成本职工作。工作中,部队多年养成的拼搏进取精神被我发挥得淋漓尽致,我这样做并非想证明什么,只是敬业已成习惯。这种只顾耕耘、不问收获的埋头苦干,却给我带来意想不到的结果。一年后,我被调到政府职能部门,先当秘书,然后又成为这个局的办公室主任。

第三件是炒股,目标是成为股市赢家。我夜以继日地读书看盘,边学习边实战,每天睡眠不足4个小时,拒绝了一切应酬,失去了本不该失去的欢乐和友谊。即使被股市打得头破血流、折腾得倾家荡产的时候,也没有退缩和动摇,在积累失败经验的基础上,研究总结出极具实战价值的135战法,它以精确的进出点位,揭示了股价的涨跌规律,从而实现跨界的成功。

三、有行动

列宁说:"看鹰看它的飞翔,看人看他的行动。"股市里最重要的事情,就是你现在正在做的事情。发现一只刚刚起涨的股票不要拖到明天再去买它；发现手里的股票开始下跌，不要拖到明天再去卖它。珍惜现在，不要企盼什么特别的日子。一个人真正拥有的就是现在，而不是什么未来。今天的事情今天做，不要把它拖到明天。

"只认指令，不管输赢"。这是克服心理障碍的最好方法，也是走向成功的最佳捷径。当指令发出以后，先投入真正的战斗，然后才看分晓。

无论是谁，只要肯下苦功学习，积极大胆实战，都会有成功的那一天。对股市、对人生能够知之甚深，大彻大悟，不仅需要磨砺，更需要修行，在这个层面上，如能把握股市脉搏，和主力同呼吸共命运，全神贯注其中，灵魂徘徊其外，从而借助主力的力量实现自己的人生价值，这种境界不是每个人都能达到的。但是，只要不吝苦功，不乏识见，把希望寄托在提升自我能力、节制自我行为上，这种境界又是每个人都能达到的。

上天赋予我们每个人的天赋，注定要被极限地使用，也注定要从我们的生活中拿走别的东西作为交换。但是，若你具有某方面的天赋而不去发挥它，无疑是生命中的一个最大遗憾。

投资之路，布满荆棘，请从梦想起步，锁定目标，永续行动，无限延伸你的极限，你将粉碎一切失败的纠缠，跨越一切障碍，找到你所希望的大陆。

我始终如一地坚信，没有一种成功可以唾手可得。在股市变则通，不变则亡。执行指令是本分，灵活机动在变化。不要去想会迎来什么风雨，既然目标是地平线，留给生命的只能是一串奋斗的足迹！

宁俊明

2018 年 2 月修改于三亚

交流电话：(0310) 2038773　15830008880
电子邮箱：tnjlmf@sohu.com
网　　址：http://www.sq135.com